지문 하나 남지 않은,
아무것도 아닌

지문 하나 남지 않은,
아무것도 아닌

글·사진 전수안

은빛

차례

변명 1   6
변명 2   8

PART 1 정의는 강물처럼
01 노 교수의 마지막 잔소리   12
02 정의가 강물처럼 흐르는 사회를 꿈꾸며   16
03 아이도 소리소문 없이 낳고   26
04 마음 깊은 곳에서는 제2의 고향   38

PART 2 먼 길
05 먼 길   46
06 선택과 집중   52
07 용비어천가는 이럴 때에   65
08 34년의 일, 사람 그리고 사랑   69
09 영원히 응원할게요   80
10 정의는 늘 반쪽   84
11 그래, 나 바보다   90
12 아무것도 아니고만 싶은   93

PART 3 인연은 이어지고
13 '바담 풍' 하지 말고   100
14 설레는 꿈길에 든든한 동반자   129
15 우리는 장차 어떤 변호사이고자 하는가   134
16 왜 아직도 여성인가   142
17 시지프스의 돌은 여기까지   149

PART 4 더 늦기 전에
18 그 청년은 왜 군대 가서 돌아오지 못했나   156
19 내 눈에 티끌 언제까지? 부디, 더 늦기 전에   159
20 기본권 수호자로서 법관의 역할과 과제   175

PART 5 희망이 필요한 사람, 희망을 주는 사람

21 용서하고 끌어안는 미래로 … 210
22 소수자 인권과 법조인의 역할 … 215
23 길 없는 길에 첫발을 내딛은 … 233
24 희망이 필요한 사람, 희망을 주는 사람 … 238
25 차별만큼은 어느 분야에나 차별없는 … 245
26 봄다운 봄을 기다리며 … 250
27 기어이 봄은 옵니다 … 256

PART 6 공익, 나를 이롭게 하는 일

28 공익이란 나를 이롭게 하는 일 … 262
29 짧은 만남으로도 누군가의 삶을 바꿀 수 있다면 … 269
30 참 다행이다, 〈공감〉이 있어 … 272
31 잘 버틴 10년의 지뢰밭 길 … 275
32 행복한 청소년이 행복한 어른으로 … 279
33 인권, 예의와 존중 … 300
34 물려 가기 전에 스스로 호랑이가 되어야 … 333

PART 7 누군가의 현재, 누구나의 미래

35 고맙고 고맙고 또 고맙습니다 … 338
36 할 수 있는 일은 모름지기 하여야 … 340
37 잘 모르면 혐오? … 344
38 연년세세토록 … 348
39 탁월한 시상과 수상 … 350
40 저잣거리에도 절실한 … 353
41 구슬 서 말을 꿰어 … 356
42 줄 서는 교수님의 1강 … 359
43 다정한 것이 살아남는다 … 362
44 비 내리는 날에는 기다림을 견디는 … 365
45 좋거나 나쁘거나 못됐거나 … 369
46 작지만 여물고 꽉 찬 … 374
47 누군가의 현재, 누구나의 미래 … 377

못다 한 말 … 382

변명 1

오래 잘 참아 온 일을 저지르게 된 이유, 노욕이다.

10년 전쯤 했으면 너그럽게 넘어갈 수도 있었을 일을 73세에 하는 것, 판단력이 흐려진 노인의 일이다.

변명이 이해되는 것을 본 적이 없다. 그러므로 이 변명은 누군가에게 이해받고자 함이 아니라 부끄럽고 혼란스러운 나 자신에게 하는 말이다.

뭐하고 지내느냐고들 묻는다.

궁금해서일 수도 있고 예의상 그랬을 수도 있겠다. 요령 없이 답이 길었으나 점차 짧아지다가 웃음으로 대신하는 법도 익혔다.

꼭 그런 이유만은 아니다, 말이 짧아진 것은.

이것저것 읽다 보니 세상에 말이 넘쳐나는 것처럼 보였다. 나까지 보탤 필요가 없었다. 하여 나름의 묵언 수행, 아니 그런 줄 알았는데, 못 참고 이렇게 일을 저지른다.

　노욕의 으뜸 동기가 된 손주들, 철들면 한 번쯤 할미를 이해해 줄까, 더불어 망상 속의 독자인 후배와 제자들, 그들이 내 노욕의 원천이다.
　노욕을 부추긴 이들에게는 감사와 원망이 뒤엉키지만, 덜 부끄럽게 꾸며 준 '은빛기획' 노항래 대표의 노고에는 오롯이 감사드린다.

　변명, 늘어놓다 보니 더 부끄럽다.
　너도나도 우리도 사회도 나라도 세계도, 아니 온 우주가 부디 평화롭기를 빈다.

변명 2

이것은 글이 아니다. 말이다.
말하기를 위해 주머니에 넣어 간 대본이다.
말로 빚은 만남과 교감의 시나리오였으나, 글로 남았다.

그러므로 이것은 추억이다.
대본이 말이 되어 영롱한 눈빛들과 공명한 순간, 그 가슴 서늘했던 떨림은 추억이다.

그 순간 함께했던 누군가에게도 추억이었으면 좋겠다.

PART 1

정의는 강물처럼

01
노 교수의 마지막 잔소리

나카타니 아키히로는 남의 나라 사람이기는 하나, 인용하고픈 좋은 글을 많이 쓴 젊은이입니다. 그중 《20대에 하지 않으면 안 될 50가지》로 번역된 책의 원제가 《대학에서 하지 않으면 안 되는 50가지》니까, 대학 4년을 반으로 접은 연수원 2년 동안에도 25가지는 할 일이 있을 듯싶습니다. 하지만 연수 생활이 워낙 빡빡하다고들 아우성이니 이것저것 다 생략하고 다섯 가지 정도만 추려 생의 뼈대를 세워 보면 어떨까요? 그리고 그중 한 가지쯤 여백으로 남겨 둔 연수생이라면, 3년 가까이 여러분 또는 여러분의 선배들을 지켜보아 온 교수의 잔소리를 참조하는 것은 어떨는지요.

모르면 할 수 없는 일이 있습니다. 그러나 몰라야 할 수 있는 일도 있습니다. 알고 나면 차마 하기 어렵다는 뜻입니다.

세상에 어느 일이 그렇지 않을까마는, 법조인도 그렇습니다. 끝도 없이 바뀌고 쌓이는 법령과 판례, 학설과 논문은 말할 것도 없고 세상사 어느 하나 빠짐없이 꿰지 못하면 좋은 재판은 할 수 없습니다. 정녕 재판이 이를 담당하는 법조인에게 그토록 많은 양식을 요구하는 것인 줄 알았더라면 어느 누군들 선뜻 법조인으로 나설 수 있었겠는가 한탄해 봅니다.

그러면 연수원을 수료한 후에 모두들 겸손하게 법조인으로 나서지 말아야 할까요. 그럴리가요. 답은 자명합니다. 연수원을 수료하기 전에 법령과 판례, 학설을 익히는 것은 물론, 세상사 또한 밤새워 공부해야 합니다.

법률 지식에 관한 한 여러분은 선발된 사람입니다. 연수원의 학사 과정을 따라가다 보면 법조인으로서의 기본기를 어느 정도 익히게 되며, 기본기가 충실한 이상 추가되는 법령과 판례와 학설은 계속해서 따라갈 수 있습니다. 그러나 세상 사는 이치에 관한 한, 여러분은 선발된 사람이 아닐뿐더러 오히려 법률 지식으로 선발되기 위해 전심전력하는 동안 다른 대학생이나 사회인보다 뒤쳐진 편일 것입니다.

그런데 앞으로는 또 어떻습니까. 특별한 제도적 변화가 없는 한 연수원 수료 후 세상사를 공부할 시간과 여력은 더욱 없다고 할 것입니다. 여러분은 아마도 학창 시절에는 대학에 합격한 후에 마음껏 책을 읽겠다고 벼르면서 독서를 미루고, 대학에 들어가서는 사법시험 합격 후를 기약하며 독서를 자제하다가, 연수원에 들어와서는 좋은 성적을 얻어 원하는 직역에 진출한 후에 실컷 읽겠다고 자위하면서 독서를 멀리하고 있을 테지요. 그러나 정작 연수원에 들어와 보니 사법시험 준비 때보다 여유 있는 것이 아닌 것처럼, 장차 원하는 직역에 진출한 후의 생활 또한 연수원에서보다 여유로운 것도 아닙니다. 또 언제로 미룰 것입니까.

직무의 성격상 기록과 타인의 사건을 통한 간접 경험으로 나름 안목을 쌓아가기는 하겠지만 그것으로 충분치 않으며, 세상사에 대한 객관적이고 보편적인 성찰을 통한 기초를 구축한 후에 심화·확대 시켜가는 과정 없이는, 단편적이고 우연한 특정 사건의 반복에 의해 주관적이고 보편 타당성 없는 특유의 가치관을 구축하게 될 위험이 있습니다.

세상사에 대한 성찰과 가치관의 형성은 총체적 독서를 통할 수밖에 없다는 점에 이론이 없을 것이나, 문제는 시간과 방법이라고들 합니다. 그러나 교재를 몇 회독씩 하고 그룹 스터디를 하고 엄청난 양의 과제물을 해결하는 여러분의 능력에 비추어 볼 때, 연수 기간 중 교재 이외의 독서를 할지 말지는 마음먹기에 달렸다고 생각합니다. 조 모임, 반 모임에다가 동기회, 동문회의 2차, 3차를 가는 것도 좋은 일이지만, 독서에 대한 욕구와 당위성을 확신하면서도 일정에 쫓겨 책 읽을 시간이 없다고 하는 말은 반드시 진실은 아닐 것입니다.

한 주일에 두 권 정도가 권장 독서량이라고들 하지만, 연수생의 경우 일주일에 한 권을 독파한다는 정도면 현실적일 듯합니다. 매주 한 권의 책을 읽기가 쉬운 일은 아니겠으나, 책 한 권을 2~3주일에 걸쳐 읽는 것이 더 어려울 수 있습니다. 호흡의 장단에 개인차는 있겠으나 일이든 독서든 호흡의 파장에 맞추는 것이 자연스러우며, 책을 제대로 읽고 있는 것이라면 한 주일이 넘도록 읽고 있는 책의 마지막 장을 보지 않고 배길 만큼 자제력이 강한 사람도 드물 것입니다. 《나폴레옹》이나 《로마인 이야기》, 《혼불》 같은 대작이 아닌 단행본부터 시작한다면 일주일에 능히 한 권씩 읽어낼 수 있을 것입니다. 종전에 잘 알지 못하던 주제 별로 한 권씩 가볍게 읽더라도 2년이면 100여 주제에 입문하게 되며, 관심과 흥미 있는 주제에 집중하여 100여 권을 읽는다면 연수원을 떠날 때쯤엔 상당한 수준에 이르게 되리라 생각합니다.

훌쩍 1년이 지나갔나요? 벌써 수료인가요?

아직 1년이나 남았는데요. 아니, 법조인으로서의 생이 여러분 앞에 고스란히 남아 있군요. 토요일 오후 인사동 그림이 있는 찻집에서 차 한 잔을 비운 후 교보문고로 영풍문고로 순례하다 보면, 여백을 메울 소재와 물감을 얻을 수도 있지 않을까요.

— 1999. 12. 사법연수원 〈미네르바〉지(26호) 기고

02
정의가 강물처럼 흐르는 사회를 꿈꾸며

생각지도 않게 〈사법감시〉에서 원고 요청을 받았다.

감시 대상자가 감시 기관에 무슨 글을? 이라고 일순 생각하였으나, 정중하고 간곡한 요청에 이내 마음을 바꾸었다. 마음을 바꾼 이유는 다음의 시로 대신한다.

내가 어느덧 늙은이의 나이가 되어
사랑스러운 것이 그냥 사랑스럽게 보이고
우스운 것이 거침없이 우습게 보이네

– 마종기, 〈상처〉 중에서

사람들은 꿈을 꾼다. 꿈을 이루기도 하고 이루지 못하기도 하면서.
이용훈 신임 대법원장을 맞아 국민도 법원도 꿈을 꾼다. 꿈이 이루어지기를 간절히 소망하면서.

대법원장의 꿈은 무엇일까. 5년간의 재야 경력으로 법원 밖에서 느끼는 법원의 문제점을 많이 통감한 신임 대법원장의 꿈은 국민의 법원에 대한 꿈과 다르지 않을 것이지만, 대법원장의 꿈이 법원 구성원들의 꿈과도 일치했으면 좋겠다. 국민의 꿈은 좋은 재판을 받는 것, 법원 구성원의 꿈은 좋은 재판을 하는 것일 터.

법원은 모두가 꿈꾸는 좋은 재판을 해 왔는가.

평가는 고객이나 수요자가 하는 것이므로, 법원이 재판에 대한 국민이나 법원 밖의 평가를 무조건 틀렸다고 주장하거나 평가 자체를 금기시하는 것은 잘못이다. 재판 진행 중에 재판에 영향을 미치는 일체의 영향력 행사가 금지될 뿐, 재판이 끝난 후 판결에 대한 비판은 어느 시대 어느 사회에서나 거부할 수 없는 역사의 몫이다. 또 비판을 비난으로만 받아들일 필요도 없다. 소신껏 한 판결에 대한 비판은 겸허하게 경청하고 악의적인 비난은 무시하면 된다.

과거의 재판 중 분명 잘못된 부분이 있다고 많은 국민으로부터 지적 받고 있는데도 재심에 의하지 않고는 재판 결과를 비판할 수 없다고 우기기만 하는 건 우습다. 상소나 재심은 당사자가 알아서 할 일이지만 정말로 이상스럽게 보이는 재판은 이상스럽다고 말할 권리가 누구에게나 있다.

그동안 누차 지적 받아 온 과거의 판결에 대하여는 분명한 잘못이 인정되면 대법원장이 법원을 대표하여 국민에게 사과하는 것이 옳다. 신임 대법원장이 이를 위한 검토에 착수함으로써, 후배 법관들이 내내 그 짐을 떠안고 질타 받는 불행을 이쯤에서 끝내야 한다.

적잖은 세월 재판을 해 온 필자도 법원의 과거 재판이 모두 잘 되었다는 주장에 동의하지 않는다. 불행한 사태를 거쳐 보지 않은 일부 법관들 사이에는 당시의 시대 상황에서 누가 그 재판을 담당하더라도 그럴 수밖에 없지 않았겠는가 하는 인식도 있으나, 인구에 회자되는 부끄러운 판결들은 이미 그 과거에도 많은 판사들이 의아해하거나 일반 국민과 똑같이 분노하였고 집에 가서 가족들 눈총을 받았던 판결이다. 법원은 지적 받는 바와 같은 정말로 인권의 최후 보루가 되어 주었어야 할 몇몇 판결을 잘하라고 있는 것이므로, 누구나 잘할 수 있는 많은 판결들을 잘했다는 것이 무슨 변명이 되겠는가. 재판으로 인한 피해자가 엄연히 있는데도 재심 사유가 아니라고 하고 법관은 고의 또는 중과실이 아니면 손해배상 책임도 없다고 하여, 잘못된 재판으로 인해 피해자의 가슴을 아프게 한 일을 방치하면 안 된다. 신임 대법원장은 국민을 섬기겠다고 하였으니, 상처받은 이들에게 화해와 치유의 손을 내밀어 국민과 법원이 화해하고 화합하게 하는 노력을 아끼지 않으리라 믿는다.

나아가 젊은 후배들이 미래에도 '잘못된 과거사'를 반복할 소지가 있는 불합리한 법 조항에 대하여는 헌법재판소에만 의존하지 말고 대법원장의 권위로 직접 문제를 지적하여 입법을 계도하는 모습도 볼 수 있으면 좋겠다. 필자는 예컨대 통신비밀보호법 7조 1항, 국가보안법 7조 5항 등의 법리적 문제점을 대부분 공감하면서도 각기 그 정치적 성향에 따라 방임하거나 법률전문가인 법관이 의견을 말하는 것조차 금기시하는 것을 이해할 수 없다. 통신비밀보호법 7조 1항은 입법 당시부터 지적을 받은 조항임에도 시행 10여 년이 지나도록 그 비밀스러운 운용 실태에 대해 전혀 알려진 내용이 없으며, 국가보안법 7조 5항은 1992년 대법원 전원합의체 판결의 소수의견에 많은 법관이 공감하였음에도 판결은 이후 더욱 경직되었고 헌법재판소의 결정도 나아진 것이 없다. 이로 인하여 장차 후임 대법원장이 또 곤욕을 치를 소지는 없는가.

재판은 공정할 뿐 아니라 공정한 것처럼 보여야 한다.

신임 대법원장의 형사재판 경력은 재조·재야를 통해 많지 않은 것으로 보이는데도 벌써 서울고등법원 형사부 판사들을 향해 각성하라고 일갈함으로써 판사들을 부끄럽게 하였다. 필자 역시 법관 경력 중 형사재판의 경험은 짧으나, 국민이 느끼는 유전무죄 무전유죄 내지 전관예우에 대한 우려는 내내 절감하고 있다.

전관예우의 경우, 법관들이 말을 아끼는 터라 드러내놓고 이야기하지는 않으나, 선배들이 재직 중 법원을 위해 헌신한 것처럼 퇴직 후에도 얼마간 희생을 감수함으로써 재판의 권위를 손상시키지 않고 지켜줄 것을 기대한다. 최종 근무 부서의 사건 수임은 스스로 자제하면 좋겠지만 현실은 여의치 않아 보이므로, 변협에서 스스로 규정을 만들어 제한하고 지키지 않으면 불이익을 가하는 등의 자율적 규제가 필요하다고 본다. 그것으로 실효성이 없으면 입법도 가능하다고 보는데, 광역이나 장기간에 걸친 수임 금지는 헌법상 문제가 있으나 퇴직 직전 담당했던 부서의 동종 재판으로 한정하는 것은 부당한 제한이 아니라고 생각한다.

유전무죄 무전유죄의 문제도 어떤 의미에서든 그 실재를 부인할 수는 없다. 이는 전관예우와 합하여 동전의 앞뒷면처럼 재판에 대한 불신을 조장하는 주된 요인이 되고 있다. 이른바 생계형 범죄와, 잘사는 사람이 더 잘살겠다고 저지르는 범죄, 지위와 권력을 가진 사람이 더 높은 지위와 권력을 탐하여 저지르는 범죄 사이의 양형상 형평성 문제는 일률적으로 매도할 문제는 아니지마는, 양형 관행에 문제가 있다는 인식은 법관들 사이에도 공유되어 있다. 신임 대법원장의 그에 대한 문제의식이 확고하므로, 취임 후 깊이 있는 연구와 개선이 이루어질 것을 기대한다.

재판 결과 못지않게 재판 진행 절차에서 느끼는 위화감이 실제 이상으로 유전무죄 무전유죄의 의혹을 증폭시킨 면도 있다. 당사자는 재판도 결국 그가 살아온 방식대로 임한다는 것이 그간 보고 느껴 온 바인데, 예컨대 로비에 능하게 살아온 피고인은 재판도 그 방식으로 하면 되는 줄 알고 있어서 구치소 내의 다른 피고인들에게 위화감을 조성하는 것이 아닌가 싶다. 필자는 재직 중 어느 부서의 재판을 맡은 초기에 우리 사회가 로비 공화국인가 하고 크게 실망한 적이 있다. 사회의 양극화 현상이 구치소 내에까지 이어지는 것이다. 다만 신임 대법원장이 강조하는 불구속 재판의 구현은 자칫 도망할 우려가 있는 피의자만 구속하는 결과가 될 수도 있으니, 또 다른 유전무죄 무전유죄의 오해 소지가 없도록 충분한 설명이 필요하리라고 본다.

법원행정의 요체는 인사다.

어느 직원이 어떤 직분을 맡는지, 어느 법관이 어떤 인사 처분을 받게 되는지는 이를 지켜보는 동료·후배의 사기와 직무 태도를 좌우한다. 인사는 인사권자가 법원 구성원에게 보내는 최대의 메시지이므로 신상필벌이어야 한다.

초임 때 필자는 성실하게 묵묵히 일하는 직원이 이른바 한직으로 돌고 인간관계 능하고 요령 있는 직원이 좋은 보직에 간다는 얘기를 들은 적이 있다. 이는 거대 법원의 법원장이 수많은 직원과 법관을 다 파악하지 못하기 때문일 것이다. 공사의 구분이 준엄치 못하고 연분을 가벼이 할 수 없는 우리 사회의 정서상 평정은 참으로 지난한 문제다. 근무 평정 때문에 배석판사가 부장판사나 법원장과 대등한 관계를 유지하기 어렵다는 지적이 있는데, 그렇게 느끼는 후배 판사들의 기백 없음을 탓해야 할지 선배 판사들이 신뢰받고 있지 못함을 자성해야 할지 모르겠다. 현행 평정 제도는 판사로서의 부적격자를 가려내는 기능은 하고 있으나, 평정 우수자 사이의 선발이나 보직의 기준으로 삼기에는 턱없이 미비한 것처럼 보인다.

인사를 법원별 자치에 맡기는 것이 한 해결책이 될 수 있으리라 생각한다. 대법원장의 직원이나 법관에 대한 평정과 보직, 징계에 관한 권한은 물론 임명에 관한 권한까지 각급 법원에 대폭 이양하여, 광역으로는 고등법원별로 완전한 자치권을 주고 고등법원장은 다시 그 권한의 일부를 지역 내 단위 법원에 위임케 하면 좋겠다. 지역·심급별로 법관을 따로 임용함으로써 경향교류·순환보직·항소심 재판장 선발 문제를 모두 자치에 맡기도록 한다. 시행착오를 거치고 정착되기까지 시간이 걸리더라도 평정의 방법과 내용을 각급 법원 구성권의 의사에 따라 결정하도록 하면, 그 같은 결정에 따라 누가 고등부장에 보하게 되는지는, 지금과 같이 전국적 규모로 본인과 주위의 지인들에게 승진 탈락의 허탈감과 상처를 주는 일과는 분명 다를 것이다. 법관들 사이에서는 결국 이 방법밖에 없다는 공감대가 있으므로, 구체적 방법과 시기만이 문제일 것이다. 단기적으로는 수급 불균형이 있겠으나 행정도시 건설이 시행되면 달라질 것으로 본다. 당사자의 이야기를 재판부가 충분히 들어주도록 법관의 증원과 법원의 증설을 요구하는 안팎의 요구에 대해, 조직이 방대해지면 인사와 전국적 통제가 어렵다는 주장이 있으나, 법원은 일사불란하거나 통일적으로 장악되지 않을수록 좋은 조직이 아닌가. 법원 행정의 지역별 자치가 이루어지면 이름뿐인 판사회의도 정상화되고 직장협의회도 내 고장 법원 사랑에 더욱 힘 쏟을 것이다.

법관과 법원 직원이 건강하고 행복해야 좋은 재판이 이루어진다.

의사가 밤샘 진료를 하고 다음 날 아침 수술실로 향한다면 환자가 불안하지 않겠는가. 국민들은 밤늦은 시각까지 법원 청사에 불이 꺼지지 않는다고 대한민국 사법부의 앞날이 밝은 것으로 생각하지 않는다. 직원이든 법관이든 야근의 빈도와 시간을 줄이고 토요 휴무를 실천할 수 있도록 재판 시스템의 획기적 변화를 기해 주기를 바란다. 9시 뉴스도 보고 신간도 읽고 가족들과 사랑도 나누는 인간성이 풍부한 법관으로부터 재판 받기를 국민은 원할 것이다.

대책 없이 '신속하고 공정한 재판'만 강조하기보다, '신속한 재판'과 '공정한 재판'을 제도적으로 분리하여서 신속에 능한 법관은 신청·파산·소액 재판부에 보하고, 합의부나 항소심 재판부는 충분한 심리에 주력하도록 배려하여야 한다. 고등법원의 민사 항소심 사건을 접수 후 2년만 지나면 '장기 미제'로 분류하여 독려하는 것은 그리 이익이 되지 않는다. 판결이 올바르다거나 오판이라는 말은 들어봤어도 재판이 빨리 끝나서 명판결이라고 회자된 경우는 몇이나 되는지 모르겠다. 대법원장이 나서서 설명하고 이해를 구해야 한다.

그러나 이 모든 것보다 중요한 것은 법원을 신명나는 일터로 만드는 일이다. 편하게 찾아와 즐겁게 돌아가는 법원을 만들기 위해서는 찾아오는 손님을 맞을 직원들이 신명나고 유쾌하게 일할 수 있어야 한다. 국민을 진정으로 섬기되, 국민의 이름을 빌려 법원 구성원을 몰아치기보다는 자주 포옹하고 사랑을 많이 표시해 주면 좋겠다. 법원 내 최고의 선배인 대법원장이야 후배인 법관과 직원들을 얼마나 아끼고 사랑하겠는가마는, 역대 대법원장마다 그 표현에 인색하여, 직원이나 법관들이 대법원장의 진면목을 잘 알지 못한다. 점심도 혼자 외롭게 들지 마시고 더 많은 법원 구성원과 만나고 접하여 스킨십을 넓히고 언로를 통하게 해야 한다. 언로가 막힌 조직은 경혈이 막힌 몸처럼 병들고 노쇠해진다. 정의가 강물처럼 흐르는 사회를 실현할 막중한 임무를 떠안은 사법부의 수장답게, 법원 내부에서도 막힌 곳을 뚫어 정의가 강물처럼 흐르게 해 주시기를 기대한다.

성평등을 기대한다.

여성은 법원 내 소수자가 아니다. 원고나 피고, 피고인, 증인 중 절반은 여성이고. 형사사건 피해자는 여성이 더 많다. 수요자 중심으로 보면 가정법원과 고등법원 형사부만이라도 재판부마다 여성 법관이 한 명은 반드시 배치되어야 한다. 여성이 피해자인 성범죄 등의 재판에서는 아무리 우수한 남성 법관일지라도 여성 법관보다 사건에 대한 이해가 부족할 수밖에 없다. 법관의 실력과 인품, 살아온 경력이나 성향이 사건을 보는 시각에 영향을 미치기 마련이지만, 그중 가장 극복하기 어려운 것이 성별 다름이라고 느낀다. 여성 법관의 비율이 재판 당사자의 비율과 같아지고 있는 것은 바람직한 법원의 궁극적 모습이므로, 이를 가볍게 보아서는 안 된다.

신앙으로나 인품으로나 인간의 존엄과 평등 의식에 투철할 것이라 믿고 싶은 이용훈 대법원장께서는 '여성의 비율이 높아지면 그 조직의 사회적 위상이 낮아진다'거나 혹은 '가임기 여성 법관의 증가로 법원 업무나 사무 분담에 어려움이 있다'는 인식이 법관들 사이에 발붙일 여지가 없도록, 임신과 출산이 여성의 문제가 아니며 그로 인한 비용은 우리 사회가 공동 부담할 몫임을 확고히 하여, 더 이상 젊은 여성 법관들이 죄의식을 안고 근무하지 않도록 든든한 버팀목이 되어 주기를 소망한다.

법원에 성차별은 없다는 것이 남성 법관들의 생각이고 눈에 보이는 성차별은 없다는 것이 여성 법관들의 생각이다. 그동안 법원행정처의 심의관 등에 보해 달라는 여성 법관들의 숙원을 외면하고 조사심의관에 1명씩 총 2명을 보한 것이 전부다. 장차 실·국장으로 일해야 할 시기가 오면 심의관 등의 보직 경력이 없다고 난색을 표할 것이 불을 보듯 뻔하다. 출산과 육아의 부담으로 야근이나 회식을 견딜 적임자가 없다는 주장은, 무리한 시간 외 근무에 의존하는 법원의 근무 형태를 개선하는 것보다 합리적이지 않다. 지키고 보존해야 할 것보다 고치고 바꿀 것이 더 많다고 절감하는 여성들은 변화하고 진보하는 사회에서 주류가 되어야 할 분명한 이유가 있다. 아직도 우리 사회 기득권층은 남성이며, 심각한 출산율 저하는 다 현 사회 구조가 자초한 것이다.

국민과 직접 소통해야 한다.

의사에 대한 신뢰가 없으면 환자의 치유는 어렵다. 당사자는 자신의 상처를 제대로 보여주고 증인은 진실을 말하며 원고와 피고, 피고인과 검사가 서로 소통하면서 법원이 좋은 재판을 하도록 힘을 모아야 한다. 환자가 환부를 감추고 증인은 거짓 증언을 하면서 법원의 판단과 처방이 올바르기를 기대할 수 있을까.

대법원장이 국민에게 이와 같은 협조를 구하고 재판에 대한 불만을 직접 경청하며 대화하면 법원의 권위가 손상되겠는가, 재판의 신뢰가 훼손되겠는가. 그렇지 않을 것이다. 법원을 찾는 국민은 모두 무엇인가에 상처받아 아픈 사람들이다. 법원이 사회 내 다수와 소수를 모두 아우르는 치유와 화합의 장이 되려면 대법원장이 국민의 눈과 마음에서 멀어지지 않고 가까이 머물러야 한다. 온 국민이 대법원장을 존경하고 사랑하게 되기만 한다면 재판의, 법원의 신뢰는 반 이상 확보된 것과 같다.

신임 대법원장을 맞아 국민을 최고로 섬기겠다는 의지를 다지고 있는 법원에도 국민의 격려와 사랑이 아쉽다. 칭찬은 고래도 춤추게 한다는데, '사법감시'도 걸림돌 판결 못지않게 디딤돌 판결을 많이 찾아서 국민에게 알려주고 격려도 해 주기 바란다.

- 2005. 10. 10. 〈사법감시〉 기고

03
아이도 소리소문 없이 낳고

뜻깊은 모임에 불러 주셔서 감사합니다.

젊고 유망한 법학자와 여성학자, 사회학자 여러분, 그리고 젠더법학 연구회라는 이름으로 이 모두를 한자리에 모으신 양현아 교수님과 서울법대 대학원의 연구자 여러분, 뵙게 되어 기쁩니다. 법조 실무가 여러분, 서초동이 아닌 관악산에 와서 조우하는 감회도 각별합니다. 명단에 없이 여성 투사들의 자리에 겁없이 참석하신 성낙인 법대 학장님의 격려도 고맙습니다.

저는 1978년에 판사로 임관하여 지금까지 27년 3개월 동안 법원에서 근무해 온 판사입니다. 현재는 서울고등법원 수석 부장판사이지만, 수석 부장이 뭐하는 건지는 저도 다 모를 지경이니까 그냥 판사라고 불러 주시면 됩니다. 그러나 법원을 정말 모르는 분들만 모인 자리에서는 서울고등법원 부원장이라고 사칭하고 다닙니다. 법원장 다음의 두 번째 자리인 것은 맞습니다.

 근래의 여러 학제적 연구 경향에 비추어 보면, 법여성학 내지 젠더법학은, 그것이 여성학과 법학의 결합이든 접점이든 간에, 당연히 그 탄생이 필연이었을 것입니다. 법학자와 법 실무가 사이의 젠더법학에 대한 공동의 연구와 유대 또한 마치 이공계에서의 산학 협동처럼, 젠더법학의 이론적·실용적 성과를 극대화하는 데에 필수일 것입니다.

 젠더법학이라는 이름으로 뜻을 같이하여 모인 우리는, 이제 연구실에서 또는 사무실이나 법정에서, 생물적 의미의 성이 아닌 사회적 의미의 성(젠더)에 대한 감수성과 균형 감각을 남다른 관심과 예리함으로 공유하게 될 것입니다. 우리가 선택하여 헌신하기로 한 법학의 연구와 실무에서, 성차별적 관행과 모순을 지적하고 감시하며 성평등한 사회를 구현하는 소명을 함께할 것입니다.

 저 또한 앞으로는 더욱, 우리 앞에 던져진 현실을 묵인하거나 회피하거나 침묵으로 얼버무리는 태도를 경계하겠습니다. 그러한 소극적 경향은 여성에 대한 배신이며, 여성에 대한 배신은 성평등해야 할 정의로운 사회에 대한 배신이라고 여기겠습니다.

 2004년 11월을 기준으로 여성 법조인의 비율은 변호사가 5.5퍼센트, 검사가 7.2퍼센트, 판사는 13.1퍼센트입니다. 여성이 법원과 검찰에 몰려온다는 언론 보도와는 좀 다르다는 생각을 하실 것입니다. 그래도 1992년 10월 미국에서 제1회 세계여성법관대회가 개최될 때 우리나라 여성 법관 비율이 5퍼센트 미만이어서, 비율만으로는 아프리카 국가

들보다도 후진적으로 보이겠다는 자괴감을 가진 적이 있었음에 비하면 나아졌다고 할까요.

비율만 그런 것이 아니라 내실에서도 검찰에서 가장 앞선 분이 조희진 부장검사 한 분이고 법원에도 재작년에 전효숙 헌법재판관의 탄생, 작년에 김영란 대법관의 임명에 이어 고등법원 부장판사가 1명, 지방법원 부장판사 10여 명이 비교적 고위직의 전부입니다. 변호사로는 황산성, 강기원 변호사님과 법원장을 역임한 이영애 변호사님, 중견층으로 잘 알려진 강금실, 조배숙, 황덕남, 김덕현, 박보영, 박영식, 배금자 변호사 그 외 많은 분이 계시고, 젊은 활동가라고 할 차세대의 진선미, 이정희, 이유정 변호사를 비롯하여 여러분이 계십니다. 건대 법대의 최윤희 교수처럼 검찰과 법원, 학계를 두루 거친 분도 있습니다.

법원에서는 1998년 봄 사법연수원에 제29기 연수생들이 들어와서 여성법학회를 처음 만들었습니다. 외부와의 연계나 법원 내 공식 기구와의 교감 없이, 여성 연수생들 스스로 기적처럼 여성법학회를 만든 것입니다. 당시 사법연수원의 교수이던 저로서는 제자들 덕에 여성법학회의 첫 지도 교수가 되었으며, 저 빼고 전부 남성이던 교수들과 남자 연수생들까지 참석한 가운데 김선욱 교수님을 초청하여 강연을 듣는 것으로 창립대회를 가졌습니다.

하나의 선택이 마치 도미노 게임처럼 다음번 선택에 영향을 미치듯이, 그것이 계기가 되어 그해 가을 학기에 사법연수원에 여성법 강의가 개설된 것도 사건이었습니다. 당시만 해도 강의할 적격자를 구하지 못해 동분서주하던 기억이 새롭습니다. 법관인 강사가 준비되어야 강좌를 개설할 수 있었던 연수원의 지침에 따라 여성 법관들을 찾아다니면서 사정한 끝에 지금 인천지방법원 부장판사로 계신 김영혜 판사를 강사로 모시고 첫 강좌를 시작할 수 있었습니다. 여성법학회 회원들과 여성법 강의 수강자 중 상당수가 연수원 수료 논문으로 여성법학 관련 주제를 선택하여 작성·발표하였고, 참신하고 예리한 논문들도 기억에 남습니다. 스스로 부끄럽게 기억하는 것은, 현재 법원에 계신 이진화 판사의 가사노동 가치에 대한 논문을 읽고서, 기존의 재판 실무에 비추어 과연 그와 같은 주장이 법원에서 받아들여지겠는가 하는 의문을 제가 제기했던 일인데, 훗날 여러 논문과 저서를 접하면서 여성인 저 자신조차 남성 중심 관점의 법학과 법률 실무에 길들여져 있었음을 알게 되었습니다.

이렇게 해서 1998년의 사법연수원에는 법원사상 초유의 여성법학회가 탄생하고 여성법학 강의가 국가 기관인 사법연수원의 정식 과목으로 들어오는 일이 일어나고 있었습니다. 1970년대에 이미 이화여대에 여성법학 강좌가 개설되었음에 비하면, 법원이 젠더 문제에 참으로 뒤쳐져 있었구나 하는 한탄과 질책도 있을 것입니다.

그해 사법연수원에서 시작된 작은 출발은 이에 그치지 않고, 이 소식을 들은 당시 윤재식 서울중앙지방법원장께서 서초동 여성 법관의 친목 겸 연구 모임을 만들면 지원하겠다는 뜻을 전해오기에 이르렀고, 그렇게 시작된 점심 모임이 서울중앙지방법원 여성법연구회로 발전하였습니다.

지금은 사법연수원의 이림 부장판사께서 관련 업무를 총괄하고 있고 법원 내 여성법 커뮤니티라는 온라인상의 정식 모임이 있으며, 지난 11월 17일에는 그 첫 포럼을 가졌는데 그때 양현아 교수께서 강의를 해 주셨습니다. 우물 안 개구리처럼 우리끼리 체험적 문제의식의 공유에 머물렀던 터에, 명쾌한 이론적 설명과 근거를 얻게 된 여성 법관들은 열광하였습니다. 양 교수의 열정적이고 아름다운 강의 스타일도 감탄을 자아내는 데에 기여하였습니다.

우리는 연구자와 실무가로서의 연구와 경험을 공유함으로써 실천적 성과를 도모할 수 있다고 생각되므로, 제가 속한 영역의 현황을 알려 드리는 것에도 시간을 할애하고자 합니다. 우선 초기 여성 법관들의 실상부터 알리고 싶습니다.

저는 1978년 9월 2년간의 사법연수원 생활을 마치고 서울민사지방법원 판사로 임명되었는데, 여성 전용 화장실이 없어 곤욕을 치렀습니다. 여성 직원들이 수십 년을 근무해 왔을 대한민국에서 가장 큰 법원이었는데, 남녀가 구분되지 않은 화장실뿐이었습니다. 그 전에도 수많은 여성 직원들로부터 의당 같은 요청이 있었을 터이건만 그때 비로소 여성 법관 세 사람의 요청에 의해 여성 화장실을 분리 설치하는 공사를 하게 되었습니다. 그후 저는 1983년 수원지방법원으로, 1985년에는 서울남부지원으로 옮기게 되었는데, 가는 곳마다 그 법원에서 처음 구경하는 여성 판사인 동시에 화장실 개조를 하게 만드는 비용이 많이 드는 판사였습니다. 그중 어느 법원에서는 화장실 내에서 남성인 직원이 여성 직원을 희롱한 적도 있다는 직원들의 호소를 들었습니다. 이상이 초기 여성 법관들이 겪은 엽기적 화장실 사건입니다. 그래서 사실 저도 제가 세 번째 여성 법조인인 줄 알았습니다. 그런데 따져 보니까 실은 일곱 번째입니다. 이태영 선생님, 황윤석 판사님, 강기원. 황산성, 이영애 변호사님, 전효숙 헌법재판관님 그 다음이 저라고 합니다.

다음은 엽기 시리즈 두 번째로, 소리소문 없이 슬쩍 아이 낳고 한 달 이내로 다시 출근하여 근무하는 일입니다. 내놓고 말하기조차 끔찍한 일들이어서, 기회 되면 다른 자리에서 말씀드릴게요.

또 그 다음은 형사재판에 있어 여러 관점의 차이, 가사 사건에서의 귀책 사유와 위자료 산정에서의 갈등 등입니다.

우선 이영애, 전효숙 판사 두 분이 동시에 가정법원에 근무하게 된 적이 있는데, 그 때부터 이혼하는 여성에 대한 위자료 액수가 높아졌고 그것도 몇 퍼센트 정도가 아니라 2배, 3배, 나중에는 거의 10배씩 높아졌다는 이야기를 들었습니다.

제가 형사부 배석판사로 근무할 때에도 혼인 빙자 간음이나 강제 성관계, 이를 미끼로 한 금품 갈취 등에 있어 남성 법관과의 견해 차이로 갈등을 겪었습니다. 젠더의 차이에서 오는 사고와 관점의 차이를 좁히기가 어려웠는데, 형사법원에 여성은 저 혼자인 반면 나머지는 다 남성적 관점을 가진 법관뿐이고, 그들의 견해가 일치하는데 유독 다른 사고를 하는 판사 하나가 형사법원에 근무하는 꼴이 된 것이지요. 대다수 법관이 보기에 이상한 저의 생각은 단지 여성의 편견으로 치부되는 데에 그치지 않고 법관으로서의 균형 감각이 모자라는 것으로 평가 받기 십상이었습니다

그래도 마침내 부장판사가 되었고 그사이 어느 정도 신뢰도 쌓이게 되어, 이제는 제가 여성으로서의 시각을 강하게 주장하여도 사고가 치

우친 판사라는 말을 들을 단계는 지난 듯합니다. 요즘은 여성주의적 아니 균형잡힌 제 의견에 승복하지 못하는 남성 법관들에게 이렇게 말합니다. "아니 김 판사 사고가 좀 이상한 것 아니에요."

초기에 온통 남성 법관뿐인 법원에서 여성적 시각으로 인한 갈등과 울분을 속으로 삭이고 넘긴 긴 시간을, 저는 이름하여 위장 취업의 시절이었다고 회고하곤 합니다.

같은 맥락에서 이런 결론을 내려 봅니다.

가정법원 재판부마다 여성 법관 한 명은 반드시 있어야 합니다. 이혼 청구의 인용 여부, 귀책 사유의 판정, 재산 분할 등에 있어 여성 법관과 남성 법관의 판결은 같을 수 없습니다.

형사재판에도 재판부마다 여성 법관 한 명 이상의 관여는 필수입니다. 성범죄는 현재 서울고등법원 형사사건의 절반을 차지합니다. 어느 해인가는 60퍼센트에 육박한 적도 있습니다. 저는 감히 제가 고등법원 형사부 2년의 근무 기간 동안 종전의 양형을 현저하게 바꾸었다고 생각할 뿐 아니라 다른 재판부에까지 영향을 주었다고 믿고 있습니다.

여성은 법조 실무에서 소수자일 수 없습니다. 소수자가 아니므로, 소수자이어서는 안 됩니다. 변호사에 대한 의뢰인, 검찰에서의 피의자나 고소·고발인의 절반은 여성입니다. 그 같은 성비가 재판 당사자의 성비로 그대로 반영됨은 두말할 나위가 없습니다. 원고와 피고, 피고인, 증인이나 피해자의 절반은 여성이며, 피고인을 따라오는 가족이나 방청객의 절반까지 여성입니다.

유능한 법률가라 하더라도 절반의 대상을 전체로 인식하거나 절반만 파악할 위험으로부터 자유로울 수 없음은 부인할 수 없습니다. 언제나 부분만 파악하는 것, 이것이 모든 인식 작용의 한계 아닌가요. 부분만 파악하면서 그것을 전체라고 규정하는 것이 인식 작용의 한계 내지 모순이라면, 법여성학의 목적 또한 법률의 제정은 물론 법률의 해석·적용에 있어 여성의 사고를 배제하거나 낮게 평가하거나 무시 또는 외면하는 것에 반대하고, 여성의 시각과 경험이 포함된 전체로서 재구성하고 이해하도록 돕는 것에 있을 것입니다. 인류 또는 국민의 성비와 마찬가지로 법률 수요자의 절반이 여성이므로, 공급자인 법조인의 성비도 동등하게 시정되어야 합니다. 근래 여성 법관의 비율이 50퍼센트에 육박하고 있는 것은 바람직할 뿐 아니라 자연스럽고 궁극의 현상일 것입니다. 문제는 그와 같은 신규 법관의 성비가 전체 법관의 성비에 변동을 가져오려면 한참을 기다려야 한다는 점인데, 재판 당사자의 성비는 수십 년 전부터 이미 반반이었습니다.

나아가 상층 구조에의 진출이 중요하다고 봅니다.

일찍이 산업 전선의 상당 비율을 여성 노동자가 점하였으나, 피용자가 아닌 사용자층을 남성이 독점하고 있어 노동 시장의 성평등은 요원하지 않았습니까. 변호사 단체의 회장단이나 검찰의 법무부 소속 검사, 법원의 행정처 간부가 여성인 것이 중요하다고 봅니다. 출산이나 육아로 인한 인사상 불이익, 보육 시설의 확충 등에 있어, 고위직인 남성에게 설명하고 설득하여 배려를 얻어내는 데에는 한계가 있습니다. 관리자는 시혜적이고 여성은 구걸하는 것처럼 보입니다. 결정 당하고 집행당하는 입장이 아니라 결정하고 집행하는 지위에 서게 된다면, 문제 해결의 프로세스는 전혀 달라지게 될 것입니다. 이런 점에서도 강금실 법무부 장관의 재직과 같은 일은 의미 있는 사건이었다고 생각합니다.

그러나 민변 등에서의 일부 여성 변호사의 활발한 활동을 제외한다면, 법무부 검사 수백 명 중 여성 검사는 한 명이고, 법원행정처에 여성 법관이 한 명입니다. 법원 일반직의 경우에도 국장이 한 분, 과장조차 극소수입니다. 입회 사무관이나 계장, 주임은 많으나 그분들이 상층 구조에 진입하려면 한참을 기다려야 합니다.

물론 검찰이나 법원이나 아직 그 자리에 순서가 되는 해당자가 적기는 합니다. 그러나 해당자가 없음에도 불구하고 배려하는 것이 바로 할당제(Affirmative Action)의 요체 아닌가요.

이런 현실과는 반대로, 여성 법조인의 강점 또한 현저합니다.

우선, 언어 구사력의 남성에 비한 상대적 수월성입니다. 저는 민사, 행정, 형사 법정을 막론하고 변론에 능하지 않은 여성 변호사를 만난 기억이 희소합니다. 남성인 재판장이나 판사들도 이와 같은 저의 의견에 이론을 제기하는 사람은 없었습니다.

둘째, 간명한 논리 구성입니다. 쉬운 것은 쉽게, 어려운 것은 어렵게 선별하는 능력이 남성과는 좀 다르다는 것이 저의 생각입니다. 여성은 추상적이기보다는 구체적이며 핵심에 곧바로 접근하는 경향이 있는 반면, 남성은 보다 복잡한 논리의 조작과 과정을 거치는 경향이 현저하다는 생각입니다.

셋째, 청렴성입니다. 융통성 없다는 남성들의 여성들에 대한 평가는

'원칙대로 한다' '어떤 경우에도 원칙을 어기지 않는다'는 것의 다른 표현이라고 생각합니다.

또한 끼리끼리 감싸는 집단의식에 친하지 않습니다. 집단의식은, 독자적이고 고유한 인격체인 개인이 그러한 속성을 어느 정도 포기하고 양도함으로써 생겨난다고 생각합니다. 분단에 의한 부득이한 군복무 제도가 초래한 결과이기는 하나 대부분의 남성과 달리 군대 문화에 물들지 않은 것도 강점입니다.

이제, 젠더법학회에 대한 법관으로서의 기대를 말씀드리겠습니다.

위와 같은 법조 문화 내지 법조 실무에 관하여, 젠더법학 연구자의 학제적 연구를 구합니다. 심리학적, 사회학적, 페미니즘적 관점에서의 설명을 기대합니다.

여성 법관의 현안은 아직도 임신과 출산, 육아로 인한 휴직과 대직 등 문제입니다. 이에 관한 논의가 여성 법관 사이에, 때로는 법원행정처와 사이에 반복되었으나, 묘안이 없습니다. 여성학 또는 여성법학에서의 연구 성과, 선진적 입법례, 다른 분야 직장에서의 여러 모델과 성공사례를 구합니다. 성범죄 등 젠더의 관점이 극명하게 적용되는 사건에 있어, 판결에 대한 젠더법학자의 비판과 담론이 여성 법관들에게 전달되고, 여성 법관을 통해 법관 모두에게 전달됨으로써, 판결 비판이 판결 계도로 이어지기를 기대합니다. 부부강간죄의 신설 논의에서 보았듯이 학계와 법조 실무, 입법 참여자 간의 협조가 아쉬웠던, 입법과 정책 수립 과정에서의 유대를 원합니다. 장차 우리 모임의 한 화두로서, 성폭력범

죄등처벌에관한법률 외에 기본법인 형법에 있어서도, 강간죄와 강도죄의 법정형을 균형 있게 시정하는 과제를 논의하게 되기를 바랍니다. 특별법이 아닌 형법상의 강도치상죄는 법정형 하한이 7년부터 시작하여 가중되는 반면 강간치상죄는 기본 유형의 법정형 하한이 5년부터 시작하여 가중되는 것이 타당한지에 관하여 서로 이야기하게 되기를 희망합니다.

모처럼 법학에서의 산학 협동과 같은 첫 모임에서 너무 많은 화두가 머리와 가슴에 넘쳐 자제할 수 없이 쏟아낼 수밖에 없었음을 이해해 주시기 바랍니다.

귀한 자리에서 제가 두서없이 시간을 차지하게 된 것은 양 교수님과의 개인적 약속을 하늘이 무너져도 지켜야 한다는 착각 때문이었습니다. 앞서 말씀드린 지난 11월 19일 여성 법관 커뮤니티 심포지엄 초청에 응해 주신 외에 그 한참 전에도 서울고등법원 여성 법관 모임의 첫 손님으로 와 주셨습니다.

저는 지난 어느 모임에서 양 교수님으로부터 젠더법학회 설립에 관한 구상과 의도를 듣고 적극 찬성하고 참여 의사를 물으시기에 물론이라고 즉답하였다가, 그 후 5분 스피치 제의에 경솔하게 승낙하였고, 정작 모임이 구체화되고 성사되게 되자 슬그머니 5분이 10분으로, 스피치가 격려사로 변질되어 일이 심상치 않음을 깨닫고 후회막급이었으나, 양 교수의 개인적 매력에 흡인되어 이렇게 긴 사설을 늘어놓기에 이르렀습니다.

저로서는 말씀드리는 동안 더없이 기쁘고 즐거웠으나, 여러분께서도 부디 그러셨으면 좋겠다는 눈치 없는 바람으로 제 말을 마치겠습니다.

– 2005. 12. 3. 〈한국젠더법학연구회〉(현 〈한국젠더법학회〉 전신) 창립 축하

04
마음 깊은 곳에서는 제2의 고향

광주지방법원의 법관과 직원 여러분 안녕하십니까? 저는 오늘부터 여러분과 함께 동고동락하게 된 전수안입니다.

먼저, 훌륭한 인품으로 원만하게 이 법원을 이끌어 오신 전임 박행용 법원장님을 비롯한 역대 원장님들과, 격무 속에서도 묵묵히 맡은 바 소임을 다해 오신 법관 및 직원 여러분의 노고에 경의를 표합니다. 또 광주가 아닌 다른 법원에서 인연을 맺었으나 그동안 소식 끊기고 인사 못 나눈 법관과 직원 여러분, 서울이 아닌 멀리 이곳에서 조우하는 감회도 각별합니다. 이 가슴 벅찬 기쁨을 여러분과 함께 온몸으로 나누고 싶습니다.

우리 법원은 광주광역시와 전남 일대에서 발생하는 다양한 법률적 분쟁을 해결하는 크고 중요한 법원입니다. 가정지원을 포함한 5개 지원과 17개의 시·군법원, 등기국 외에도 18개의 등기소가 관내에 있고, 우리 법원의 재판이나 업무 처리 방식이 광주 시민과 전남 도민의 일상생활에 커다란 영향을 미치게 됩니다. 달리 말하면, 우리 법원의 법관과 직원 여러분 한 분 한 분이 지역 주민의 일상생활을 좌지우지하는 중요한 위치에 계시고, 내 고장 사람을 행복하게도 불행하게도 하는 중차대한 소임을 맡고 계시다는 말이 됩니다. 여러분 한 분 한 분이 광주 시민과 전남 도민의 일상생활을 최대한 편안하고 행복하게 하기 위하여 최선을 다하고 계시리라고 믿습니다.

이곳으로 부임하기 전, 우리 법원을 잘 알거나 근무해 본 경험이 있는 법원 안팎의 여러 사람들로부터, 광주가 정말로 인정이 많은 곳이며, 우리 법원이 전국에서 가장 근무하기 좋고 오래도록 기억에 남는 법원이라는 이야기를 수없이 들었습니다. 이는 무엇보다도 이곳에 근무하시는 여러분의 인격과 따뜻한 성품에 기인하겠지만, 손님을 잘 대접하는 풍습과 문화에도 기인한다고 들었습니다. 이러한 아름다운 전통을 장점으로 살려 나가되, 한편으로는 혹시라도 이와 같이 정이 넘치는 나머지 제도의 정비나 엄격한 운용에 소홀한 법원이라는 평판을 듣고 있지는 않은지 되돌아볼 시기가 되었다고 생각합니다. 전국의 모든 법원이 국민을 섬기는 법원으로 거듭나고 있는 이때, 누구보다도 손님을 따뜻이 접대하는 전통을 지켜온 이 지역에서, 법원을 찾아온 손님인 민원인과 당사자를 편의롭고 효율적인 시스템을 갖추어 맞아들이고 대접하지 않을 이유가 없습니다. 다른 법원에 비해 다소 늦기는 하였지만, 우리 법원에서도 법원을 찾는 국민의 눈높이에 맞추어 법원의 구석구석을 새롭게 되돌아보고, 민원과 소장의 접수에서부터 판결이나 결정문의 송달과 상소된 기록의 송부에 이르기까지 모든 단계의 시스템을 점검하며, 시설과 설비를 혁신해 나가야겠습니다.

이제는 사기업뿐 아니라 공기업이나 공공기관도 예외 없이 책임 경영의 시대입니다. 이미 민원부서에서는 직원 여러분 한 분 한 분이 자신의 이름을 밝히고 근무함으로써 각자 업무에 대한 책임의 주체가 되어 계시고, 과장은 과원의, 실장은 실원의 CEO로서 경영의 주체가 되어 계십니다. 저 또한 법관과 직원의 정점에 군림하는 법원장이 아니라, 여러분이 최적의 여건에서 지역 주민에게 최고의 서비스를 제공할 수 있도록 뒷바라지하고 돕는 데에 헌신적인 경영자이고자 합니다.

새 대법원장의 취임 이후 대법원에서는 법원 단위별 실적을 중시하고 강조하고 있습니다. 저는 사건이든 민원이든 간에 일을 제대로 잘하는 것이 일을 많이 하는 것이라고 생각합니다. 일 잘하는 것이 일 많이 하는 것이며, 사랑이 많은 사람이 일을 잘할 수 있습니다. 당사자와 민원인을 귀한 손님으로 맞아들이고 사랑을 많이 나누어 주시는 것이 일을 잘하는 것이라고 생각합니다.

사무 분담과 보직에 관하여, 여러분 한 분 한 분이 최대의 능력을 발휘할 수 있는 적재적소에 배치되도록 노력하겠습니다. 어쩌면 스스로도 미처 다 알지 못하던 자신의 능력을 재발견하여 즐겁고 기쁘게 근무할 수 있도록, 적성과 희망, 능력에 잘 어울리는 자리를 찾는 데에 함께 노력을 경주합시다. 직원 여러분을 잘 아시는 국·과장의 의견을 존중하되, 국·과장으로 하여금 종전의 보직 관행이나 인사 방식을 점검하여 예측

가능한 기준을 마련하고 제시하도록 하겠습니다. 1월과 7월의 정기 인사 때에 매 6개월마다 다른 부서로 옮기기를 희망하는 일도 지양하였으면 합니다.

조직에 인사가 없을 수 없고, 인사가 있는 한 경쟁이 없을 수 없습니다. 어차피 피할 수 없는 일이라면 경쟁을 통한 평가를 받는 데에도 최선을 다하시고, 저 또한 평정과 인사가 피할 수 없는 업무인 이상 노력한 만큼 보상받는 신상필벌의 실현을 위해 노력하겠습니다. 자신의 능력을 극대화하고 제대로 평가 받기 위하여는 쉬운 일, 편한 일보다 어렵고 중요한 일, 남들이 기피하는 궂은 일 맡기를 두려워하지 마시기 바랍니다. 어려운 일을 잘 처리하여 좋은 결과를 내는 것이 능력을 향상시키는 지름길이라고 생각합니다.

법관 여러분에게 당부합니다.

민사 합의사건은 법원 재판 사무의 중추입니다. 민사합의부의 부장과 배석판사들께서 법원의 업무 성과를 좌우합니다. 공전되거나 지연되는 재판은 정의가 아닙니다. 지루하게 방치되는 서면 공방은 재판이 아닙니다.

형사합의부는 법원의 얼굴입니다. 민사재판에 대한 평판이 직접 경험한 당사자의 평가를 통해 시차를 두고 서서히 퍼져나가 회자되는 것이라면, 형사재판은 널리 안팎으로부터 즉시 평가받게 됩니다. 충실한 심리와 공정한 절차를 통한 유·무죄의 엄정한 판단과 적절한 양형을, 법관으로서의 자존심과 명예를 걸고 당당하게 해 주시리라 믿습니다.

민·형사와 신청·영장 등의 중책을 맡은 단독 재판장 여러분, 여러분은 법원의 온갖 힘든 사건을 뒤치다꺼리 하는 핵심 인력입니다. 단독 사건의 항소심 재판장과 배석판사 여러분, 여러분은 재판의 기록과 결과가 곧바로 대법원으로 가서 평가 받거나, 상고되지 않으면 재판 결과가 그대로 법률관계를 확정시키는 두려운 지위에 계십니다. 한 치의 소홀함도 없이 최선을 다하고 계시리라 믿습니다.

다양한 구성원이 모인 어느 조직에나 의견 차이와 갈등이 있을 것입니다. 그러나 서로 마주 보고 입장 차이를 확인하는 데에 힘을 소모하기보다, 가야 할 목적지를 향해 상생의 길을 걷기를 소망합니다. 개혁이 시대의 화두가 되었습니다만, 진정한 개혁은 지킬 것과 버릴 것을 지혜롭게 분별하는 것이며, 서로 양보하고 존중하는 따뜻한 마음의 토대 위에서만 가능하다고 생각합니다.

무엇보다 저는 법원 안에서 이루어지는 일에 관하여 서로 모르는 사정, 저와 여러분 사이에 감춰진 사정이 없었으면 합니다. 어렵고 힘들거나 부끄러운 사연까지도 우리끼리 털어놓고 해결하지 않으면 법원 밖의 누구에게 도움을 구하겠습니까. 저는 오늘부터 이곳 광주를 저의 고향이다 생각하겠으며, 우리 법원이 저의 초임 법원이라고 여기겠습니다. 여러분께서도 저를 외지의 손님으로 대하지 마시고 내 고향 사람, 우리 법원 지킴이로 의지해 주시기 바랍니다.

— 2006. 2. 13. 광주지방법원장 취임사

PART 2

먼 길

05

먼 길

존경하는 여러 선배님과 후배, 동료인 법관과 직원 여러분,

우리는 어느 대법관 개인의 취임을 축하하기 위해서가 아니라, 대법원의 새로운 구성과 출발에 의미를 부여하기 위해 이 자리에 함께하였다고 생각합니다.

대법원의 절반에 가까운 구성원이 바뀌는 일은, 사법부 역사에 있어 분명 사소한 일은 아닐 것입니다. 대법원의 구성원이 바뀐다는 것은 대법원의 판결이 달라질 수 있다는 의미가 아닐 수 없으며, 대법원의 판결이 달라질 수 있다는 것은 국민의 삶 속에 작동하는 살아 있는 법이 바뀔 수 있다는 가능성을 뜻할 것입니다.

귀중한 시간을 쪼개어 참석해 주신 여러분 앞에서, 앞으로 6년 동안 대법관으로서의 임무를 성실히 수행할 것을 선서하고, 부족하나마 그 지향하는 꿈을 제시할 의무가 있음을 무겁게 받아들입니다.

저는 오늘 대법관으로서의 임무를 시작하기에 앞서, 국민과 국가 사이의 약속을 되새겨 보았습니다. 그중에도, '모든 국민은 인간으로서의 존엄과 가치를 가지며, 행복을 추구할 권리를 가진다. 국가는 개인이 가지는 불가침의 기본적 인권을 확인하고 이를 보장할 의무를 진다'고 한 헌법의 약속에 더욱 유념하고자 합니다. 저는 대법관으로 부름을 받고 직전 근무지인 광주를 떠나오면서, 그곳 5.18 묘역에 머물러 있는 137인의 풀지 못한 한이 끝내 좌절하지 않고 의미 있는 미래의 역사가 되도록, 법관으로서 소임을 다하겠다고 다짐하였습니다.

그리고 무엇보다 법원이 국민의 신뢰를 얻는 일에 헌신하겠습니다.

재판이 공정할 뿐 아니라 공정한 것처럼 보여야 하는 것과 마찬가지로, 법관 또한 청렴할 뿐 아니라 국민의 눈에 청렴하게 비쳐야 한다고 생각합니다. 국민은 공직자에게 사사로운 의리나 지키라고 세금을 내는 것이 아니라는 지적에 공감하면서, 법원 구성원인 우리가 지켜야 할 것은 의리가 아니라 정의임을 유념하겠습니다.

나아가 재판에 임하는 법관으로서는 불편부당하다는 신뢰가 생명이라고 생각되므로, 저 역시 저를 대법관 후보로 추천한 이른바 보수 단체나 진보 단체의 편파적 신뢰나 일방적 기대를 망설임 없이 털어버리고 기꺼이 배반하면서, 오직 국민이 갈구하는 정의의 발견과 선언에만 전념하겠습니다.

그러나 한편 고독한 성에 머무르거나 공허한 정의를 선언하는 대법관이 되지도 않겠습니다. 다양한 법원 밖 비판과 비난의 목소리까지도 두려움 없이 두루 경청하여서, 높은 담을 넘어 들어오는 큰 목소리에만 귀 기울이는 일이 없도록 경계하겠습니다.

작금의 현안을 슬기롭게 풀어가는 일에도 유념하겠습니다.

구두변론·공판중심주의에 의해 형성된 사실심의 심증과 사실 인정에 대하여, 기록에 편철된 서면의 검토만으로 사실심의 조처를 의심하고 불신하는 일에 시간을 쪼개지 않으려 합니다. 대법원이 사실심 법원을 신뢰하지 않으면 국민이 이를 신뢰할 리 없습니다. 대법원이 사실심 법관에게 주는 신뢰는 남상소를 줄이고, 당사자로 하여금 사실심의 심리에 더욱 진지하게 임하도록 할 것으로 생각합니다.

법원 내 소수자 내지는 자유주의자의 역할도 감당하고자 합니다.

대법관은 더 이상 얻을 것도 잃을 것도 없는 마지막 자리입니다. 동료 대법관과 대법원장에게까지도, 법원 구성원의 목소리와 법원 밖 정당한 목소리까지 가감 없이 전달하고 반영하는 일에 용기를 내겠습니다.

저는 우리 법원 또한 지금까지와 같이 유지되고 보존되는 것보다는, 고치고 바꾸어서 더 나아질 것이 많다고 생각하는 쪽에 서 있습니다. 변해야 한다는 절박함이 없다면 변화할 수 없으며, 모두가 그 절박함을 깨닫게 되는 때에는 이미 늦은 경우가 태반이라고 합니다.

우리가 옳다고 믿는 것은 지금 이 시점에서 가장 힘을 얻고 있는 하나의 견해일 뿐이며, 저는 우리 법원의 변화가 고정 관념을 버리고, 관행을 깨뜨리며, 배타적·폐쇄적 관계를 수평적 관계로 개방하는 방향으로 이루어지기를 소망합니다.

　변화란 결국 꿈을 실현해 가는 과정이므로, 우리가 끊임없이 각성하고 변화를 추구하는 한, 5년 후 10년 후의 법원은 분명 오늘보다 더 아름다울 것이라고 꿈꾸어 봅니다.

이제 저의 개인적 소회를 말씀드리고자 합니다.

　기대할 때는 오지 않던 기회가 여러 번 스쳐 지나가기에 그냥 무심히 바라보게 되었을 때, 그때에야 문득 저에게 손을 내밀었습니다. 더 낮아질 수 없을 만큼 낮아지기를 기다린 후에야 이제 좀 쓸만하게 되었다고 부름을 받은 것으로 생각합니다. 귀한 시간을 조금만 더 허락해 주신다면, 남도 시인 문정희 님의 시 한 편('먼 길')을 함께 나누는 것으로써 저의 소회에 대신하고자 합니다.

　나의 신 속에 신이 있다
　이 먼 길을 내가 걸어오다니
　어디에도 아는 길은 없었다
　그냥 신을 신고 걸어왔을 뿐

　처음 걷기를 배운 날부터
　지상과 나 사이에는 신이 있어
　한 발자국 한 발자국 뒤뚱거리며
　여기까지 왔을 뿐

새들은 얼마나 가벼운 신을 신었을까
바람이나 강물은 또 무슨 신을 신었을까

아직도 나무뿌리처럼 지혜롭고 든든하지 못한
나의 발이 살고 있는 신
이제 벗어도 될까, 강가에 앉아
저 물살 같은 자유를 배울 수는 없을까
생각해 보지만

삶이란 비상을 거부하는
가파른 계단

나 오늘 이 먼 곳에 와 비로소
두려운 이름 신이여!를 발음해 본다

이리도 간절히 지상을 걷고 싶은
나의 신 속에 신이 살고 있다

끝으로, 좋은 법관이 되겠다는 꿈을 함께 소중히 여겨 격려하고 희생을 감수해 준 가족들, 이 자리에 계셨더라면 누구보다 좋아하셨을 아버지께 감사드리고, 어린 제자를 법 없이도 살 사람으로 키우고자 하셨으나 결국 실패한 것처럼 보이는 은사님들, 이학석, 윤정선, 김병기, 이천규, 최봉현, 김명희, 박순우, 고락민, 김용완, 김순흥, 김영의, 김기선, 박

관순 선생님께 오늘의 영광을 돌리고 싶습니다. 긴 시간 경청해 주셔서 감사합니다.

— 2006. 7. 11. 대법관 취임사

06

선택과 집중

오늘 아침에도 바쁘게 나오셨지요. 잠시 생각을 멈추고 마음을 비워 보실까요.

비는 소리부터 내린다. 흐린 세월 속으로 시간이 매몰된다. 매몰되는 시간 속에서 누군가 나지막히 울고 있다. 잠결에도 들린다.

비가 내리면 불면증이 재발한다. 오래도록 소중하게 간직하고 싶었던 이름일수록 종국에는 더욱 선명한 상처로 남게 된다. 비는 서랍 속의 해묵은 일기장을 적신다. 지나간 시간들을 적신다. 지나간 시간들은 아무리 간절한 그리움으로 되돌아보아도 소급되지 않는다. 시간의 맹점이다. 일체의 교신이 두절되고 재회는 무산된다. 나는 일기장을 태운다. 그러나 일기장을 태워도 그리움까지 소각되지는 않는다.

비는 뼈 속을 적신다. 뼈저린 그리움 때문에 죽어간 영혼들은 새가 된다. 비가 내리는 날은 새들이 보이지 않는다. 이런 날 새들은 어디에서 날개를 접고 뼈저린 그리움을 달래고 있을까.

비 속에서는 시간이 정체된다. 나는 도시를 방황한다. 어디에도 출구는 보이지 않는다. 도시는 범람하는 통곡 속에서 해체된다. 폐점시간이 임박한 목로주점. 홀로 마시는 술은 독약처럼 내 영혼을 질식시킨다. 집으로 돌아와 바하의 우울한 첼로를 듣는다. 몇 번을 반복해서 들어도 날이 새지 않는다. 아무런 이유도 없이 목이 메인다.

우리가 못다 한 말들이 비가 되어 내린다. 결별 끝에는 언제나 침묵이 남는다. 아무리 간절하게 소망해도 돌아갈 수 없는 전생. 나는 누구를 사랑했던가. 유배당한 영혼으로 떠도는 세속의 거리에는 예술이 암장되고 신화가 은폐된다. 물안개 자욱한 윤회의 강변 어디쯤에서 아직도 그대는 나를 기다리고 있는가. 나는 쓰라린 기억의 편린들을 간직한 채 그대로부터 더욱 멀리 떠나야 한다. 세속의 시간은 언제나 사랑의 반대 방향으로 흐르고 있기 때문에

— 이외수, 〈비에 대한 명상〉

아침부터 뜬금없지요. 그래도 잠은 달아났을 겁니다.
저도 1994년 9월에 법관 연수를 받은 적이 있습니다. 그때 일정 중에 시에 관한 강의가 있었는데, 법관도 시를 가까이 하면 좋겠다는 내용이

었어요. 준비서면 읽을 시간도 부족한데 시는 무슨 시냐고 일축한 사람, 좋은 이야기이긴 한데 실천하기는 어렵겠다고 정리해 버린 사람과 바로 서점에 가서 시집을 산 부화뇌동파가 있었는데, 저는 부화뇌동파의 하나였지요. 마흔두 살에 받은 법관 연수가 이후로도 지금까지 14년이나 영향력을 발휘하고 있는 것이지요.

그때 같은 법원에 연수 대상자인 부장이 셋이었는데, 사건이 많고 바쁘니까 재판기일을 빼먹고 연수에 간다는 것이 난감하여 한 사람은 일찌감치 뭐라고 이유를 대어 연수에 빠졌고 나머지 두 사람도 무슨 방법이 없나 궁리를 하다 마지못해 연수에 참가하였는데, 정작 와서 동료, 선·후배와 고민을 나누다 보니 참 유익하다는 생각이 들었어요. 그렇다고 기회가 자주 오는 것도 아니지요. 지금은 좀 많아졌다지만 저는 통틀어 세 번의 연수밖에 못 받았네요.

일정을 보니 주옥같은 프로그램으로 짜여있던데, 그중 적어도 한 가지는 건지셔요. 연수 중에도 돌아가서 선고할 판결 걱정하지 마시고, 재판에서 해방된 이 기회를 마음껏 즐기고 유익한 계기로 활용해 보셔요.

여러분은 모두 연수원 33기지요. 몇 년 만에 연수원에 와 보시는가요. 저도 29기 연수생의 수료와 30기 연수생의 전반기 연수를 끝으로 연수원 교수직을 떠난 것이 2000년 2월 10일이니, 8년 만에 연수원 강단에서 보는 셈인데요. 이 소중한 시간의 반은 제 이야기로, 나머지 반은 여러분과의 대화로 채웠으면 합니다. 대화는 질문에 서로 답하는 것이어도 좋고, 여러분 자신의 이야기를 토로하는 것이어도 좋겠네요.

반대가 없다면 저부터 이야기하겠습니다. 저는 1978년 9년 18일에 임관하였습니다. 기도해 가며 겨우겨우 재판해 온 것이 오늘로 만 30년 2개월이 됩니다. 3년 전에 광주지방법원 원장으로 가 보니까 연수원 제자들이 단독 재판장을 하고 있었어요. 전에는 연수생이었는데 어찌 벌써 재판장이 되었더냐 하니까, 저희가 연수생일 때 교수셨는데 어찌 벌써 원장님이 되셨나요 라고 해요. 이 자리에도 제가 서울고등법원 부장이나 수석부장으로 있을 때 예비판사였던 분들이 보이는데, 어찌 벌써 재판장이 되시나요.

　예전에 선배들은 재판장이 되어야 비로소 판사가 되는 거라고들 했습니다. 특히 단독 재판장이 된다는 것은 판결의 최종적이고 유일한 실명의자가 되는 것이고 재판을 오롯이 자기 책임 하에 주재하게 되는 것이며, 더 이상 부장에게 물어볼 수도 책임을 나눌 수도 없게 되는 것입니다. 어깨에 힘이 들어가나요 아니면 어깨가 무거워지나요.
　법관으로서, 재판장으로서 중요한 것이 한두 가지가 아니겠으나, 재판에도 기본(fundamental)과 개인기가 있다고 생각합니다. 요즘 주가가 좀 내리고 환율이 오르더라도 우리 경제의 펀더멘탈이 괜찮으니까 극복할 수 있을 것이다 라고 하고, 어느 나라는 펀더멘탈이 약해서 무너질지 모른다 그러지요. 법관에게 기본은 마음가짐과 자세, 지향하는 바 가치이고, 개인기는 이를 수행하는 법정에서의 언행과 판결문체 등이며, 부수적이지만 무시할 수 없는 법정 안팎의 인간관계도 있겠지요.

　우선 법관으로서 평생을 지켜나갈 자기만의 확고하고 일관된 자세, 지향하는 바 그 무엇이 정립되어야 할 것으로 생각합니다. 그렇지 않고

서는 이 험난한 길을 흔들리지 않고 끝까지 걸어가기가 지난하기 때문입니다. 그렇다고 어떤 자세가 정답인가요 라고 물을 수도 없고, 이것이 정답이다 라고 답할 수도 없는 것이지요. 정답이 없다는 것이 정답이라는 것만 확실합니다. 어쩌면 여러분 각자가 답을 이미 가지고 있거나, 앞으로도 평생에 걸쳐 모색해 가겠지요. 저 또한 지난 30년 동안 각인각색의 답을 가지고 일하는 선배·동료·후배를 보아 왔으며, 그 결과 각자가 소중하게 지켜가는 그것이 그 사람에게 정답이라는 것을 알게 되었을 뿐입니다.

선택이지요.

그렇습니다. 그것은 선택의 문제라고 생각합니다. 인생은 선택의 연속입니다. 그것이 강요된 것이거나 자발적인 것이거나 간에 우리가 일생 피할 수 없는 것은 선택이고, 선택의 결과로 남는 것은 책임입니다.

예컨대, 여기 오기 전 저는 이 만남의 컨셉을 어떻게 정할까 생각해 보았습니다. 재판장으로서 새로운 시작을 앞둔 진지함, 법정 안팎에서 직면할 도전에 맞설 입영 전야의 비장함, 시류에 맞추어 'fun'으로? 만남에 앞서 직면한 것도 선택이었습니다. 진지함을 취하였을 때 재미없다는 반응이 나오더라도 제 선택의 결과며, 비장함으로 일관하였을 때 구시대적이라는 반응 또한 제 책임이며, 'fun'으로 일관한 결과 가볍고 대법관답지 못하다는 비난 또한 제가 감수할 몫입니다. 마찬가지로 여러분이 진지함으로 일관하였을 때 융통성 없는 원칙주의자라는 평을 들을 수도 있고 신뢰를 얻을 수도 있으며, 비장함으로 임한다면 독선적이라는 평을 듣거나 당사자에게 감동을 줄 수도 있으며, 온화하고 편안하게 법정을 이끈다면 재판의 권위를 세우지 못한다는 평과 합리적 재판장이라는 상반된 평을 듣게 될 것입니다. 늘 보게 되는 또 다른 선택의 예는, 평생을 대법원장처럼 사는 법관과 초임 배석판사처럼 사는 두 가지 부류의 법관이 있다는 것입니다. 여러분은 어느 쪽을 택하시겠습니까. 이 선택은 좀 쉬운가요. 실은 그렇지 않을 것입니다. 대법원장인양 사는 법관은 고달프겠지만 자긍심이라는 보상을 누리게 되겠지요.

조금 무거운 선택의 예를 볼까요.

얼마 전 법률신문에 주미 대사관에 파견 근무 중인 강한승 판사가 쓴 '경제 위기와 사법의 역할'이라는 글이 있었지요. 조지타운 로스쿨 강당에서 오코너 전 연방대법관과 현직 대법관, 19년간 FRB 의장이었던 앨런 그린스펀 등 사법부와 경제계 거물이 모여 '기업과 법원의 관계'를 논하였다는 내용인데, 법원은 기업의 생산성에 어떤 방향으로든 영향을 미치는 한편, 법원으로서도 기업이 대안적 분쟁해결절차(ADR)를 찾아 떠나지 않도록 주요 고객으로 되돌릴 방안이 필요하다는 내용이었어요. 그 글을 보면서 우리도 기업하기 좋은 판결, 경영상의 판단을 존중하는 판결을 지향해야지 생각하는 법관이 있었을 것입니다. 법치주의가 경제 발전에 어떻게 기여하는지를 따지거나, 법치주의의 가치를 효율성의 보장에 두는 입장이지요. 그런가 하면, 기업을 법원의 고객으로 보는 것이 말이 되느냐, 법원이 추구할 가치는 인간의 존엄과 가치이지 기업하기 좋은 판결이 웬 말이냐 하는 법관도 있었겠지요.

모두가 법치와 준법을 외치지만 지향하는 가치는 서로 다르며, 그것이 민주주의의 요체이자 강점이기도 합니다. 이렇듯 서로 가치관이 다르고 이해관계를 달리하는 사회에서, 모두에게 존경받는 법관은 없거나 불가능한 것처럼 보입니다. 원고와 피고 모두가 만족하는 판결이 어려운 것과 같습니다. 초임 때는 훌륭한 법관이 되겠다는 꿈으로 밤잠을 설친 적도 있고, 재판장이 되어서는 항소율이 가장 낮은 법관을 꿈꾼 적도 있지만, 헛된 것입니다. 국민배우, 국민가수는 있어도 국민판사 라고 들어본 적 있나요. 국민검사 비슷한 말은 들어본 것도 같은데, 모두에게 박수 받기를 꿈꾸다가는 우왕좌왕하게 되거나 시류에 영합하는 것처럼 보일 수도 있습니다.

그럼 법관은 어느 쪽에 서야 하는가.

재판을 비난하는 사람들이 차용하는 이름인 국민의 실체가 무엇입니까. 원고와 피고, 고소인과 피고인이 치열하게 싸우는 법정에서 누가 국민입니까. 우리는 국민이라는 추상적 존재를 상대로 판결할 수 없으며, 내 법정의 당사자에게 상대적으로 정의로운 판결을 하면 됩니다. 하물며 부장, 원장의 평가가 무슨 문제겠어요. 10년, 20년 후 그분들이 어디에 계실 것이며, 잘못된 재판이 그분들 때문이었다고 탓할 수 있나요. 우리는 다만 건전한 양식을 가진 사람들의 신뢰를 상대적으로 많이 받는 판결을 하기 위해 노력할 뿐입니다. 길게 보고 멀리 보아서 먼 훗날이나 후대에 평가받겠다는, 그것도 특정 지역이나 특정 이해관계인의 집단에서가 아니라 널리 보편적으로 평가받겠다는 꿈은, 법관에게 금지된 욕망이 아니라고 생각합니다.

그런데 추구하는 바 가치만 확고히 하면 아무런 문제가 없을까요. 그럴 것처럼 생각된 적도 있습니다. 제가 임관했을 때의 시대 상황은 암울하였으나 그 후 영원히 오지 않을 것 같던 민주화 시대가 도래하였을 때, 앞으로는 아무런 문제가 없을 것처럼 생각되기도 했지요. 그러나 역사는 어느 한쪽으로만 흐르는 것이 아니어서, 급진적으로 앞으로 가기도 하고 잠시 머뭇거리기도 하고 때로는 되돌아가기도 하고, 그렇게 흘러가는 듯이 보입니다.

오늘은 아무 일 없을 것 같은 여러분도 법관으로 살아가는 동안 몇 번은 어려운 고비에 부닥치겠지요. 위기가 기회라는 말이 이럴 때 적절한 것은 아니겠지만, 법관으로서의 가치도 어려운 시기에 빛날 수 있으리라고 믿습니다. 가지를 잡고 나무를 오르는 일은 어렵지 않으나, 벼랑에서 손을 놓아야 비로소 장부라고 합니다. 백척간두에서 한 발을 던져야 세상의 새로운 모습이 보인다고도 합니다.

이야기가 다소 무거웠나요. 좀 가벼운 부수적인 문제로...

법정에서의 진행은 물론 판결문의 표현에 있어 강조나 과장보다는 절제가 공감을 끌어내는 데 도움이 된다고 합니다. 또 조정과 화해에 대한 열정만으로는 갈등만 증폭시키는 경우가 있습니다. 뜨겁고 강한 이야기를 낮고 조용하게 풀어내는 것이 좋은 재판장의 덕목입니다. 당사자는 신중하고 사려 깊은 재판장을 통해 품위 있고 수준 높은 재판을 경험하는 기회를 갖게 될 것입니다.

남에 대한 배려가 탁월했던 사람도 권력을 잡으면 남의 입장에서 보는 능력이 사라진다는 연구가 있습니다. 법관이 된다는 것이 권력을 잡는 일은 아니지만, 새겨들을 만한 경구라고 생각합니다. 저는 아이들을 데리고 소아과에 다녀올 때마다 법정에서 더 친절해지곤 했는데요. 왜 그랬겠어요. 병원에서 의사나 간호사에게 들어서는 안 될 말을, 법정의 내 당사자가 듣게 해서는 안 되겠다고 각성한 것이지요. 아까 제가 지루한 줄 모르고 시 낭송에 몰입하는 동안 여러분에게는 한없이 지루하게 여겨졌을 시간이, 실은 3분도 되지 않습니다. 그 사이에 시시각각 변하는 여러분의 표정을 보면서, 법정에서의 여러분 모습을 상상해 보았습니다. 당사자의 장광설은 대개 뜬금없기 마련이며, 장황하기로는 3분 정도로는 어림없을 것입니다. 자신의 이야기에 몰입한 당사자로서는 전혀 지루할 수가 없기 때문이지요.

차단할 수 없으면 함께 몰입하는 편이 낫습니다. "재판은 정의를 밝혀주기 위해서가 아니라 정의를 밝힐 기회를 주기 위해 존재한다." 폴 뉴먼의 '심판'에 나오는 대사입니다. 그 영화에는 "우리같이 운이 좋은 사람들은 힘들고 어려운 이들을 위해 많은 일을 해야 한다"는 대사도 나옵니다. 우리가 하는 재판은 우리가 의식하든 의식하지 않든 간에 모두 얼마간 힘들고 어려운 사람을 당사자로 하는 것입니다. 우리가 일생 재판에 '올인'하는 이유이며, 재판에서 보람을 찾는 이유가 거기에 있습니다. 이해할 수 없는 것을 이해할 수 있을 때, 사랑할 수 없는 것을 사랑할 수 있을 때, 비로소 온전한 법관이 된다고 생각합니다. 아직도 적지 않은 국민은, 정의의 여신은 힘없는 약자들과 눈이 마주치면 부끄러울 것이라고 생각한다고 합니다.

원고에게 입증 책임이 있다는 점에서 심각한 고민 없이 청구 기각 했던 사건이, 어느 날 문득 원고 입장에 나를 대입해 놓고 다시 생각해 보니 원고로서는 너무도 당연한 주장이었다는 생각이 들기도 합니다. 제가 1, 2심 법관으로서 내린 결론이 대법관이 된 지금의 시각으로 보니 의문이 드는 경우도 있습니다. 시정할 방법도 없고 일면 부득이한 것이어서 난감합니다. 판례를 몰라서, 증거를 놓쳐서 잘못한 오판은 부끄럽다고나 하겠는데, 평가나 선택에 있어 지나고 보니 아니다 싶은 경우는 부끄럽다고 할 수도 없는 문제이어서, 난감하다고 하는 것입니다. 우리는 모두 주방장의 첫 음식을 먹는 손님이 되기도 하고, 수술을 처음하는 의사의 환자도 되어야 하고, 검사 시보에게 신문을 받는 피의자도 있기 마련이라고 애써 자위해 보는 수밖에는.

재판은, 서로 시시비비를 가리다가 무엇이 법인지 판사에게 물어 보자고 오는 경우보다, 둘 사이의 진실을 모르는 법관 앞에 와서 사실을 왜곡시켜 책임을 면해보려고 오는 경우가 더 많은 것처럼 보입니다, 그래서 누가 거짓말을 하는지 가리는 것이 법관의 능력이고 업무라고 인식되어 있구요. 그 결과 어쩔 수 없이 1, 2심 재판의 중점이 사실 인정에 있게 되는데, 위증과 거짓말에 대한 두려움이 없는 우리 사회에서 제대로 된 사실 인정을 하려면 진실을 귀신같이 가려내는 족집게 판사가 되어야 하고, 주역이나 관상학에라도 입문해야 할 지경입니다. 결국 사실심 법원의 법관은 인간과 사회 현상에 대한 이해에 비례하여 오판을 줄일 수 있고, 그러려면 여러 인접 학문을 통한 깊은 성찰이 선행되어야 할 터인데, 현실은 어떻습니까. 여러분은 어려서부터 충분한 독서와 풍부한 사회 경험 내지 인간관계를 쌓으면서 여유 있게 입시와 사법시험, 연수원 수료 시험을 마친 후 법관이 되었습니까. 법관이 된 후로도 틈틈이 여러 분야의 독서와 지식 쌓기로 무기를 갖추었습니까.

사실 인정에 관한 몇 가지 경구만 화두로 던지고자 합니다. 흔히들 사실과 믿음과의 싸움에서 믿음이 이긴다고 합니다. '본 사람'과 '보았다고 생각하는 사람'이 싸우면 후자가 이긴다는 겁니다. 훔치지 않은 피고인과 피고인이 훔쳤다고 생각하는 고소인이 싸우면 고소인이 이긴다는 섬뜩한 이야기입니다. 최신 의학 논문 중에 뇌의 40퍼센트가 지식, 60퍼센트가 믿음으로 채워져 있다는 내용도 있어요. 또, 시장에서 인간의 욕망과 싸워 이긴 규제는 역사상 없었다고 합니다. 인간의 욕망이라는 상대가 있는 게임은, 상대를 인정해 주면서 게임을 치러야 합니다. 상대를 과소 평가하거나 무시하면서 게임을 치르면 결과가 좋을 수 없습니다.

"원고, 이걸 좀 양보하지 않고 기어이 다 받아야겠어요. 에이 돈밖에 모르는 사람 같으니라구. 피고는 끝내 떼어먹겠다는 거예요. 양심도 없는 사람 같으니라구." 당사자는 양심이 없는 것이 아니라 돈이 없는 거지요. 버스비가 아까워 걸어서 법원에 온 원고로서는 지연 손해금을 양보할 수가 없습니다. 사글세가 밀려 길에 나앉게 된 피고는 언제까지 갚겠다는 거짓말을 할 수가 없구요. 게다가 평소에는 이기적이고 억지를 부리던 인간이, 때로는 타인의 이익을 위해 자신의 이익을 희생할 줄도 안다는 겁니다. 판사는 더 헷갈릴 수밖에요. 바보나 천사가 아니고서야 그랬을 리가 있나 하고 당사자 주장을 믿지 않았는데, 실제로는 그렇게 행동하기도 한다는 거예요. 도대체 합리적 설명이 불가능한 존재가 인간이라는 거지요. 판사는 우리가 즐겨 쓰는 '일반인을 기준으로 객관적 합리적으로 판단'하였음에도, '당사자로서는 가슴을 치는' 사실 인정을 하게 되는 이유입니다.

그래서, 세상에는 "동네 사람이 다 아는데 판사님만 모르시는 일"이 있고, 입증 촉구를 해도 판사님도 아시는 줄 알고 아무 증거도 안 내고 있다가 패소해서는 "세상에 이런 법이 있냐"고 하는 당사자도 있습니다. 세상에 이런 법이 없을 것 같아서 도무지 패소의 원인을 찾을 수 없는 당사자는 마침내, 상대방 변호사와 재판부의 관계를 의심하는 쪽으로 결론짓기도 합니다.

아직은 단독 재판장이지만, 머지않아 합의부 재판장으로서 배석판사와 팀을 이루어 일하게될 것입니다. 또한 단독 재판장으로서도 재판에 참여하는 직원이 있고 사무실의 직원도 있습니다. 부장은 배석과의 관계에서 유연하고, 배석은 부장과의 관계에서 강직하면 좋겠다는 생각을 해 봅니다. 자기보다 어리거나 약한 사람에게 유연하고 자기보다 높거나 강한 사람에게 강직하면 좋겠습니다. 상대방이 나에게 강직하고 솔직할 수 있다면 나는 인간관계에 성공한 것입니다. 상대방이 나에게 아첨하고 비굴하다면 나는 인간관계에 실패한 것입니다. 다른 사람들이 내 앞에서 듣기 좋은 말만 해 준다면, 내가 그것을 좋아하는 사람으로 평가받고 있다는 적신호입니다.

머릿속으로는 다 뻔한 이야기이고 잘할 수 있을 것 같은데, 실제로는 해도 해도 끝이 없는 이 일을 어떻게 일생 질리지 않고 해 나갈 것인가. 일을 잘하는 것이, 일을 많이 하는 것이라고 생각합니다. 사랑이 많은 사람이 일을 잘할 수 있다고 생각합니다. 지혜가 부족하면 좋은 재판을 못할 뿐이지만, 사랑과 용기가 부족한 재판은 안 하느니만 못한 것이 됩니다. 선생님은 자신의 몸을 불태워 제자들의 앞길을 밝히는 사람이라고 합니다. 비단 선생님뿐이겠습니까. 우리는 모두 무엇인가를 위해 자신의 몸을 불태워 사는 사람이며, 그 불이 누군가의 앞길을 밝혀 주기를 소망하며 사는 사람일 것입니다. 다만 무엇을 위해 몸을 불사르는지의 선택에 따라, 가는 길이 갈리고 그 길의 끝이 다를 뿐입니다. 누구를 위해, 무엇을 위해 몸을 불사를지는 여러분 각자가 선택할 몫입니다.

그렇게 선택한 길로 걸어가는 중에 힘들고 어려운 일에 부닥칠 때 대처하는 방법에 관하여, 죽은 시인의 사회에 나오는 키딩 교사의 말을 인용해 드림으로써, 이 만남이 유익한 것으로 기억되기를 희망합니다.

"네 마음 속의 동굴을 찾아 떠나라
현실과 만날 때 영혼은 언제나 죽어가는 것이다
현실의 높은 울타리를 넘어 네 마음 속 동굴을 찾아 네 영혼을 적셔라"

- 2008. 11. 14. 사법연수원 초임 단독 재판장 법관 연수

07
용비어천가는 이럴 때에

    준비해 온 용비어천가가 있는데 용기내어 읊어 보겠습니다. 용비어천가가 금지되는 것은 이무기를 용이라고 우기니까 그런 것이지, 용을 용이라고 하는 것은 아버지를 아버지라고 부르는 것과 같아서 홍길동 이래 한국인의 로망이라고 봅니다.

    고백합니다.

    노동법실무연구 제1권을 받아들고 한참 일손을 놓았습니다. 정겨운 제호에 눈길이 머물러서입니다. 힘들게 몸을 추스르면서도 끝내 할일을 해내고야 마는, 무거운 등짐을 진 근로자의 모습을 닮은 그 비뚤배뚤한 글씨체(inscription) 때문입니다. 작년 여름에 발간된 근로기준법 주해에 담긴 김지형 대법관의 아름다운 간행사가 그랬듯, 우리들 가슴에 오래도록 남을 것 같습니다. 한편으로는 대법관이라면 이 정도 흔적은 남기고 떠나야 하는데, 하는 자괴감도 들었습니다.

압니다, 이 결실이 김지형 대법관 혼자의 것은 아니라는 것을.

두말할 나위도 없이 노동법실무연구회의 오늘과 노동법실무연구 제1집의 탄생은 노동법실무연구회 회원 한 분 한 분의 땀과 눈물의 결실일 것입니다. 그러나 또한 김지형 그가 아니면 다른 누가 이렇게, 또 그런 모습으로 이 자리를 채워왔을까 생각해 봅니다.

대법관께서는 이번에 퇴직하시면서 청조근정훈장을 받게 되는데, 제가 그 심사위원 중 한 사람인 연유로 이런 자료를 접하게 되었습니다.

"김지형 대법관은 인사청문회 과정에서, '이편도 저편도 아닌 법과 정의가 내리는 명령을 따를 것이며, 법과 정의가 아닌 다른 편에서 어떤 유혹과 탄압이 있더라도 물리칠 것이다. 다소 늦더라도 참된 법과 정의를 찾는 고민을 멈추지 않아 고통받는 분들에게 희망을 주는 법률가였다는 소리를 들을 수 있도록 진력을 다할 것이다'라고 소신을 밝혔다."

내친김에 대법관 취임사까지 꺼내 보겠습니다. 2005년 11월 21일자 신문 기사입니다.

"아니 하고 가만히 머리 흔들 그 한 얼굴 생각에/알뜰한 유혹을 물리치게 되는/그 사람을 그대는 가졌는가. 2005년 11월 21일 취임식이 열리는 16층 무궁화홀에서 김지형 대법관은 '그대는 그런 사람을 가졌는가' 라는 함석헌 옹의 시를 소개한 다음 '저 역시 바로 그 사람을 가지고 싶어할 것'이라며 포부를 밝혔다. 또한 '지금까지의 삶보다 앞으로의 삶이 더 중요함을 알기에 무거운 책임감이 엄습한다. 무엇보다 우리 법원이 하루속히 믿음을 되찾을 수 있도록 한 걸음 한 걸음 똑바로 걸어 나가려고 한다'면서 '과거 어두웠던 때에 법원이 안겨준 상처가 있다면 이를 치유하는 노력을 게을리하지 말아야 하고 고통을 호소하는 국민의 소리에 늘 귀 기울이는 것도 빼놓을 수 없다. 균형된 시각으로 분쟁과 갈등을 막는 밝은 등불이 되고 싶다'고 말했다. 그는 또 '늘 생명처럼 사법의 독립을 외치되, 통렬한 사법의 책임도 함께 아우르도록 마음에 새겨 놓겠다. 경솔히 법과 정의를 말하지 않되, 참된 법과 정의를 선언함에는 어떠한 유혹과 탄압도 물리치겠다'고 덧붙였다."고 실려 있습니다.

우려와는 달리 그의 재직 중에 '아니'하고 머리 흔든 사람은 넉넉히 있었습니다. 전원합의체 판결을 찾아보면 다 압니다.

개인 정보 공개 금지 대상에 해당하는지 아닌지 애매한 점은 있으나 제가 아는 또 다른 비밀로는, 대법관께서 재직 중 수해의연금이든 천안함 격려금이든 할 것 없이 기부금이란 기부금은 K모 대법관과 함께 항상 최고액을 내시는 바람에 다른 대법관들을 곤혹스럽게 했을 뿐 아니라, 주고 또 주어도 모자랐는지 자신의 장기마저도 기증하기로 한 서약서를 주머니에, 그것도 양복 안주머니에 상시 소지하고 다닙니다.

출생의 비밀도 있습니다. 공부상 1958년생이라고 되어 있으나 실제로는 1959년생임에도 허위 등재되었다는 설이 유력한데, 저하고는 워낙 나이 차가 많아서 그깟 1년쯤은 따져볼 실익도 없습니다마는, 그래도 그렇지 재직 중에 한 번도 누님이라는 경칭을 써 주지 않은 점에 대해서는 퇴직 후 계급장 떼고 꼭 한번 짚어볼 생각입니다. 그 말인즉슨 아직 은퇴가 가당찮은 나이이므로 퇴직 후에도 참으로 많은 일이 기다리고 있다는 뜻이기도 합니다. 설레는 마음으로 지켜보겠습니다.

노동법실무연구회 회원 여러분과 함께 대법관님의 퇴임을 축하하며, 이렇게 말씀드릴 수 있음을 기쁘게 생각합니다. "소망하신 대로, 그대는 정녕 고통받는 분들에게 희망을 주고자 노력하는 법률가였다"라고.

- 2011.11.1. 김지형 대법관 퇴임 기념 논문집 헌정 축하

08

34년의 일, 사람 그리고 사랑

우리가 만나는 이 순간에도 6월이 가고 7월이 오고 있습니다. 다소 성급하기는 하나, 여름이 흐드러지게 피다가 시들면 곧 가을이 다가올 듯도 합니다.

저는 1978년 9월에 '입사'하였습니다. 그 후 가을이 가고 겨울이 오기를 되풀이하는 동안 기도해 가며 겨우겨우 재판해 온 세월이 34년, 이제 그 마지막 여름을 보내고 있습니다. 퇴임을 앞두고 만난 여러분과 함께, 그렇게 보낸 법원의 일을 이야기하고자 합니다.

사실 여러분은 어느 한 대법관이 살아온 넋두리를 듣기 위해 이 자리에 모인 것은 아닐 것입니다. 여러분이 알지 못하는 입사 전 법원은 어땠을까 뭐 그런 이야기가 궁금하기는 하겠지요. 혹시 저보다 먼저 입사한 분이나 1978년 9월에도 근무한 분 계신가요? 적어도 법관 중에서는 대법원장 한 분을 제외하고 그때 계셨던 분은 법원에 아무도 안 남아 계십니다. 제가 군대를 안 가고 바로 임관해서 그렇지요. 오해하지 마세요. 단언컨대 병역 비리는 없었습니다.

　가을에 계룡산이나 계족산에서 이런 것 보신 적 있나요? 가운데 콩알만한 덜 익은 도토리가 달리고 4~5개의 잎이 달린 채 꺾이져시 바닥에 뒹굴고 있는 나뭇가지들 말입니다. 그런데 알고 보면 그 사연이 기가 막힙니다.
　우선 가지의 단면을 보면 절로 떨어진 것이 아니라 누군가가 날카롭게 잘라낸 것이 분명하고 또 그 도토리 안에는 벌레의 알이 들어있다는 것인데, 그 가지를 자른 범인이 누군가 수사 아니 조사해 보았더니 바로 그 알을 낳은 벌레의 어미라는 겁니다. 쬐그만 어미벌레가 그야말로 사력을 다하여 주둥이로 가지를 꺾어서 바닥에 떨어뜨리는 것이 목격되었는데, 땅에 닿을 때의 충격으로 알이 상할까봐 잎을 4,5개씩 붙여서 떨어뜨려 낙하 속도를 늦추고, 떨어진 후에는 그 잎이 겨우내 동면하는 데에 도움이 된다는 계산이라는 거지요. 또 나무에 달려 있을 때보다 도토리의 탄닌 농도가 높게 유지되어서, 다른 새나 동물이 도토리를 먹지 못하게 된다네요. 실용신안 감이지요. 이 순간 생명의 외경을 느끼는 분, 신의 창조를 확신하는 분, 산림법 위반인지 도토리에 대한 상해나 손괴인지를 따지는 분, 실용신안의 신규성, 진보성을 생각하는 분도 계시겠지요. 다소 장황해진 제 이야기의 의도는, 지구 위 생명의 세계에는 우리가 모르는 것이 헤아릴 수 없이 많고, 그 지구조차도 우주에서 너무도 미미한 것임을 함께 상기해 보고자 하는 것입니다. 그야말로 도토리거위벌레에서 느끼는 생명의 외경이지요. 우리가 당사자나 민원인을 대할 때, 자신의 존재에 대해서는 한없이 겸손하되, 시야만큼은 저 신비한 생명과 우주를 향하는 거시적이고 원대한 것이었으면 좋겠다는 말씀을 드리고 싶은 것이지요.

도토리거위벌레의 존재와 의미조차 알지 못하는 우리가, 나를 찾아온 민원인, 내 앞에 긴장하여 떨고 서 있는 원고와 피고, 피해자와 피고인의 존재와 사연에 대해, 어찌 다 안다고 말할 수 있겠습니까. 미처 다 알지 못하는 신비한 존재에 대해 어찌 가벼이 대할 수 있겠습니까. 하물며 함부로 하대할 수는 더더욱 없겠지요. 이해할 수 없는 것을 이해하려고 노력하고 사랑할 수 없는 것을 사랑하려고 노력하는 것이 성직자의 일만은 아닙니다. 우리 법원 가족에게 주어진 숙명이자 멍에 같은 거 아닌가 합니다. 어쩌겠어요, 여러분은 다 스스로 이 직업을 선택하신 것 아닙니까. 아무도 강요하지 않았잖아요.

실은 이런 경외감은 비단 우리가 창조하지도 않았고 관여할 수도 없는 자연을 통해서만 느끼는 것은 아닙니다. 저는 대전법원 젊은 후배 법관의 판결을 통해서도 가슴 설렌 적이 있습니다. 최근에 본 것으로는 장애인의 목욕탕 출입에 관한 판결인데요. 역설적이게도 저는 그 판결을 '장애인 차별적인 판결'이라고 비판하는 글을 통해 알게 되었습니다. 비판이라기보다는 비난에 가까웠는데요. 그럼에도 가슴이 설렌 이유는, 우선 원고가 100만 원의 위자료 지급을 구하는 소액사건의 판결 이유가 상세하고 친절하여서입니다. 그 판결이 당사자를 설득하였는지는 별론으로 하고요.(패소한 당사자를 설득하기는 원래 어렵겠지요.)

사안은 간단합니다. 시각장애인인 여성 원고가 목욕을 도와줄 여성 보호자와 동행하지 않고 남성 활동 보조인과 목욕탕에 왔는데, 동반자 없이 혼자 목욕하다가 다칠 위험을 염려한 목욕탕 주인(피고)이 사고 예방 차원에서(또한 자신의 손해배상 책임을 예방하려고) 입장을 거부한 것이 정당한가 하는 것입니다.

아직 끝나지 않은 사건이어서 논의의 한계가 있고, 저 또한 아무리 임기가 다 되었다고는 하나 아직은 현직 법관인 이상 결론이 옳다 그르다고 말할 수는 없겠지요. 그러나 아 요즘 젊은 법관들이 이렇게 재판을 하고 있구나 싶게, 담당 법관의 고민과 배려가 판결 이유를 통해 전달되어서 감명받았습니다. 항소심 재판부는 많이 고민되겠지만, 상고되면 전원합의체 판결이나 변론을 열어봐도 좋을 것 같아요.

대전법원 하면 또 생각나는 사건이 있습니다.

여러분도 기억하시지요. 주택공사가 75세의 노인에게 아파트 임대차 기간이 끝났다고 나가라는 청구를 하자, 노인과 딸인 피고들은 분양 전환을 주장한 사건으로, 언론에도 보도되었던 사건. 노인은 집이 없고 딸은 다른 집을 소유하고 있어, 노인이 임차인이면 무주택자라서 분양전환이 되지만 딸이 임차인이면 분양을 못 받습니다. 계약서는 딸 이름으로 되어 있고, 실제로도 딸이 주공과 임대차 계약을 체결했구요.

그냥 '나가라'라고 판결했으면, 우리가 그런 사건 알지도 못했겠지요. 그 재판장은 만인을 감동시킨 판결문으로 주택공사의 명도 청구를 기각했어요. 그 명문의 판결을 다시 한번 소환해 볼까요. '가을 들녘에는 황금물결이 일고, 집집마다 감나무엔 빨간 감이 익어 간다. 가을걷이에 나선 농부의 입가엔 노랫가락이 흘러나오고, 바라보는 아낙의 얼굴엔 웃음꽃이 폈다. 홀로 사는 칠십 노인을 집에서 쫓아내 달라고 요구하는 원고의 소장에서는 찬바람이 일고, 엄동설한에 길가에 나앉을 노인을 상상하는 이들의 눈가엔 물기가 맺힌다. 우리 모두는 차가운 머리만을 가진 사회보다 차가운 머리와 따뜻한 가슴을 함께 가진 사회에서 살기 원하기 때문에 법의 해석과 집행도 차가운 머리만이 아니라 따뜻한 가슴도 함께 갖고 하여야 한다고 믿는다. 이 사건에서 따뜻한 가슴만이 피고들의 편에 서 있는 것이 아니라, 차가운 머리도 피고들의 편에 함께 서 있다는 것이 우리의 견해이다.'

문제는, 피고가 75세의 노인이라는 점만 빼면, 우리는 수많은 사건에서 그냥 나가라고 판결해 왔다는 데에 있습니다. 판결이 선고된 것이 2006년 11월인데, 그 감동적인 판결이 널리 입소문을 타서 인구에 회자되었지요. 두 달 후 제가 대법원의 재판연구관들에게 보낸 메일 중에 이런 내용이 있었어요. "이거 상고되면 어떡하지요?" 당시 그 메일을 받은 분도 이 자리에 몇 분 보이네요. 재미있는 것은 연구관들의 반응이었습니다. 의견이 반반이었는데, "당연히 파기해야지요"와 "당연히 심리불속행이지요"라는. 여기에서 주목할 것은 서로 결론은 달라도 모두가 '당연히'라고 말했다는 것입니다. 왜 그럴까요? 모두가 자신의 생각이 '당연히' 맞다고 생각했기 때문입니다.

잘 아시다시피 재판은 헌법과 법률에 따르게 되어 있고, 법률이 완벽하지 못할 때 그 해석 적용은 법관의 법률적 소양과 양심에 영향을 받게 됩니다. 영어에서도 좋은 양심과 나쁜 양심이라는 표현이 있는 것처럼, 법관의 양심이 이론상 하나로 귀일되거나 우리 사회의 양심은 이런 것이다'라고 객관적으로 확정할 수 있는 것이 아님을 알 수 있습니다. 법관의 양심은 법관 개인의 것이 아니라 객관적 사회적 양심이어야 한다는 주장 또한 공허합니다. 혼란은 애초 영어의 conscience를 양심으로 옮긴 데서 비롯되지 않았을지요. 'good conscience'나 'bad conscience'라는 표현에 비추어 짐작해 보면 우리가 양심이라고 하는 법관의 conscience는 '신념'에 가까운 듯합니다. 우리 헌법재판소가 '어떤 일의 옳고 그름을 판단함에 있어서 그렇게 행동하지 않고는 자신의 인격적 존재 가치가 허물어질 것이라는 강력하고 진지한 마음의 소리'라고 정의한 것도 독일의 입법례에 나타난 보편적 정의 개념을 따른 것입니다. 양심과 법률에 따라 재판한다는 것이 어떤 의미인지를 생각하게 합니다.

　자기 뜻에 맞지 않으면 '법관의 양심'에 따른 판결이 아니라고 비판하지요. 법관의 양심이 그렇게 분명한 것이면 뭣하러 사람이 재판을 하겠는가요. 국회와 정부, 정치권, 경제계, 국민의 이름을 빌린 여론으로부터 자유로워야 하는 것이 재판이고 그 재판의 궁극적 원천이 법률의 해석 적용을 관장하는 법관의 양심이라면, 법관의 양심이 어떤 것이어야 한다고 요구하는 각계의 목소리에 법관이 귀 기울일 수 없음은 자명합니다. 그러한 요구에 부응하였거나 부응하지 못한 재판을 높이 평가하거나 폄하하는 목소리에 고무되거나 좌절할 필요가 없음도 분명합니다. 또다시 장황해진 제 이야기의 요지는, 자신의 평가를 다른 사람의 입에 맡기면 불행하다는 것입니다. 다른 사람의 평가에 따라 내면의 평화가 흔들려서도 안 됩니다. 저는 사실 후배 법관들에게 "자신의 평화를 남의 입에 맡기지 말라"고 말해 왔는데, 다들 "자신의 평가를 남의 입에 맡기지 말라"고 말한 것으로 알아듣기에, 그냥 있었어요. 같은 말이지요.

앞서 예로 든 목욕탕 사건이나 건물 명도 사건은 마이클 샌들의 '정의란 무엇인가'의 주제가 되기에 충분합니다. 그런데 한편, '당연히 심불'이라던 연구관과 '당연히 파기'라던 연구관의 생각의 차이는, 대법원의 기능과 역할에 관한 인식의 차이와도 연계됩니다. 노인이 임차인인지 딸이 임차인인지는 사실 인정의 문제라고 보면 대법원이 관여할 문제가 아니지요. 또 '무슨 소리냐, 계약서에 표시된 임차인이 임차인이지, 특별한 사정이 없는 한' 이라고 본다면 법률문제이기도 하지요. 그런데 이 사건에서 특별한 사정이라는 것이 뭐죠? 노인이 불쌍하다는 것밖에 없잖아요.

여기에서 다시 우리는, 사실 인정 문제라고 보아 넘어가자는 연구관이나 법률문제니까 파기해야 된다는 연구관이나 모두 그 전제는 같다는 것에 주목하게 됩니다. 사실문제면 사실심에 맡기고, 대법원은 법률문제만 가려야 한다는 데에 일치해 있다는 것입니다. 저는 아무도 기억하고 있지 않을 제 취임사에서 이렇게 말했습니다. "대법원이 사실심 법원을 신뢰하지 않으면 국민이 이를 신뢰할 리 없다. 대법원이 사실심 법관에게 주는 신뢰는 남상소를 줄이고, 국민들로 하여금 사실심의 심리에 더욱 진지하게 임하도록 할 것으로 생각한다." 이제 돌이켜보아도, 그 약속만큼은 지키려고 노력했다고 생각됩니다. 대법원이 깨알같이 밝혀주기를 바라고 상고했을 당사자나 소송 대리인의 좋은 평가는 못 받았겠지만요.

사실 인정은 대충해도 대법원에서 깨지지는 않겠구나, 라고 좋아하시라는 뜻은 물론 아니고, 하급심의 내 법정에서 이루어지는 사실 확정이 최종적인 것이구나 라는 소명의식으로 무겁게 받아들이실 줄 압니다. 참여관의 조서 한 줄, 속기사의 기록 한 문장, 실무관의 문서 한 장의 편철이 우리 재판부 당사자의 운명을 결정짓는다는 자부심으로 임하시길 바랍니다. 그나저나 그 판결은 어떻게 되었을까요? 궁금하면 찾아보세요.

'독수리 오형제'라고 들어보셨나요?

저는 그 만화영화를 보기에는 연식이 좀 오래되어서 처음에는 무슨 뜻인지를 몰랐어요. 왜 오남매라고 안 하고 오형제라고 하는지 기분도 나빴구요. 이제 제가 그 마지막 남은 한 마리 라고들 하고, 그래서 자기 입맛에 따라 어떤 사람은 아쉽다고 하고, 어떤 사람은 더 이상 안 보게 되어 시원해서 좋다고 합니다. 그런데, 사실 그 다섯 사람은 대부분의 사건에서 서로 결론이 다르고 이유는 더더욱 다릅니다. 저 또한 80퍼센트는 다수의견이었고 몇몇 사건에서 소수의견이었는데, 그중에도 다섯 사람이 대략 일치해서 소수의견인 사건은 어느 신문을 보니까 단 3건이고, 그중에도 완전히 일치된 것은 2건이라고 합니다. 다섯 사람이 떼로 몰려다니면서 와와거리고 그런 총회꾼으로 아는 분들이 많은데, 아니에요.

사실 모든 사람은 잠재적으로 소수자입니다. 압제나 핍박에 대해 숨죽이고 있을 때 누군가 목소리를 높이는 순간 그는 소수자가 됩니다. 그런 누군가의 목소리가 없이 민주주의가 완성될 수 없음은 물론입니다.

민주주의를 만들 때 필요하였던 것은, 지킬 때에도 필요합니다. 비록 20 퍼센트 전후의 판결에서라고는 하나, 왜 소수의견이었는가? 우리 사회에 고치고 바꾸어야 할 것이 많다고 생각하기 때문입니다. 그리 생각하게 된 가장 큰 이유는 여성이었기 때문이 아닐까 합니다. 남성인 직원과 법관 여러분(대전의 고등법원 특허법원 지방법원 원장님도 다 남성이시네요), 해병대 체험이니 구치소 체험이니 그런 거 하기에 앞서, 더도 말고 한 달만 여성으로 살아보세요, 우리 사회에서 어떤 일을 겪게 되는지.

법원 내에서도 여러 배타적, 폐쇄적 관계를 수평적 관계로 개방하는 방향으로 변화를 생각해 보면 좋겠습니다. 법관회의에서부터 과별, 실별로 사랑방 회의를 열어 큰일 작은 일 수시로 논의하고 결정하는 겁니다. 다수와 다른 내 의견도 서슴없이 제시해 보셔요. 마음에 안 드는 제도나 관행을 불평하며 따르는 것보다, 스트레스 덜 받으실 겁니다.

저는 2000년 2월 대전고등법원에 부임하였습니다.

생전 처음 대전이라는 곳에 발을 디뎠고, 가족과 떨어져 혼자 사는 기러기가 되었습니다. 어려서 경부선이나 호남선을 타고 대전역을 지나간 적은 있으나, 그때는 플랫폼에서 국수 한 그릇 후루룩 사 먹고 지나는 것이 전부였거든요. 동기들이 여럿 대전고등법원 부장으로 발령이 났고, 고등부장용 관사인 롯데아파트가 한 채 모자라 법원 근처 지방부장용 관사인 둥지아파트를 한 명이 배정받아야 했습니다. 제가 천사라서 자원한 것은 아니고 동기들의 압력에 못 이겨 그 둥지아파트에 둥지를 틀었습니다. 저녁에는 인근의 슈퍼마켓에 가고 가끔은 갤러리아 식품관에도 들렀는데, 아무 생각 없이 아이들 좋아하는 것 남편 좋아하는 것을 장바구니에 수북히 담았다가 계산하려는 순간 이게 뭐지 하면서 도로 진열대에 갖다 놓기도 했습니다. 같은 동에 옆 재판부 배석판사가 살고 있었는데, 가족끼리 다니는 모습과 마주치면 어찌나 부럽던지요. 재미있었던 것은, 동기들이 기러기로 부임하기 전 서울에서의 대화가 형이상학적인 것이었다면 대전에서는 형이하학적인 이야기, 즉 삼시세끼 해결하는 무용담이 중심이었다는 것입니다.

그때 사무실에 아름다운 주임 한 분이 계셨는데, 그 마음 씀이 어찌나 세심하고 따뜻했는지 정말로 행복했던 기억이 있습니다, 지금은 집행과에 근무하시는 손초희 주임. 고등부장으로서는 초임이었던 저보다 명석하고 실력이 뛰어난 판사님들도 계셨는데, 우배석이었던 최병준 판사가 청주지방법원의 수석부장이 되셨다고 하니 세월이 참 많이 흘렀네요. 좌배석이던 허용석 부장과는 합의 때 의견이 다른 적이 거의 없었고, 허 부장이 1심 판결을 파기하자고 하는 것을 부장인 제가 항소 기각 하자고 우겼다가 결국 대법원에서 파기 환송된 사건이 내내 기억에 남습니다. 오늘 내려오기 전 명단을 찾아보았으나, 고락을 같이했던 사무관은 집행관이 되셨다고 들었고, 다른 참여관, 실무관의 정겨운 이름들을 쉽게 찾지 못했네요. 계룡산 등반 때 영산홍 꽃밭에서 저랑 어깨동무하고 사진 찍었던 분의 소식도 그리운데, 혹시 이 자리에 계시는지요?

제 기억 속의 그리운 분들, 인연이 닿지 않아 처음 뵙는 분들, 대전지방법원과 대전고등법원, 특허법원에서 헌신하고 계신 직원과 법관 여러분, 여러분이 바로 법원의 영웅이자 천사입니다. 임기를 10여 일 남겨두고 대법관으로서는 처음이자 마지막으로 찾은 이 자리에서, 대전법원의 수호천사들과 만나 뜻깊고 행복했습니다. 여러분도 법원에 계시는 동안 내내 행복하셨으면 좋겠습니다. 안녕히 계십시오.

- 2012. 6. 25. 대전법원 아카데미 특강

09

영원히 응원할게요

사랑하는 후배 여러분, 이제 여러분과의 마지막 모임을 갖게 되어 섭섭한 마음 무어라 표현할 길이 없습니다. 무엇보다 재판으로, 가정일로 시간이 금인 여러분이, 교통 사정도 어려운 금요일 저녁 만사 제치고 달려오느라 얼마나 힘들었을까 생각하는 것만으로도 미안하고 고마워서 감동입니다. 제가 법원에 들어올 당시 서너 명에 불과하던 여성 법관이 이렇게 늘어났으니, 아쉬울 것 없이 충분히 긴 세월을 법원에서 보냈구나 생각하게 됩니다. 하지만 제도는 기대보다 더디게 발전하였고, 여성들은 여전히 정보 공유나 훈련의 기회를 충분히 제공받지 못하고 있으며, 문제 해결을 위한 목소리를 반영할 통로 또한 충분하다고 말하기에는 부족합니다.

여성 법관으로서의 개인적인 소회도 큽니다.

임신과 출산이 하나의 장애물처럼 취급되던 분위기에 적응하느라 고생하였고, 지금은 당연한 것으로 논의되는 젠더에 관한 문제도 논의할 가치가 있는 다양한 시각의 하나로 받아들여지지 않고 여성 법관의 편향된 사고로 매도당하기도 하였습니다.

저는 법관으로서의 가장 중요한 덕목은 지혜와 용기, 열정이라고 생각하였으며, 그 중에서도 가장 으뜸되고 어려운 것이 용기라고 생각해 왔습니다. 다른 한편으로는 '이 세상에 너보다 더 부족한 사람은 아무도 없는 줄로 알라'는 말로써, 용기가 독선이나 만용이 되지 않도록 경계하였습니다. 여성으로서 사회 내 소수자 특유의 여러 경험을 거쳐온 저로서는 '내가 당하고 싶지 않은 것을 남에게 행할까'에도 주의하였습니다. 그러나 제가 과연 대한민국 최고 법원의 법관으로서 소임을 다 하였는지 아쉬움과 자괴감이 있습니다. 다만 저의 나름의 노력이, 후배들이 보다 큰일을 해 나가는 데에 작으나마 디딤돌이 되고 격려가 되며, 어려운 때에 위로가 되기를 바랄 뿐입니다.

그동안 저를 믿어주신 분들, 뜻을 같이한 많은 여성들, 또 그와 유사한 사회 내 소수자 계층의 염원과 격려에 힘입어 임기를 마치게 되었음을 감사하게 생각합니다. 여러분 또한 우리 사회 낮은 목소리, 목소리 작은 계층의 인권 보호 기대를 저버리지 않되, 그와 동시에 우리 사회 다양한 목소리를 듣고 어느 한쪽에 치우치지 않는 균형 잡힌 재판으로 더 좋은 세상을 만들어가는 모습을, 먼발치에서 지켜보겠습니다. 여러분이 제게 그랬듯, 저 또한 여러분을 영원히 응원할 것입니다.

- 2012. 6. 여성 법관 모임 송별회

10

정의는 늘 반쪽

　더운 날씨에, 폭주하는 업무에, 금요일 밤의 교통 정체에, 먼 길 가까운 길 오시느라 얼마나 힘드셨을지 잘 압니다. 이렇듯 관폐·민폐 다 끼치고 떠날 생각은 아니었는데, 결국 그리되고 말았습니다. 참석해 주신 여러분 고맙습니다.

　특별소송실무연구회는 1976년 6월에 설립되어 이제 36년이 되었습니다.
　특별소송실무연구회와의 인연은 제가 재판연구관으로 있을 때 회원으로 참석하면서부터였습니다. 서소문의 오래된 청사, 천정에 샹들리에가 달린, 낡아서 삐걱거리지만 고풍스러운 2층 홀에서 모임을 가졌고, 정말로 많은 참석자가 자리를 가득 메우는 대법원의 대표적 연구회였습니다. 당시 회장은 김용준 대법관이셨는데, 매 모임마다 소탈하고 위트 넘치는 멘트로 모두를 즐겁게 해주셨던 기억이 납니다. 그때 같이한 분도 여럿, 오늘 자리해 주셔서 감회가 새롭습니다.

저는 전임 회장인 이홍훈 대법관으로부터 회장직을 넘겨받아 제11대 회장으로서 회원 여러분의 주옥같은 발표와 토론에 함께하는 행운을 누렸습니다. 법관으로서, 대법관으로서의 지난 세월에 못지않게 소중한 시간이었습니다. 좀 안다고 자부했던 세법의 여러 논점을 새로운 시각에서 되짚어보게 되었고, 깊이 알지 못했던 행정법과 지적재산권의 여러 논점에 관해 알게 되는 귀한 시간을 가졌습니다.

이제 다시 후임 회장에게 자리를 넘깁니다. 회장 선출을 위한 경선 관리를 김능환 중앙선관위원장께 위탁하자고 저 혼자 주장하였으나 회원들의 만류로 포기하고, 전임 회장이 후임 회장을 지명해 온 관례에 따르고자 합니다. 그러나 김정일이 김정은 지명하듯 할 수는 없어 여러분이 전혀 듣지도 보지도 못한 여론조사를 은밀히 실시한 결과, 오차 범위 내에서 최다 득점한 박병대 대법관께 부탁드렸습니다. 실제로 여론조사가 있었느냐 조작은 없었느냐 이런 거 캐고 다니시면 안 되고, 회장 연봉이 없다는 걸 알았는지 후보로 등록한 분도 없었구요. 박 대법관께서는 십수 년 전 사법연수원 교수로 함께 근무할 때에도 제가 하던 세법 강의를 이어받아 주셨었습니다. 이제 또다시 부케를 넘깁니다.

저로서는 이것으로 말씀을 마치고 싶지만, 저의 퇴임을 기념하여 참석해 주신 분들에 대한 도리가 아니라고 생각되어, 퇴임을 앞둔 소회도 말씀드려야 할 의무감을 느낍니다.

저는 1952년 8월 부산에서 태어났습니다.

아버지는 가난한 집안에 태어나 졸업 후 취업이 잘 된다는 상고에 진학하였고, 어머니 역시 어려운 가정에 태어나 돈 없이도 다닐 수 있다는 사범학교를 마쳤습니다. 졸업 후 각기 은행과 학교에 취직하였으나, 아버지가 영양실조로 폐결핵을 얻어 한동안 어머니 혼자 어렵게 생계를 꾸려 나갔습니다. 어린 저는 시장 안 점포의 골방에서 혼자 밥을 챙겨 먹기도 하고, 엄마 일 끝나기를 기다리며 새우잠을 자기도 했습니다. 당시만 해도 근면 성실하면 어느 정도 부를 축적하는 것이 가능한 시절이어서, 몸을 돌보지 않고 억척같이 고생하신 부모님 덕에 이후로는 그런대로 여유 있는 환경에서 성장하게 되었으나, 어린 시절의 어렵고 힘들었던 기억은 성장한 후로나 법조인이 되어서도 제게 큰 영향을 미쳤다고 생각합니다.

불행인지 다행인지 제 의지와는 상관없이 제가 여성으로 태어난 것도 저의 재판에 영향을 미쳤을 것입니다. 남성 법관들로 구성된 법원에서 여성 법관으로 산다는 것이 어떤 것인지를 체험해 오는 동안, 자연스럽게 비슷한 처지의 사회 내 소수자 계층, 소외된 주변 계층의 처지에 눈 돌리게 되었고, 우리 사회 통념적 사고와는 좀 다른 관점, 다른 시각에서 생각해 보는 것에 익숙해지게 되었습니다. 그러한 사회 내 소수자로서의 경험을 통해 얻게 된, 고정 관념에 얽매이지 않는 자유분방한 사고가 저의 강점이라고 생각합니다.

그다지 투철하지 못했던 저의 기본권 보호 의지를 다지게 된 것은, 젊은 시절 몇 건의 영장기각으로 보직에서 불이익을 받은 경험 때문입니다. 감사하게도 법원 내에서의 그러한 경험은, 평균적 정의감으로 남다르지 않은 재판을 해 오던 저로 하여금 개인의 기본권 보장에 민감한 법관으로 눈 뜨게 해 주었습니다. 법관인 제가 법원 안에서 그런 부당한 일을 당하는 사회라면, 일반인은 사회에서 어떤 일을 당할 수 있는 사회인가 우리 사회가, 하는 각성이었습니다. 이후 저는 인권 의식에 깨어 있는 법관이고자 했고, 일관되게 유지해 온 재판의 원칙은 개인의 기본권 보호에 충실하자는 것이었습니다. 인간의 존엄과 가치가 남과 다를 수 있는 자유, 남과 다를 수 있는 권리에 있다는 점에 주목하였고, 그러한 권리의 보장이 우리 사회 민주화의 척도가 된다는 점에 유념하였습니다.

기본적으로 남과 다를 수밖에 없는 개인이, 남과 같기를 요구하는 조직에 적응하지 못하고 실패자로 전락하였을 때 그것이 누구의 책임인지를 묻는 것이 적절한지, 불행한 결과의 발생에서 시작된 재판이 추구할 궁극의 목표는 책임의 규명이 아니라 치유와 보상이라는 것. 군 복무 중 자살자도 그에 이른 원인에 따라 국가로부터 보상받을 수 있다는 최근의 전원합의체 판결은 저의 그런 관점에서 시작된 판결 중 하나입니다.

서른 다섯의 나이에 경험한 가정법원 소년 단독 판사로서의 1년은, 이후의 제 법관 생활에 영향을 미친 잊을 수 없는 경험이었습니다. 어려서 제가 경험한 가난 같은 것은 비교도 안 될 만큼 집도 절도 없는 어렵고 가난한 사람들과 그 자녀들의 소외되고 절박한 사연은, 나름의 여유를 누리며 편하게 살고 있던 저에게 충격으로 다가와 우리 사회에 대해 깊이 절망하게 만들었고, 재판이 사람을 위한 제도라면 궁극적으로 무엇을 지향하여야 할 것인지에 대해 고민하게 하였습니다.

그 후로 저는, 재판 기록의 이면에 맥박치는 서민들의 꿈과 절망을 법관의 시각으로 재단하여서는 안 된다, 그 절실한 꿈과 절망을 함께하지는 못하더라도 적어도 이해하려고 노력하는 열정이 법조인의 기본이다, 라는 생각을 내려놓지 않았습니다. '이승에서의 정의는 늘 반쪽'이라지만(황석영, '바리데기'), 우리가 그 반쪽짜리의 정의라도 세우지 않으면 세상은 어떻게 되겠는가. 반쪽이었을망정 저의 판결이 우리 사회 소수자 계층에 따듯한 위로가 되고, 희미하나마 희망의 불씨가 되었기를 바랍니다.

대다수 법관들이 다시 태어나도 이 길만을 걷겠다는 투철한 소명의식과 자긍심을 갖고 있음을 존경하지만, 저는 사실 다시 태어나면 감히 법관이라는 어려운 길을 또 걷겠다고 말하기가 어렵습니다. 잘 몰라서 한 번은 하였으나 알고서 다시 하기는 두렵고 어려운 길, 저는 법관의 길을 지금도 그렇게 생각합니다.

알피니즘의 거장 라인홀트 메스너의 행보를 김훈은 이렇게 묘사했습니다.

길은 어디에도 없다
앞쪽으로는 진로가 없고 뒤쪽으로는 퇴로가 없다.

길은 다만 밀고 나가는 그 순간에만 있을 뿐이다.

그는 자신의 내면에 외로움의 크고 어두운 산맥을 키워나가는 힘으로 히말라야를 혼자서 넘어가고 낭가 파르바트 북벽의 일몰을 혼자서 바라본다.

그는 자신과 싸워서 이겨낸 만큼만 나아갈 수 있었고, 이길 수 없을 때는 울면서 철수했다.

- 김훈, 《자전거 여행》 중에서

지난 6년간 수없이 반추해 본 글입니다. 저의 부족하나마 혼신의 힘을 다한 34년의 법관 생활이, 대법관으로서의 6년이, 우리 사회 분쟁의 종식, 화해와 치유의 뜨거운 열정을 가슴에 품고 말없이 격무를 감당하고 계신 수많은 법관들에게 작으나마 격려의 메시지가 되었으면 좋겠습니다.

논문집의 발간을 위해 귀한 원고를 주신 발표자·토론자 여러분과, 책에 실린 판결들이 세상에 나올 수 있게 제게 영감을 주고 함께 연구한 전·현직 재판연구관 여러분께 감사드립니다. 책이 간행되기까지 애써 주신 사법발전재단 여러분의 노고에도 감사드립니다.

- 2012. 6. 29. 대법원 특별소송실무연구회 회장 퇴임 및 논문 헌정식

11

그래, 나 바보다

"그래, 나 착하다 근데 나 착하다고 바보로 알면 안 된다. 누굴 정말 바보로 아나"('개그콘서트' 대사에서 인용)

졸리실까봐 한 번 해 봤습니다. 그런데 저 사실, 이렇게 말하고 싶었던 적 있었습니다. 물론 언제나 그렇게 말하고 싶었던 것은 아닙니다. 여러분께 분에 넘치는 사랑을 받고 살았으니까요. 그런데 제가 정말 바보라고 생각된 적도 많습니다.

아주 어렸을 적 일입니다.

유치원에서 크리스마스에 받고 싶은 선물을 써 내라고 했습니다. 선물을 받는 날 보니까, 다른 친구들은 인형에, 모형 전화기에, 자동차까지 근사했는데, 제가 받은 것은 크리스마스 카드 한 장이었습니다, 제가 그리 써 냈으니까요.

고등법원 배석판사 시절에 같은 방 우배석 선배랑 과일가게에 들른 적이 있는데, 그분은 지금도 놀랍니다. 과일 사러 가서 크고 빛깔 고운 과일 안 고르고 주인이 싸주는 대로 받아오는 욕심 없는 여자 처음 보았다는 거예요. 근데 그 선배가 모르는 게 있습니다. 제가 욕심이 없어서가 아니라 바보라서 그런 거거든요.

어쩌면 법관으로서도 바보처럼 살아온 34년이 아닌가 합니다. 우리 법조인이라는 것이 원래 그런 것인지도 모르겠습니다. 서양 속담에 보면 법률가는 지옥에나 우글거리는 영악하고 나쁜 이웃으로 보고 있는 듯하나, 이 자리에 모인 우리가 어쩌면 사회에서 그중 우직하고 답답한 바보들은 아닐까 생각해 봅니다.

고지식하게 원칙을 지키고 남에게 피해를 주느니 내가 손해 보고 마는, 우리는 그렇게 살아 온, 그렇게밖에 살 줄 모르는 바보 친구이자 바보라서 더 애틋한 동료입니다.

이렇듯 바보인 제가, 이제 자연인으로 돌아가고자 합니다.
산수유를 닮기를 갈망하면서, 이제 그만 떠나고자 합니다.

산수유는 존재로서의 중량감이 전혀 없다.

꽃송이는 보이지 않고, 꽃의 어렴풋한 기운만 파스텔처럼 산야에 번져 있다.

산수유가 언제 지는 것인지는 눈치채기 어렵다.

그 그림자 같은 꽃은 다른 모든 꽃들이 피어나기 전에, 노을이 스러지

듯이 문득 종적을 감춘다.

그 꽃이 스러지는 모습은 나무가 지우개로 저 자신을 지우는 것과 같다. 그래서 산수유는 꽃이 아니라 나무가 꾸는 꿈처럼 보인다.

- 김훈, 《자전거 여행》 중에서

그동안 사랑하고 격려해 주신 동료, 후배, 제자 여러분, 여러분의 사랑과 격려와 도움으로 대법관으로서의 임기를 마칠 수 있었습니다. 금요일 저녁 시간을 기부해 주신 여러분, 고맙습니다. 가시는 길 편하셨으면 좋겠습니다.

- 2012. 6. 대법원 특별소송실무회 논문 헌정식 마무리 인사

12
아무것도 아니고만 싶은

있을 때 못다 한 일을, 떠날 때 말로써 갚을 수 없음을 압니다.

그래서 '떠날 때는 말없이'가 제 생각이었지만, 이번에도 소수의견이라 채택되지 않았습니다. 다수 의견에 따라 마지못해, 그래서 짧게, 그러나 제 마음을 담아, 퇴임 인사를 드립니다.

법관은 누구나 판결로 기억됩니다.

저도 그러기를 소망합니다. 34년간 잘한 것 못한 것 모두 제 책임입니다.

피할 수 없는 역사적 평가와 비판은 제 몫이지만, 상처받은 분께는 용서를 구합니다.

역부족, 중과부적이 변명이 될 수 없음을 잘 압니다.

인간이기를 포기한 최근의 어느 흉악범이라 할지라도 국가가 직접 살인형을 집행할 명분은 없다는 것, 아버지가, 아들이, 그 아들의 형과 동생과 다시 그 아들이 자신의 믿는 바 종교적 신념 때문에 징역 1년 6월의 형을 사는 사회이어서는 안 된다는 것, 이런 견해들이 다수 의견이 되는 대법원을 보게 되는 날이 반드시 오리라고 믿으면서, 떠납니다.

재판은, 판결문에 서명한 법관들끼리 하는 것이 아닙니다.

판결이 나오기까지 여러 모습으로 고생하신 직원 여러분, 우리는 모두 함께 참여하고 조력한 재판으로 더불어 남을 것입니다.

경비관리대의 실무관과 청원 경찰, 새벽 어스름에 사무실과 잔디밭을 살펴주던 파견 근로자 여러분, 이른 아침 여러분과의 만남은 제 힘과 용기의 원천이었습니다.

재판연구관 여러분의 열정과 헌신에, 특별히 감사드립니다.

우리가 인연을 맺고 함께한 시간이 헛되거나 그냥 사라질 리 없습니다.

어려운 여건 하에서도 자존감과 자긍심으로 기쁘게 일하시기를 바랍니다.

끝으로, 여성 법관들에게 당부합니다.

언젠가 여러분이 전체 법관의 다수가 되고 남성 법관이 소수가 되더라도, 여성 대법관만으로 대법원을 구성하는 일은 없기를 바랍니다.

전체 법관의 비율과 상관없이 양성 평등하게 성비의 균형을 갖추어야 하는 이유는, 대법원은 대한민국 사법부의 상징이자 심장이기 때문입니다. 헌법기관은 그 구성만으로도 벌써 헌법적 가치와 원칙이 구현되어야 합니다.

저는 이제 법원을 떠나 자유인으로 돌아갑니다.
훈련소 면회 한 번 못 가 준 아들들에게는 때늦은 것이지만, 아직 기다려 주는 남편이 있어 그리 늦지 않았다고 생각합니다.

제가 이미 알고 있는 것을 남에게 전하고 가르치는 일도 뜻깊겠으나, 제가 미처 알지 못하는 것을 배우고 깨치고 싶은 꿈도 포기할 수 없었습니다.

"버리고 갈 것만 남아서 참 홀가분하다"던 노 작가(박경리)의 심경을 이해할 것 같습니다. 문정희 시인의 '먼 길'로 시작한 저의 대법관으로서의 임기를, 이제 그의 시 '내가 한 일'의 일부를 인용하는 것으로 마치고자 합니다.

나는 아무것도 아니고만 싶습니다.
강물을 안으로 집어넣고
바람을 견디며
그저 두 발로 앞을 향해 걸어간 일
내가 한 일 중에
그것을 좀 쳐준다면 모를까마는

여러분과 그 가정이 늘 평화롭고 행복하기를 기원합니다.

안녕히 계십시오.

– 2012. 7. 10. **대법관 퇴임사**

PART 3

인연은 이어지고

13

'바담 풍' 하지 말고

 반갑습니다. 제가 반가우니까 여러분도 반가우실 거라고 믿습니다. 여러분이 반가워해 주시면 저는 더 반갑구요. 관계란 그런 거지요.

 재판 준비도 하고 판결도 써야 하는 시간에 여러분은 왜 이 자리에 오셨을까요. 무엇이 가장 절박한 문제일까요. 후배들이 알지 못하는 선배 여성 법관의 이야기를 들려 달라고 하여, 한편으론 마지못해 한편으론 기쁘게 이 자리에 섰습니다마는, '마지못해'란 제가 무슨 도움이 될까 걱정되어서 라는 뜻입니다. 바쁜 시간을 쪼개어 참석한 여러분에게 위로와 격려, 치유와 희망의 시간이 되어야 할 텐데요.

 얼마 전 조윤선 여성가족부 장관이 서울대 강연에서, 다음 세대에는 곤충이어도 좋으니 수컷으로 태어났으면 좋겠다고 말했다는 보도를 보고 놀랐습니다. 그거 저희 때 이야기이고 여러분 세대에는 아닐 줄 알았거든요. 조 장관은 더구나 대형 로펌이라는 좋은 직장에서 일했던 사람 아닌가요. 그래서 아직, 아직도 이렇게 우리가 나눌 이야기가 남아 있는 거겠지요. 언제까지 우리들의 이야기는 계속되는 걸까요.

어쩌면 그 시간에도 일하고 있었을 법한 여러분이지만, 혹시 '직장의 신'이라는 드라마를 아시는지요. 너나없이 바라기로는 드라마 속의 '미스 김'처럼 해봤으면 하는 것이었는데, 그중에도 가장 해보고 싶었던 것은 정각 6시가 되면 "그럼 이제 저는 퇴근할 시간입니다마는"이라며 당당하게 사무실을 나서는 것이었지요, 야근, 회식, 시간 외 근무를 거부하고 칼퇴근을 허하라고 외칩니다. 드라마의 여파로 퇴근 시간 지키기 운동이 일어났다는 얘기는 아직 못 들었는데요. '저녁이 있는 삶'을 공약으로 내걸겠다던 어느 정치인은 후보조차 되지 못했구요.

노동 시간을 줄여 건강하고 행복한 세상을 만드는 것은 정녕 불가능할까요. OECD 국가 중 최장 노동 시간을 자랑하는 대한민국에서, 법관이 퇴근 시간을 지키면 재판 업무가 마비될까요.(현재의 여건으로는 거의 마비될 것 같기는 합니다.) 법원행정처에서 연구하기로 들면 방법이 왜 없겠어요, 퇴근 시간을 늦추는 쪽으로는 그보다 더한 것도 잘만 만들어 내던데. 법원행정처는 법관을 위한 제도를 연구한다고 하면서, 자기들부터 한밤중에 퇴근하는 것을 무용담 삼아 한탄할 뿐 근무 시간을 줄이려는 노력은 하지 않는 것처럼 보입니다.

이거 한번 들어보실래요.

"주당 근무 시간이 법정 기준 시간 40시간을 넘는다고 답한 사람이 91퍼센트, 그중 60시간 이상 근무한다는 사람이 42퍼센트에 이르고,

심지어 밤 12시 전에 퇴근하면 조퇴라는 말을 들어야 한다." 우리 이야기구나 싶겠지만, 법원이 아니고 여성 변호사들 이야기입니다. 그런데 남의 이야기라고 생각하고 냉정하게 들으면 어떤 느낌이 드나요. 참 열심히 일하는구나, 존경스럽다? 설마요. 정상이라고 할 수 없지요. 아이들에게 물려줄 밝고 건강한 사회의 모습은 아니지 않나요.

얼마 전 고려대 하태훈 교수가 법률신문 칼럼에서 '우리들의 일그러진 일상'으로 '땡겨살기, 끼어들기, 따라하기' 3가지를 들었던데요. 여러분도 제일 잘하는 것이 '땡겨살기'지요. 밀린 일을 하는 것이 야근이라고 생각하겠지만, 실은 내일 할 일을 오늘 땡겨하는 것, 내일의 근무시간을 오늘 땡겨쓰는 것이지요. 일은 많은데, 정상 퇴근하면 적정 처리 사건 수조차 채우기 힘든데, 어쩌란 말이냐구요. 어느 한 곳에서부터 고리를 끊어야지요. 다들 남의 뒤통수만 보면서 관성에 따라 정신없이 밀려가고 있을 때, 누군가가 먼저 멈춰야지요. 멈추면 쓰러질까봐, 쓰러지면 각성하게 될까봐, 두려워서 멈추지 못하는 것은 아닐는지요.

전에도 저는 정상 퇴근을 고무·찬양하는 글을 쓴 적이 있습니다. '수술의가 전날 환자의 차트를 샅샅이 살피느라 밤을 새우고 다음 날 수술실에 들어간다면 환자가 좋아하겠습니까. 노회한 환자 가족은 수술 전날 주치의를 저녁 식사에 초대, 술을 권해서 적당히 취하게 한 후 집 앞에 내려놓고 간다고 합니다'라고 썼지요.

정작 판사들로부터는 별 호응이 없었고, 변호사들이 공감을 표했습니다. 가족의 생계가 걸린 돈을 받게 될지 말지, 평생직장에서 쫓겨날지 말지, 결혼 생활이 유지될지 말지가 결정되는 재판의 결론이, 정상적인 휴식과 수면 대신 한밤중이나 새벽에 블랙커피에 의존해서, 어깨도 아프고 허리도 아프고 온몸의 혈액 순환이 원활하지 못한, 그래서 뇌혈류가 정체된 법관의 초인적 의지만으로 바르게 해결되리라고 믿는 국민은 없습니다.

실제로, 제가 서울고등법원 부장판사일 때 주심인 배석판사가 합의하면서 실토하기를, 전날 퇴근 무렵까지만 해도 항소 기각으로 생각했는데, 저녁 먹고 들어와서 새벽까지 기록을 다시 보다가 원심 파기로 결론이 바뀌었다고 그래요. 철야를 하면서 기록을 샅샅이 뒤지니까 좋은 결론이 나왔구나 생각되시나요. 야근 안 하고 그냥 퇴근했으면 결론이 틀릴뻔한 거 같지요. "이 판사 어제 한 숨도 안 잤어요?" 물었더니, "아닙니다. 아침에 두어 시간 자고 나왔습니다. 괜찮습니다." 라면서 칭찬받을 줄 알고 바로 겸양모드로 전환. 제가 뭐랬을 것 같아요? "오늘은 일찍 퇴근해서 푹 자고 내일 다시 합의합시다" 다음 날 오더니 이러더군요. "처음 결론이 맞는 거였는데, 밤중에 괜히 서증 하나에 너무 집착하다가 잘못 생각한 것 같습니다"

밤 12시에서 2시 사이의 수면이 뇌파를 정상으로 돌려준다지요. 밤에 쓴 편지는 시가 되지만, 밤에 쓴 판결은 자칫 소설이 됩니다.

좀 전까지 내일 재판 기록과 판결 초고 만지다가, 대법관 했다는 사람 얼굴이나 잠깐 보고 와서 나머지 일 마무리할 생각으로 참석한 분들, 황당하지요. 이거 뭐 사무실 다시 들어가야 하나 말아야 하나, 맘 단단히 먹어야지 궤변에 말려들었다간 내일 재판 완전 쫑나겠네… 왜 전들 모르겠어요, 쉽지 않다는 것을, 저는 안 해보고 후배들만 선동하고 있다는 것을. '바담 풍' 하지 말고 '바람 풍' 하라는 소리인 줄을, 전들 왜 모르겠습니까. 선배들의 잘못이 큽니다.

사실, 임신과 출산 문제부터 그랬습니다, '바담 풍' 하지 말고 '바람 풍' 했어야 하는 것은.

여러분이 다 아시는 수석과 여성 최초의 연속인 전설적인 선배님의 경우, 임신 중독과 난산 끝에 제왕절개로 출산 후 입원. "어머나 업무와 모성 사이에 참 힘들겠다, 힘내세요" 법원에서 이랬을 것 같습니까. 본인의 의지로 좌우할 수 없는, 본인의 잘못이 전혀 없는 그 출산 전후의 병가 때문에, 법원에서는 여성 법관이라면 같은 재판부에 배치될까 전전긍긍하는 분위기를 불러오는 장본인이 되셨습니다. 제가 시보로 있던 재판부에서도 목격되었는데, 후에 최고위직까지 하신 부장님과 지금은 유명 정치인이 된 우배석, 실력과 인품이 더없이 출중한 좌배석, 이렇게 셋이서 "김 양, 사무분담표 아직 안 나왔니"가 아침마다 첫 인사가 된 거예요. 한 분이 다른 자리로 이동하게 예정되어 있었는데 그 자리에 여성 법관이 오는지 아닌지 때문이지요. 그냥 궁금해서 그랬겠지 생각하시겠지만 아니에요, 엄청나게 걱정하는 거예요. 이렇듯 여성 법관들의 임신과 출산, 일과 가정생활의 양립은 격려는커녕 배려조차 받지 못한 채 오랫동안 법원 내 입지를 막는 걸림돌로 작용하였습니다. 참 어이가 없지요.

그런데 그보다 더 어이가 없었던 것은, 이를 목격한 나머지 여성 법관의 반응이었습니다. 그 말도 안 되는 배제와 질시의 학습 효과로, 전철을 밟지 않고 깔끔하게 처신, 남성인 선배·동료의 칭송을 한 몸에 받았답니다. 어떻게? 그냥 웃지요. 잠시 후 들어보시면 여러분도 어이가 없어서 헛웃음이 나올 거예요. 간단히 말하면, 이랬습니다. 임산부와 태아의 건강 희생, 정상적 육아의 포기. 그랬던 제가, 후배들에게 이제 정시 퇴근, 준법 근무를 선동하고 있네요.

핑계는 항상 있기 마련입니다. 궤변으로 정당화가 불가능한 일은 없습니다. 그런데 돌이켜 보면 분명 잘못된 것입니다. 그때는 그럴 수밖에 없었다는 이야기, 더 이상 하지 않겠습니다. 부장이 뭐랬건 수석부장의 사건 배당이 어땠건 법원행정처장의 망언이 어땠건, 원칙대로 맞서야 했습니다. 살아남기 위해서 그럴 수밖에 없었다는 말, 이제 그만하겠습니다. 법원을 나와서 보니 더욱, 잘못했다는 생각이 듭니다.

그래도 살아남기 위해 어땠는지 쬐끔은 알려야겠습니다. 힘들었으므로, 아팠으므로, 바보 같았으므로… 결혼할 때도 그랬지만 첫아이 출산 때에도, 3인 재판부에서 법정에 판사 1인이 한번 대직하면 변론 갱신하는 조서를 두 번 써야 한다는 부장님 말씀, 그 부장의 참여 계장에 대한 사려 깊은 배려 때문에 결혼 전날에도 오전 법정까지, 출산 예정일에도 오후 법정까지 마치고, 곧바로 진통이 와서 병원으로 실려 갔어요. 둘째 아이 출산 때는 단독 판사였고, 출산 전후에도 사건 배당을 똑같이 할 수밖에 없다는 수석부장님의 교시를 받들어 예정일로부터 딱 두 기일만 재판을 비워 두었는데, 출산 예정일이 되어도 기별이 없는 거예요. 출산이 늦어지면 3주 후로 지정된 기일 때문에 산후 2주일도 못 쉬게 될 것을 직감, 재판을 마치자마자 아파트 12층에 있는 친정까지 계단을 뛰어서 올라갔어요. 작전은 성공해서 친정에 들어서자마자 10분도 안 돼 시작된 진통으로 앰뷸런스 신세, 남편은 태아 살인미수죄는 없냐고 앙앙불락, 애가 잘못되면 이혼했을 거라고 엽기적인 처를 질타. 그렇게 해서 '2주간의 긴' 출산 휴가를 마치고 엄동설한에 칼바람 맞으며 출근해서 법정에 들어갔으니, 사건 수는 채웠다지만 지금 생각해 보면 재판의 질이 어땠을지 그 또한 반성 또 반성합니다.

같은 듯 다르지만 비슷한, 앞에서도 잠시 언급한 여성 변호사는 좀 나을까요. 지난 4월 25일자 법률신문의 머리기사는 이렇게 시작합니다. '결혼 3일 전에도 새벽 2~3시 퇴근, 아파도 쉴 수 없는 운명, 일·가정 양립 불가능이 가장 큰 스트레스로……'

기사는 이렇게 이어집니다. "1954년 고 이태영 변호사가 최초의 여성 변호사로 활동을 시작한 후 60년이 흐른 2012년 현재 여성 변호사 수는 전체 변호사 1만 2711명 중 2022명(15.9%)에 이르고, 지난 해 제1회 변호사시험 합격자 1451명 중 595명(41.0%)이 여성이다. 해마다 비율은 늘어나지만 그들의 삶은 고달프다. 과중한 업무량과 성과 위주인 로펌의 근로 환경에서 모성을 인정받지 못하고 있다." 한 전직 대법관이 사법연수원에 가서 이런 이야기를 하려다가 여자 연수생과 여성변호사회에 혼쭐이 난 모양인데, 같은 이야기도 말하는 사람의 시점이 다르니까 '다르게' 표현되었더군요. 여기서 '다르게'라 함은 '맞는 말을 기분 나쁘게'라는 뜻입니다.

동병상련의 아픔으로 더 인용해 볼까요.

"대형 로펌이 즐비한 테헤란로. 새벽 3시가 되자 발걸음이 끊기고 쓰레기차가 오가며 새벽을 준비하고 있다. 아직 불이 꺼지지 않은 사무실에서 나온 한 여성이 가로등 불빛 아래 택시를 잡는다. 대형 로펌에서 근무하는 미혼의 여성 변호사(37), 그는 3일 내내 이 시간에 퇴근하고 있다며 한숨을 내쉬었다. '새벽 3~4시에 퇴근하는 것은 이른 편에 속하죠. 늦게 퇴근했다가 아침 8시에 출근하는 경우도 많고요. 같이 사는 부모님이 그렇게 착취당하지 말고 회사에서 나오라고 하시더라고요. 점심과 저녁을 회사에서 줘요. 10분 안에 먹고 곧바로 일을 하죠. 하지만 다른 변호사들도 매일 밤을 새우다시피하는 상황이라 불만을 표시할 수 없습니다' 아파도 일은 해야 하는 것이 숙명이다. 경력 10년차인 한 여성 변호사는 암 수술을 받고도 숨기고 근무했다고 한다. '출산을 마치고 회사에 출근한 직후 자궁암 진단을 받았어요. 출산 휴가를 쓴 상태여서 수술한다고 얘기할 수가 없었죠. 결국 추석 연휴에 맞춰 몰래 수술했습니다. 상황이 안 좋아 4시간 가까이 수술을 받았지만, 휴가 신청을 하지 않고 붕대를 감은 채 출근했다가 퇴근 후 집에 가서 붕대를 풀면 피가 많이 묻어 나왔죠. 이렇게까지 해야 하나 회의가 들어 많이 울었습니다.' 지난주 임신을 알게 된 다른 여성 변호사(34)도 회사에 알리지 못하고 있다고 한다. '계속 고민하고 있어요, 어느 시점에 통보해야 하나 출산 휴가는 어떻게 가야 하나. 육아 휴직은 꿈도 못 꿔요, 회사에서도 걱정하는 것이 눈에 보여요. 제가 빠지면 일을 어떻게 분배할지 부담을 느끼는 거죠.' 설령 출산 휴가를 너그럽게 보장해 준다 해도 오래 쉴 수는 없다. 출산 휴가를 마치고 복귀 후 적응하기 위해 한참을 고생한다고 했다. '파트너 변호사의 배려로 출산 후 7개월을 쉬었어요. 하지만 돌아오니까 입지가 줄어, 혼자 변호사 사무소를 열기 위해 준비하고 있어요.' 중소 로펌이나 개인 변호사 사무실도 임신과 출산에서 직·간접으로 사직을 권고 받기는 마찬가지라고 한다. 한 설문조사에 따르면, 87.7퍼센트가 채용 과정에, 77.5퍼센트가 진급과 승진에 차별이 있다고 답했다. 결혼했는데 아이를 낳기 전이면 탈락 1순위, 남자친구가 있고 결혼 계획이 있으면 탈락 2순위라는 것은 공공연한 비밀이라고 했다"

비슷한 시기인 2013년 4월 27일 여성신문 1면은 이렇습니다.

"여의사, 아이 키우기 너무 힘들다. 의료계에서 여성 파워가 커지고 있지만 일·가정 양립에 어려움을 느끼고 있다. 엄마와 아내, 며느리, 딸까지 1인 다역으로 우울증을 앓거나 만성 스트레스를 겪는 일도 흔하다. 10명 중 3명이 자녀를 원치 않는 것으로 나타나 여의사도 저출산 문제가 심각해질 것으로 우려된다."

우리나라 의사 약 9만 명 중 22.4퍼센트인 2만여 여의사의 현주소입니다. 외국에서도 여의사의 자살률은 남성보다 5배 이상 높다는 조사 결과가 있습니다. 일·가정 양립을 위해 필요한 것이 직장 어린이집인데, 어린이집이 없거나 있어도 태부족이라고 합니다. 여기까지는 법원과 사정이 비슷한데, 그 다음은 법원보다도 못한 듯합니다. "육아 휴직은 법적 권리인데도 이를 쓰는 의사들은 찾기 힘들다. 분당서울대병원 소아내과 김나영 교수는 '27년간 의사로 일하면서 육아 휴직을 쓰는 의사를 한 명도 못 봤다. 과별로 의사의 역할이 있기 때문에 육아 휴직을 쓰면

펑크나기 십상이다. 이러니까 여자가 싫지라는 말이 나올까봐 엄두를 못 낸다'며 대체 인력이 뒷받침돼야 육아 휴직 사용이 늘어날 것이라고 말하고 있다. 3개월 출산 휴가 의무화 규정을 지키지 않는 병원은 법적으로 제재해야 한다고 했다."네요. 이게 뭔 소리인지.

그보다 앞선 4월 19일자 기사는 이렇습니다.

'남성 중심 스포츠계, 여성 선수·감독 설 자리 없다'는 제목 아래, "체육계 요직에 여성 체육인이 없어 목소리를 내기 어렵다. 국제올림픽위원회(IOC)는 대한체육회, 경기단체 등에 여성 임원 비율 20퍼센트를 권장하지만 어느 단체도 이 수치를 지키지 않는다. 강제성이 없기 때문이다. 임원도 적지만 코트에 감독도 드물다. 남성 지도자들은 여성 감독을 탐탁치 않게 보고, '여자 감독 들어왔어? 이번에는 또 어떻게 퇴출시키지?'라고 공공연히 말한다고 한다. 이런 임원과 감독 밑에서 여성 선수들의 고충은 말할 것도 없다. 임신한 선수가 은퇴를 권유 받는 일은 비일비재하다. 대부분 계약직으로 고용되어 출산 휴가나 육아 휴직을 보장받지 못한다. 선수들은 어쩔 수 없이 은퇴를 받아들일 수밖에 없다고 한다. 그에 반해, 일본 프로 리그에서 활동하던 중 딸을 낳았던 한 여성 선수는 출산 비용은 물론 우유값까지 지원받고 출산 휴가를 했다면서, 한국의 여성 선수들이 임신과 동시에 은퇴를 고민하는 현실이 안타깝다고 했다. 출산 후 경기장 복귀를 원하는 선수의 의견은 철저히 배제되고 은퇴가 종용된다. 구단은 임신 후 경기력이 떨어질 것을 우려하지만, 외국의 경우 구단과 정규직 계약을 하고 출산 후에도 전성기의 몸 상태로 활약하는 여성 선수가 많다. 제도만 뒷받침된다면 우리도 더 많은 선수들이 노련한 엄마 선수로 거듭날 수 있다고 호소한다."

판사들이 비교적 부러워하는 직업이 대학교수 아닐까요?

강의 시간 말고는 자유롭게 출·퇴근하고 방학에는 쉬거나 해외 나가고 몇 년마다 안식년 돌아오고 저도 뭐 그렇게 생각한 적이 있는데, 그렇지 않다고 해서 이게 또 충격입니다. 우선 여교수 자녀의 생일은 여름 아니면 겨울이라네요. 초·중·고 여교사와 마찬가지지요. 서울대에서도 최근에야 출산 휴가 관련 규정을 만들었고, 한 명문 사립대에서는 3명을 출산하든 4명을 출산하든 출산 휴가는 2번밖에 못 쓴다네요.

그러니 일반 근로자들이야 말해 무엇 하겠습니까.

비정규직과 정규직의 문제도, 비정규직의 다수가 여성이라는 관점에서 볼 필요가 있습니다. 정규직 근로자의 평균 월급은 253만여 원, 비정규직은 141만여 원입니다. 그런데 여성 근로자 61.8퍼센트가 비정규직, 법정 최저 임금보다 낮은 임금을 받고 일하는 근로자의 61.5퍼센트도 여성입니다. 남녀 간 임금 격차는 OECD 국가 중 1위입니다. 지난 16년 동안 한 번도 1위를 뺏긴 적이 없지요. 임금 격차는 39.8퍼센트, 남성인 근로자가 100만 원을 받을 때 여성 근로자는 60만 원을 받는다는 뜻입니다. 같은 날 입사해도 '동일 가치 노동 동일 임금' 원칙이 지켜지지 않는 것이지요. OECD 28개국의 평균 임금 격차는 15.8퍼센트라네요.

설상가상으로, 여성은 직장 내 성희롱, 성추행, 성폭력에 시달립니다.

우리나라 최초의 성희롱 재판인 서울대 교수 사건이 있은 지 20년이 되는 올해에도 2개 대학에서의 성추행 보도가 있었고, 근래 알려진 사건만 하더라도 '자살한 20대 여소방관, 직장 내 지속적으로 술자리 강요에 시달려'라든지, 군대 내 여군 성폭행, 사관학교 생도 사이의 성폭행에 이르기까지 안전한 직장은 없는 것처럼 보입니다. 여기저기에서 용암이 끓어올라 언제 폭발할지 모르는 휴화산 같습니다.

아시다시피, 1979년 체결되고 1981년 발효된 유엔의 '여성에 대한 모든 형태의 차별 철폐에 관한 협약(CEDAW, 여성차별철폐협약)은 정치·국제·국적·교육·고용·보건·경제·사회·결혼과 가족 관계 등 각 분야에서의 차별 철폐 조치를 담고 있습니다. 2013년 4월 현재 187개국이 가입하였고, 우리나라는 1984년 비준 후 1986년 제1차 보고서를 제출한 이래 4년마다 이행 보고서를 제출해야 하며, 여성차별철폐위원회는 이행 보고서를 심의해 권고 사항을 전달하게 되어 있지요.

지난 임시국회 회기 중에 '포괄적 차별금지법'이 상정되었고 이 법안은 합리적 이유 없는 성별, 장애, 나이, 출신, 종교, 사상, 성적 지향 등 모든 형태의 차별을 금지하는 것을 골자로 하는 것이었으나, 성적 지향 부분에 대한 보수 기독교계의 반발이 강해서 이를 발의한 의원들이 철회하고 말았습니다. 이런 좌절은 처음은 아니고 2010년에도 법무부가 차별금지법 제정을 위한 특별분과위원회를 만들어 운영하다가 2011년 대통령 업무 보고에서 삭제된 적이 있습니다. '문화적 태도와 보편적 인권 사이에 충돌이 있다면 보편적 인권이 우선해야 한다'는, 그야말로 '보편적 원칙'에 명백히 반하는 현실이지요.

올해 4월 10일 우루과이가 영국, 프랑스에 이어 동성 결혼 허용 법안을 통과시킴으로써 세계 12개 국가가 동성 결혼을 합법화하고 있고, 결혼보다는 낮은 civil union의 형태로 보호하는 국가가 20여 개국에 이릅니다. 유엔 여성차별철폐위원회와 아동권리위원회, 인종차별철폐위원회 등은 한국 정부가 차별금지법을 제정할 것을 지속적으로 요구하고 있습니다.

사법연수원 28기인 진선미 의원이 생활동반자등록 법안을 준비하고 있기는 합니다만, 입양, 친권, 상속 등을 인정해 주는 입법까지는 산 넘어 산이지요. 빌딩 하나를 짓더라도 동양 최대, 세계 최고를 좋아하는 대한민국은 인권 문제에서는 순위에 욕심이 없는 모양입니다. 지금과 같은 사회적 분위기라면 성적 지향에 관한 한 조만간 세계 30위, 50위를 하게 될지도 모르겠네요.

작년에 대법원에서 트랜스젠더의 호적 정정 허용 요건에 관한 전원합의체 판결이 선고되었지요. 저는 신청인의 결혼 여부를 가리지 않고 모두 허용되어야 한다는 의견을 제시하였지만, 기혼자의 경우 이를 허용하면 동성혼을 허용하는 결과가 된다는 이유로 채택되지 못하고 소수의견에 그쳤습니다. 동성혼을 허용하는 쪽으로 해결책을 모색해 보지 않고, 거꾸로 동성혼을 허용하는 결과를 피하기 위해 호적 정정을 허용할 수 없다고 결론지어 버린 대법원은, 정상 가족 이데올로기에 빠져있는 우리 사회 인권 감수성의 수준을 그대로 반영하고 있습니다.

한국여성변호사회는 지난해 한 로펌에서 임신한 여성 변호사를 강제 퇴직시킨 사건을 계기로, 대한변호사협회와 함께 여성 변호사의 근로 조건 개선을 위한 설문조사와 심포지엄을 하였고, 변협 내에 일·가정 양립위원회를 신설하여 여성 변호사의 근로 조건 개선을 논의한다고 합니다. 모범적 근로 환경을 갖춘 법무법인을 찾아내어 표창하고, 일·가정 양립을 훌륭히 수행하고 있는 배우자에게 상을 주며, 출산으로 인한 휴직 시의 대직 변호사를 알선하는 중개 센터, 기간제 변호사 활용 등 개선 방안도 모색하겠다네요.

법원행정처도 여성의 권리 보호를 담당하는 심의관을 신설하고 임신 출산 및 육아에 관한 고충의 파악과 모성 보호를 위한 제도를 연구하고 있다지요. 또 대통령 취임일에 맞추어 대법원규칙을 개정하면서, '여성 및 장애인, 다문화 가정, 외국인 등 소수자 권리 보호에 관한 사법정책 및 제도 연구를 법원행정처 관련 업무로 명시하고 '사법부가 적극적인 여성 정책을 펴겠다'고 발표하였다네요. 임신 기간 중에만 적용되던 당직 근무 면제를 출산 후에도 일정 기간 적용할지 논의하고 있다는 보도도 보았습니다. 이러한 일련의 발표가 여성 대통령을 의식한 홍보용으로 그치지 않고 진정한 개선으로 이어지도록 여러분이 잘 지켜보아야겠지요.

새 대통령 취임 후 정부 시책으로 확정된 140대 국정 과제 중 여성에 관한 것이 2개뿐이긴 하나, '여성 경제 활동 확대 및 양성평등'과 '성폭력으로부터 안전한 사회'라는 시책이 정부의 의지만 있다면 많은 분야를 포괄할 수 있을 것입니다. 정부는 또 '취업률 70퍼센트 달성을 위한 시간제 일자리 늘리기'도 '여성 인력이 많이 참여하는 것이 제도의 핵심'이라고 하고 있는데, 자칫 여성의 비정규직화를 부추기지는 않아야겠지요. 남녀고용평등법의 개정, 여성발전법의 개정, 국·공립이나 공공형 어린이집의 확보도 예정되어 있던데요. 여성가족부, 보건복지부, 고용노동부, 기획재정부 등 관계 부처 합동으로 발표한 '일과 가정의 양립을 위한 직장 어린이집 활성화 대책'을 보면, 5년 후인 2017년까지 의무 사업장 중 적어도 70퍼센트 이상이 어린이집을 설치하도록 지원하고 설치하지 않을 경우 제재한다고 되어 있습니다. 오는 7월부터는 임신 직후나 출산 직전의 공무원은 하루 2시간 휴식이나 병원 진료를 위한 모성 보호 시간을 가질 수 있게 하는 '국가공무원 복무규정' 및 '지방공무원 복무규정' 일부개정안도 국무회의에서 의결되었습니다. 개정안에 따르면 임신 후 12주 이내 또는 36주 이후에 해당하는 여성 공무원은 하루 2시간 내에서 모성 보호 시간을 가질 수 있고, 근무 시간 중 휴게실을 이용하거나 진료를 위해 출·퇴근 시간을 조정하는 등으로 사용할 수 있다고 합니다. 법원에서도 구체적 조치가 마련되면 좋겠습니다.

현재 전국 평균 육아 휴직률이 40퍼센트를 상회한다는데, 예컨대 씨티은행 같은 곳에서는 육아 휴직률이 94퍼센트에 이르고 육아 휴직 기간이 근속 기간에 포함되는 것은 물론 휴가 후 종전 부서에 그대로 복귀되고 타 부서로 배정 받는 일도 없다고 합니다. 이런 일이 뉴스가 된다는 것은 일반적으로는 그렇지 않다는 말이겠지요. 최근에는 출산 후 따로 신청하지 않더라도 자동으로 15개월을 쉬도록 하는 자동 육아 휴직제 또는 육아 휴직 자동 전환제가 일부 시행되고 있습니다. 작년 9월부터 시행 중인 롯데백화점의 경우, 육아 휴직에 들어간 직원이 출산 직원의 90퍼센트에 이른다고 합니다. 신세계그룹의 경우 희망 육아 휴직제를 시행할 때에는 출산자의 44퍼센트만이 육아 휴직을 사용하였는데, 자동 육아 휴직제가 시행된 후에는 출산자의 78퍼센트가 육아 휴직을 사용하였습니다. SK그룹에서도 최근 시행에 들어갔구요. '육아 휴직을 쓸까' 고민하는 것이 아니라 '육아 휴직을 쓰지 말까' 고민하면 되는 거지요. 법원의 육아 휴직율은 얼마쯤 되나요?

아까도 질문드렸지만, 지금 여러분에게 가장 고민되고 관심 가는 일은 무엇인가요. 재판 진행, 기록 검토, 판결 작성은 기본일 테고. 기혼이면 남편과의 결혼 생활, 자녀 양육과 교육, 미혼이면 남자친구와의 관계, 결혼을 할지 말지 뭐 그런 거겠지요.

우선, 기혼이라도 아이가 안 생기거나 일부러 안 갖는 경우도 있을 텐데요. 가지려고 노력하는데도 안 생기는 분, 전혀 스트레스 받지 마세요. 예전에는 말로는 '무자식 상팔자'라고 하면서도 다소 역설적인 의미가 강했지만, 요즘은 그 또한 우연히 얻은 로또입니다. 부부의 행복한 현재와 노후가 보장됩니다. 자식에게 다 바치고 털린 노후의 부모들, 마냥 행복한 줄 아십니까. 신의 적절한 안배에는 그 나름의 이유가 있을 것입니다.

또 아직 결혼하지 않았거나 당분간 결혼할 전망이 없는 분, 현재의 자유를 맘껏 누리십시오. 결혼할 생각이 있으면 언젠가 인연을 만나기 마련이고, 결혼에 뜻이 없는 분은 자기 자신에게 3배로 투자하고 즐기시면 됩니다.

기혼이면서 자녀가 있는 분, 농담이지만 이는 가장 불행한 경우라고 하겠는데요.(?!) 결혼으로 힘든 일은 단연 육아와 교육이니까요. 처음 출산과 육아 휴직을 할 즈음만 해도 방긋방긋 나긋나긋 품 안에서 예쁘기만 하지요. 그래서 몸이 피곤할 뿐 괴롭다고까지는 할 수 없는데, 자랄수록 아이들 자신은 물론 부모도 힘들어집니다. 한국의 10대는 인생의 가장 중요한 시기에 삶이 아니라 시험을 두려워하면서 살아야 하니까요.

10대가 되면 왜 반항하고 말대꾸를 할까요. 아이들이 반항하기 시작하는 것은 이제는 부모에게서 멀어져야 하기 때문이라네요. 엄마가 나한테 관심을 끊어줬으면 좋겠어, 라고 말하기도 합니다. 말로만 그러는 것이 아니고 정말로 부모가 자신의 인생에 그만 끼어들기를 바라는 거라고 합니다. 스스로 할 수 있다고 생각하기 시작한 거지요. 이럴 때는 충분히 거리를 두라고 하네요. 부모가 너무 가까이 붙어 있다는 느낌을 주지 말아야 한답니다. 그렇지 않으면 아이들은 집에 있으면 숨이 막힌다고 생각한다네요. 못 견디면 숨 쉴 공간을 찾아 가출하는 거라네요. 사실 동물 중에 사람처럼 오랫동안 어미에게 붙어사는 종이 없다면서요. 네안데르탈인도 9살에 집을 나가 독립했구요. 아이를 껌딱지처럼 붙이고 있으면 껌도 못쓰게 되고 내 옷도 버립니다.

대치동의 어느 전설적 강사는 젊은 나이에 학원가에서 은퇴하고 자기 자식 키우기에 전념하고 있는데, 그의 육아 원칙은 이렇답니다. 방학 때 미리 배우지 않기, 시험 대비 문제 풀이 안 하기, 남과 비교하지 않기. 해당 사항 있는 분들, 시도할 자신 있나요? 그런 원칙 지키려면 그야말로 하루에도 몇 번씩 부모 자신이 '시험에 들지 말게 해 달라'고 기도해야 될 거예요. 방학 때 미리 배우지 않기, 시험 대비 문제 풀이 안 하기도 어렵지만, 남과 비교하지 않기, 이건 정말 어렵겠지요.

우리나라 부모들은 4살 전후부터 읽기를 가르친다는 조사가 있는데, 교육학에서는 얼마나 일찍 하느냐가 아니라 얼마나 적절한 때에 하느냐가 관건이라고 합니다. 2010년 수학·과학 성취도 조사에서 핀란드가 세계 28개국 중 1위를 했는데요. 대부분의 국가에서 대수를 먼저 배우고 기하학을 나중에 배우는 것과 반대로, 핀란드에서는 기하학을 먼저 배운다고 하네요. 또 7세가 될 때까지 읽기를 가르치지 않는다고 합니다. 그게 뭔 상관일까 싶지만, 공간 지각에 관여하는 뇌가 가장 먼저 발달하기 때문에 기하학을 먼저 배우는 것이 맞다네요. 적절한 때에 배우는 것이 얼마나 중요한지가 증명된 예라는 거지요.

꽃마다 피는 시기가 다르듯 사람도 그 피는 시기가 다르고, 일생에 한 번은 누구나 활짝 필 때가 오기 마련이지요. 싹이 나기도 전에 꽃부터 피우는 개나리도 있고, 싹이 나자마자 쑥쑥 웃자라는 잡초도 있으며, 잎이 한참 무성한 후에야 꽃을 피우는 나무도 있습니다. 그런가 하면 남보다 쉬이 피었으나 열매 맺지 못하고 시드는 꽃도 있고, 자태는 호사스러우나 향기가 없는 꽃, 자태는 수수하나 오래도록 향기가 남는 꽃, 자태도 향기도 없으나 탐스러운 열매를 맺는 꽃도 있습니다.

여러분이 바라는 것은 어떻습니까. 내 자식만큼은, 봄눈이 녹기도 전에 싹을 틔워서 싹이 나자마자 쑥쑥 자라고 산수유처럼 제일 먼저 꽃을 피우되 그 자태는 백목련처럼 크고 수려해야 하며 향기는 천리향, 만리향처럼 멀리 퍼져야 하고 포도처럼 주렁주렁 열매 맺기를 바라겠지요. 그런데 세상에 그런 종자가 있나요? 가끔씩은 좀 특별한 종자가 있긴 하지만요(엄친아라는). 아이들도 그냥 기다려 주세요. 철이 되면 한 번은 활짝 피게 되어 있습니다. 가을에 피는 꽃을 봄에 기다리는 조급함이, 굳이 비닐하우스에 넣어 일찍 열매 맺게 하려는 조급함이, 아이를 망치고 부모를 우울하게 합니다. 제철 과일이 아니면 맛도 영양도 별로지요.

자타가 공인하는 수재 A선배 아시지요? 그분 고등학교 담임 선생님 말씀은 이렇습니다. "조용하고 성실했지만 공부로 특별히 기억되는 것은 없다." (이거 어디까지나 그분의 의견이고 사실 적시는 아닙니다!) 두뇌와 실력으로 공인된 모 법대의 B교수, 그가 법원에 있을 때 같이 근무한 부장님은 이렇게 말씀하십니다. "나랑 근무한 다음에 공부를 많이 한 모양이더구만." 헌재소장으로, 국무총리로 거론되던 C변호사 아시지요, 그분의 부장이었던 분 말씀인즉, "나랑 근무할 때는 아직 초임이었으니까." 역대급 수석 재판연구관으로 기억되는 D변호사, 온 국민의 사랑과 존경을 받는 E전직 대법관의 첫 근무지가 어디인지도 다들 아시구요. 구태여, 안면이 없는 아인슈타인이나 에디슨의 어린 시절까지 끌어들일 필요는 없겠지요?

직장맘은 교육 정보의 부족으로도 불안해하는데요. 전업주부나 단지 내 엄마들의 정보 공유와 유대에 너무 소외감이나 열등감 갖지 마세요. 차라리 모르는 것이 나은 정보도 많습니다. 한창 참치가 두뇌 발달에 좋다고 할 때는, 우리 아이들이 참치를 많이 먹었으니 머리는 좋을 텐데

열심히 안 해서 공부를 못하나보다 생각했거든요. 그런데 언젠가부터 참치가 나쁘다고 그래요. 그 말을 들으니까 애들이 참치를 먹고 머리가 나빠져서 공부를 못하나 싶더라구요. 그런 예는 수없이 많지요. 아침밥을 먹어야 머리가 돌아간다고 하다가 굶어야 머리가 맑다고 하고, 소식(小食)이 좋다고 하더니 살집이 넉넉해야 질병에 강하다고 합니다. 비타민C의 다량 투여가 암을 예방한다고 하더니 거꾸로 암을 유발한다고도 합니다. 과학에서도 이럴진대, 진행 중인 연구, 완결되지 않은 의견과 정보에 우왕좌왕할 필요가 없습니다.

젊은 부모들 사이에 관심을 끌고 있는 북유럽 육아법, 아빠의 역할을 강조하는 '스칸디 대디'라는 것도 아이들과 많은 시간을 보내며 교감을 나누고 그들의 존재를 있는 그대로 인정하자는 것이니까, 정상 사회에서라면 원래는 누구나 할 수 있는 당연한 육아법이지요. 그러니 아이와 함께 시간을 보내기 위해 텐트를 싸들고 먼 곳으로 여행을 떠날 필요는 없습니다. 북유럽은 겨울이 길어 따뜻한 곳으로 여행 가는 문화가 발달한 것뿐, 날씨 좋은 한국에서는 집 근처 공원을 가거나 집 청소를 같이 하는 것으로도 좋은 부모 노릇을 할 수 있습니다.

지금이야 전철이나 고속철이 생겨서 천안이든 춘천이든 어느 정도 출퇴근이 가능하지만, 예전에는 원거리에서 출퇴근하는 것은 쉬운 일이 아니었어요. 그런데 그때도 나름의 사정으로 서울에서 천안까지 매일 통근하는 직원이나 법관이 있었습니다. 그래서 우스개로 그랬지요, 출·퇴근이야 왜 못하겠느냐, 출·퇴근만 하기로 한다면. 마찬가지로 우리가 지금 출산과 육아만 잘하자고 이런 이야기 하는 건 아니잖아요? 좋은 법관, 좋은 재판이 '워너비'이고 '워너두'인데, 결혼과 출산, 육아 때문에 좋은 법관이 못 될까봐 하는 이야기잖아요.

그래서, 어떤 법관이 될 것인지가 최고의 화두인 것은 두말할 나위가 없지요. 예전에 저랑 가깝던 어느 판사가 크리스마드 카드에 이렇게 적어 보냈어요. '전 판사님, 원장님 말씀 잘 듣고 일 열심히 하는 착한 판사가 되세요.' 웃자고 쓴 거지요, 그분은 원장님 말씀이라면 생래적으로 일단 재검토해 보고 따르지 않는 성품이었거든요. 그래도 가슴이 뜨끔했어요. 그후 법원에서 몇 가지 일을 겪기 전만 해도, 저는 원장님 말씀 잘 듣는 착한 판사였거든요. 《연금술사》, 《흐르는 강물처럼》, 《베로니카》, 《죽기로 결심하다》 등을 쓴 파울로 코엘료를 아시지요. 그의 최근 소설 《알레프》에는 이런 말이 나옵니다. '꿈꾸는 이는 결코 길들여지지 않는다.' 원장님 말씀이라고 다 옳은 것은 아닐진대, 나 자신의 내면의 소리를 따르세요.

내면의 소리를 듣는 것이 쉬운 일은 아닙니다. 내 속에는 참 자아가 있고, 참 자아를 둘러싸고 있는 거짓 자아가 있습니다. 내면의 소리라고 생각하는 것 중 15퍼센트만이 참 자아이고 나머지 75퍼센트는 거짓 자아에서 나오는 것이라고 합니다. 거짓 자아의 소리에 속지 마세요. 조용한 시간과 공간을 확보하여 거짓 자아를 벗겨내고 숨어 있는 참 자아와 마주하는 노력을 게을리하지 마시기 바랍니다.

유서나 묘비명 써 두기, 미리 해보는 죽음 체험 등 웰다잉에 관한 관심이 높은데요. 유서를 지니고 다니면서 누구도 피할 수 없는 마지막날을 생각하며 하루하루 생의 소중함을 일깨우는 사람들이 있습니다. 법관으로서도 한번 해보면 어떨까요. 사직서를 써 가지고 다닌다든지 내일 퇴임할 것처럼 퇴임사를 써 보는 것입니다. 사실, 유서나 묘비명을 쓰는 기분이 썩 좋지는 않습니다. 마찬가지로, 법원을 평생직장으로 생각하는 법관으로서 사직서나 퇴임사를 쓰는 일이 그리 내키거나 유쾌한 일은 아닐 수 있지만, '당장 오늘 그만두더라도 법관으로서 할 만큼 했다'거나 '자신의 재판에 회한이나 아쉬움이 없다'고 말할 수 있는 법관이 되는 데에는 도움이 될 것입니다. 그렇게 함으로써 자유로운 법관이 되는 겁니다. 자유란, 심리학에서는 선택의 자유를 의미합니다. '법관 말고는 생각해 보지도 못한 삶'보다 '법관일 수도 있고, 법관을 퇴직할 수도 있고'라는 선택의 여지, 두려움 없는 자세는 사고에 자유를 주고, 생활에 여유를 주며, 결단이나 선택을 필요로 하는 순간 운신의 폭을 넓혀 줄 것입니다. 매기일 법관으로서의 마지막 재판이라고 생각한다면, 무엇이 바른 결론인지 더 잘 보이지 않을까요.

너무 멀리 내다보거나 땡겨서 걱정하지도 마세요. '배석을 면해봤자 겨우 단독이 되고, 그럼 부장은 언제 하나'라든지 '연구관을 마쳐도 도로 고등판사가 되면 언제까지 판결만 쓰고 있어야 하나'라고 생각하면, 법원에서 보내야 할 긴긴 세월이, 아니 하루하루가 지루하고 따분하지 않겠어요? 헤일 수 없이 많은 밤이 지나기를 기다려야 하니까요.

인간으로서 언젠가 세상을 떠나듯, 법관으로서도 언젠가 법원을 떠나게 된다는 사실을 잊지 않고 항상 그 마지막날을 상기한다면, 법관으로 허락된 오늘을 더 행복하게 보낼 수 있지 않을까요. 중요한 것은, 세상의 다른 모든 사람들과 마찬가지로, 법관으로서도 재미있게, 행복하게 사는 것입니다. 행복보다 더 중요한 것이 무엇이겠습니까. '죽은 시인의 사회'라는 영화에서 키딩 선생님의 외침을 기억하시나요. '카르페 디엠!'(현재를 누려라) 법관이, 법원 직원이 행복해야 민원인도 당사자도 행복해집니다.

일 많이 하지 말고 일 잘하는 것을 목표로 삼으세요.

평생 몇 건의 사건을 처리했는지로 기억되는 법관은 없습니다. 캐비닛에 몇 건을 넣어 두었는지, 미제를 몇 건 남기고 퇴직하였는지 그런 것은 중요하지 않습니다. 빨리하고 잘하면 그야 물론 좋지요. 그런데 해봐서 아시다시피, 처리 속도와 질이 비례하던가요? 그게 가능하겠어요? 우리의 영원한 로망인 '신속과 공정'은 어느 한 쪽의 희생으로 둘 사이에 균형과 조화를 찾을 수 있을지언정, 서로 비례할 수는 없는 관계잖아요, 논리적으로.

요즘 경제학의 화두인 슈마허(Ernst Schumacher)의 메타경제학(meta-economics)을 아시나요. 슈마허는 '작은 것이 아름답다'를 쓴 경제학자인데요. '무한한 욕망과 유한한 자원' 사이에 발생하는 문제를, 종전의 전통적 경제학이 '자원'의 배분과 활용으로 해결하고자 하였다면, 슈마허는 '욕망'의 크기를 줄이면 지속 가능한 사회를 만들 수 있다는 점에 주목합니다. 대량 생산·대량 소비 대신 욕망을 줄여서 자원을 보존하는 착한 소비를 하자는 거지요. 법률신문에 심준보 부장이, 재판에도 한정된 인력과 예산의 효율적 사용이 필요하다고 지적한 글을 보았는데, 같은 맥락이지요. 법원에 주어진 인적·물적 자원은 한정되어 있습니다. 구성원 개인에게 주어진 시간과 능력, 체력도 제한되어 있습니다. 그러니까 업무에 쓰라고 정해진 시간 내에서 머리와 몸과 마음을 아껴 써야지, 이를 넘어서는 성과를 내려고 하면 법원도 구성원도 지속하지 못합니다.

요컨대, 법관으로서의 성취가 사건 처리 속도나 처리 건수, 통계표의 순위에 있지 않음은 두말할 나위가 없습니다. 중요한 것은 법원을 찾은 당사자의 인생에 보탬이 되는 판결을 했는지, 우리 사회가 보다 나은 방향으로 나아가는 데에 의미 있는 판결을 했는지 아닌지 입니다. 그러기 위해서는 판례에 대한 근본적인 의문, 발상의 전환, 법률 외적인 지식과의 융합이 필요합니다.

그렇다고 뭐 거창하게만 생각할 것은 아닙니다. 부산지방법원에서 소년 보호 사건을 전담하는 천종호 부장판사는 약자를 돕고 싶어 판사가 되었던 초심을 이제야 충족시킬 수 있어 좋다고 합니다. 남부지방법원의 박종택 부장, 법률신문에 연재되는 그의 글에는 지난 7년간 소년·가사 전담 법관으로서 얼마나 보람 있고 행복하였는지 그 향기가 그대로 묻어납니다. 사실, 우리들 대개는 어려운 사람을 돕겠다는 갸륵한 생각, 사회 정의를 실현하겠다는 거창한 꿈을 안고 법조인이 되었을 것입니다. 하지만 정작 판사가 되고 보니, 혹시 변호사나 검사라면 몰라도, 법관은 자신의 생각과 정의감보다는 그저 법전과 판례에 따라 튀지 않는 결론을 낼 수밖에 없어서 회의하고 있지 않나요. 저도 법관으로서의 역할을 체감하고 보람을 느낄 수 있는 것이 소년 재판이나 조정·화해 정도가 아닌가 생각한 적이 있습니다. 그것이, 법관의 사랑이 재판의 배후 세력이자 재판에 생명을 불어넣는 힘의 원천임을 느낄 수 있는 영역이어서 그랬을 것입니다. 사랑이 재판의 배후 세력이자 원천임을 직접 느낄 수 있다면, 보람도 직접 느낄 수 있지 않을까요. 꿈과 사랑은 재판과 어울리지 않을 것이라는 통념에 동의하지 않습니다.

아까 참 자아와 거짓 자아를 이야기했습니다만, 법관으로서의 거짓 자아는 경쟁심에서 비롯하는 것입니다. '남과 비교하지 않기'는 우리 자신에게도 필요합니다. 사건 처리 건수만 하더라도 그것이 스스로 생각하는 적정 수준에 맞추고자 하는 것이면 마땅히 그래야겠지요. 문제는, 옆 재판부의 처리 건수를 의식하거나 통계로 독려하는 분위기에 신경 쓰게 되는 것을 경계하자는 것이지요. 동료 법관, 옆 재판부와의 경쟁은 부지불식간에 승진을 의식하는 데에서 옵니다.

그런데 먼저 승진하면 좋은 것일까요. 예전에 정말로 이상하게 생각했던 일인데요. 훗날 헌법재판소장까지 되신 어느 고등부장께서는 한때 원장으로의 승진이 계속 늦어진다고 사표를 내야 하는 거 아니냐, 언제까지 버틸 수 있을까 하고 법원에서 아주 야단들이었어요. 그런데 그분은 어린 나이에 대학에 조기 진학해서 재학 중 소년등과를 하였던 터라 나이로 치면 당시 지방법원 부장판사들과 같고 대학 동기들은 아직 고등부장조차 안 되어 있었거든요. 그러니 남보다 앞서 가지 않았더라면 법원에서 한창 더 일할 나이였는데도 말입니다. 그런가 하면 반대로 시험이 좀 늦은 헌법재판소장님도 계시지요. 전화위복, 새옹지마는 우화나 교훈이 아닌 주변의 실제 상황인 거지요. 조금 빨리 가고 조금 늦게 가는 것이 무슨 상관이겠습니까.

그럼에도, 그럼에도 불구하고, 높은 산은 늘 유혹이지요. 유혹에는 위험이 따릅니다. 빨리 올라간 것까진 좋은데 이른 나이에 퇴직하게 되니까, 퇴직 후 할 일, 안 할 일 못 가리고 여기저기 기웃거리는 겁니다. 고은 시인의 이런 시를 아시지요.

내려갈 때 보았네
올라갈 때 보지 못한
그 꽃

— 고은, 〈그 꽃〉

오를 때 놓친 것은 꽃이 아니라 삶 그 자체입니다. 소중한 시기에 소중한 많은 것을 잃지 마세요. 남과 비교하지 않고 제철에 꽃 피고 열매 맺기를 기다려 주는 일은, 아이들에게만 필요한 것이 아닙니다.

여성 부장, 여성 배석으로서의 처신에 관하여도 얘기 나누어볼까요.

부장은 배석과의 관계에서 유연하고 배석은 부장과의 관계에서 강직하면 좋을 것입니다. 나보다 위이거나 강한 상대에게는 당당하게, 나보다 어리거나 약한 상대에게는 부드럽고 따뜻하게 대하면 좋을 것입니다. 강한 상대에게 약하게 보이면 상대는 자칫 나를 길들이거나 지배하려 들 것입니다. 반대로, 약한 상대에게 너무 강하게 보이면 상대는 나를 피하거나 문제가 생길 때 숨기려 들 것입니다. 저도 벙커 부장들과 일할 때에는 사건 그 자체보다 부장을 뭐라고 설득할 것인지가 신경 쓰여서, 같은 일을 더 힘들게 하게 되는구나 싶었습니다. 또 사람이 하는 일이라 재판에서도 실수가 생기기 마련인데, 당사자나 변호사, 상급심과의 관계에서 어떻게 시정할 것인지 보다, 부장한테 뭐라고 말해야 하나 더 신경쓰게 되는 거예요.

부장이라면 히딩크 같은 부장이 되세요. 단점은 솔직히 지적하되 장점을 가차없이 격려해서, 신명나게 능력을 발휘하도록 기 살려 주는 거지요. "일이야 힘들었지만, 그래도 부장님과 함께 일하는 동안 행복했습니다." 배석으로부터 이런 고백을 듣는다면, 부장으로서도 행복하지 않겠어요? 뭐 혹시 빈말일지라도 말입니다.

배석으로서야, 첫째도 둘째도 일만큼은 부장에게 고개 숙일 일 없이 똑 부러지게 해놔야겠지요. 미스 김이 칼퇴근할 수 있는 것은 똑 부러지는 능력과 실적 때문이지요. 정시 퇴근이든 출산 휴가든지 간에, 저 할 일 다 한 사람만이 주장할 수 있는 것임은 두말할 나위가 없지요. 사실, 제가 정시 퇴근하지 못한 진짜 이유는 여기에 있습니다. 그런데, 실제로는 똑 부러지게 일하는 배석만 있거나, 행복하게 일하게 해 주는 부장만 있는 건 아니잖아요, 우리의 경험상. 부장들끼리 하는 말로, 착하고 일 못하는 배석보다 성질 더러워도 일 잘하는 배석이 낫다는 말이 있는데요, 칭찬은 고래도 춤추게 한다지만 뭐 웬만큼은 해야 칭찬이고 뭐고 할 거 아니에요. 또 말이 그렇다는 것이지, 성질이 진짜 고약하면 일만 잘 한다고 좋아할 부장이 어디 있겠어요. 부장과 배석 사이도 부부 사이와 같아서, 딴에는 잘한다고 해도 서로 불만이 없을 수 없잖아요. 그나마 '불만이 없을 수 없는 정도'면 괜찮은 거고, 가끔 웬수끼리도 사는 거지요. 이럴 때는 바로, 손자병법으로 들어갑니다.

① '백전백승 보다 부전승이 낫다'

부전승이란 상대방이 싸움을 포기하게 만들어서 내가 이기는 겁니다. 그러니까 부전승이 가능하려면 상대방이 나를 겁낼 정도로 내 실력이 막강해야지요. 단, 부전승이 실패할 경우에 대비, 싸울 준비를 잘해 두어야 한다. 순환 논법인데요, 철저하게 싸울 준비를 하고 있을 때에만 상대방이 싸움을 포기하게 됩니다.

② '싸우게 되면 일전을 불사하되, 무리수를 두지 마라'

무리수란? 예컨대, 배석이 부장보다 기록을 더 잘 검토하였거나, 배석이 미처 찾지 못한 판례를 부장이 가르쳐 주는데도 승복하지 않고 우기는 것. 서로 의견이 다르면 합의에서도 밀당을 하게 되는데요, 이때 상대가 확실히 더 강하다 싶으면 깨끗이 물러서는 겁니다. 단, 진짜로 강한 건지 강한 척하는 건지는 찔러서 확인해 봐야겠지요.

우리의 '적'은 오판이지, 부장이나 배석판사가 아닙니다. 이거, 제가 재판부 구성원들에게 늘 하던 말인데, "우리는 객석에 있는 당사자나 국민 앞에 나갔을 때 무대 위에서 실수하지 않는 것이 중요하지, 무대 뒤 연습실이나 분장실에서 우리끼리 실수를 부끄러워하거나 체면 차리면 안 된다"는 것.

'여성 법관'에서 방점은 여성이 아니라 법관에 있습니다. 그러나 여성이 단지 법관이고자 할 뿐인데도 사회와 법원에는 수많은 장애물과 방해 세력이 있었습니다. 그래서 우리는 그저 법관이기 위하여, 단지 법관다운 법관이기 위하여, 한 손으로는 그 장애물을 제거하거나 방해하는 세력과 맞서면서, 다른 한 손으로는 기록을 넘기고 판결 쓰고 재판하면서, 두 손으로 재판만 하는 사람들과 나란히 여기까지 와 있습니다. 여러분 한 분 한 분이 다 그렇게 해서 지금 여기에, 이 자리에 계십니다. 여러분이 더 대견하고 자랑스러운 이유입니다.

요즘 CF 카피 중에 이런 것이 있습니다, 'Life is good!' 생명은 귀한 것, 삶은 좋은 것, 고마운 것, 인생은 살아볼 만한 것이라고 읽혔습니다. 지나다가 'God in a cup'이라는 찻집을 보았습니다. 처음에는 지.오.디가 나오는 찻집인가 했다가, 자기 직업과 손님을 귀하게 여기는 주인이 지은 상호구나 싶었습니다. 내가 하는 재판 안에 지나온 나의 생애와 인격이 녹아 있고, 재판을 통해 참 자아, 자아의 신화를 찾을 수 있으며, 재판을 통해 내 안에 있는 우주와 신의 존재를 느끼고 진정한 나를 발견하게 될 것이라고 믿습니다.

법관으로서 늘 행복하시기 바랍니다.

- 2013. 6. 24. 서울중앙지방법원 여성관계법 연구회

14

설레는 꿈길에 든든한 동반자

박시환 전 대법관의 인하대학교 법학전문대학원장 취임식에 함께하게 되어 기쁩니다. 유서 깊은 인하대학교에 와서, 법학전문대학원생 여러분과 존경하는 여러 교수님, 교직원 여러분을 뵙게 되어 또한 기쁩니다.

여러분은 공부도 잘하지만 어느 정도 경제적 능력까지 있어서 이 자리에 계십니다. 자본주의 사회에서 경제적 능력이 있다는 것이 부끄러운 일이 아님은 물론이지만, 그만큼 더 책임과 의무를 요구받게 됩니다. 법학전문대학원의 성패는, 변호사 선발 제도의 개선 외에도, 사회가 법학전문대학원 출신 법조인에게 기대하는 모습을 어느 정도 구현해 내느냐에 달려 있다고 생각합니다. 여러분은 법학전문대학원 제도가 도입된 취지에 맞게 새로운 법조인 상을 구현할 책무가 있으며, 법학전문대학원에서의 교육과 생활은 그러한 법조인으로 거듭나는 과정이어야 할 것입니다.

인하대학교 법학전문대학원이 대한민국에서 최고의 법학전문대학원이라고는 말하지 않겠습니다. 아직까지는 그리 분명한 사실이 아니기 때문입니다. 그러나 학과별, 전공별 대학의 평가가 과거의 막연한 명성과 사뭇 달라지고 있다는 것은, 누구나 아는 사실입니다.

법학전문대학원의 경우, 이제 겨우 5년이 지났습니다. 인하대학교 법학전문대학원의 가치와 명예는, 지금 여러분이 어떻게 하느냐에 따라 장차 평가되고 형성될 것입니다. 지금부터 길어야 5년, 그러니까 개원 10주년 행사를 할 즈음에는 바로 여러분의 후배가 우리나라 최고의 법학전문대학원을 다니고 있을 수도 있습니다.

이렇듯 중요한 시기에, 존경하는 여러 교수님과 함께 박시환 교수를 제3대 원장으로 맞이하게 된 것은 여러분의 행운입니다. 축하 받으실 분은 박시환 원장이 아니라 법학전문대학원생 여러분입니다. 축하합니다.

박시환 원장님의 전직은 대법관이지만, 그를 성공한 대법관이라고 말하기는 어렵습니다. 좋은 판결을 많이 남기셨지만, 정작 중요한 전원합의체 사건에서 원하는 판결을 할 수 없었기 때문입니다. 그렇다고 해서 그가 대법관으로서 실패한 것도 아닙니다. 채택되지 못한 그의 견해를 지지하고 격려하는 사람들이 있고, 그 또한 의미가 있기 때문입니다.

예컨대, 결혼이란 남자와 여자가 하는 것이라는 생각은 우리 사회 다수의 통념입니다. 그런데 남자와 남자, 여자와 여자가 사랑할 수밖에 없이 태어난 사람들의 처지에서 보면, 그렇게 생각하는 사람들의 숫자가 다수인지 소수인지는 아무런 의미가 없으며, 그들도 결혼할 수 있어야 한다는 생각은 객관적으로 옳은 것입니다. 그런 사람의 처지를 겪어보지 않고도 이해할 수 있는 사람, 제가 아는 박시환은 그런 사람이었습니다. 발부리의 돌멩이보다 먼 하늘의 먹구름을 걱정하는 사람, 그러면서도 먹구름 뒤의 별과 무지개를 꿈꾸는 법률가, 그런 박시환은 분명 남다른 사람입니다.

이제 인하대학교 법학전문대학원은 그분을 대학원장으로 받아들였습니다. 박시환과 함께하는 인하대학교 법학전문대학원 또한 분명 남다른 학교일 것입니다.

남다르다는 것은 남과 다르다는 뜻입니다. 변호사시험에 대비하여 또다시 고3 같은 세월을 보내는 곳, 일반인들은 법학전문대학원을 그런 곳으로 알고 있습니다. 남다른 원장님과 함께하는 여러분은 부디 이런 우려와 달리, 좋은 법조인이 되고자 하는 열정과 혼을 불사르는, 남다른 대학원 시절을 보내시기 바랍니다. 남과 다른 현재만이 남다른 미래를 가져다 줄 것입니다. 그 설레는 꿈길에 여러분의 든든한 동반자가 되어줄 박시환 원장님의 취임을 진심으로 축하합니다.

- 2013. 9. 2. 박시환 인하대 법학전문대학원장 취임 축하

PART 3 인연은 이어지고 133

15

우리는 장차
어떤 변호사이고자 하는가

　뜻깊은 모임에 초대받아 기쁩니다. 저로서는 처음 자리하는 변호사대회이고, 이렇게 많은 변호사를 한꺼번에 뵙는 것도 처음입니다.

　벌써 세 번째 대회라니, 축하합니다. 세 번째가 아니라 처음으로 참가하시는 사법연수원 43기 및 로스쿨 3기생 여러분, 더욱 축하합니다. 현재 변호사 다섯 명 중 한 명인 여성 변호사의 비율(19.9%)과 활동에 비추어 보면 이제 겨우 세 번째 대회인가 싶기도 하지만, 이 대회가 더욱 발전하기를 바라는 마음 한편으로 언젠가 여성변호사대회가 없어지고 남성변호사대회가 열리는 날이 오기를 바라는 마음도 있습니다. 대한변호사협회 회장과 여러 지방변호사회의 회장을 여러분이 하게 되는 날 말입니다.

　저에게 주어진 시간은 10분, "10분 안에 '여성 변호사의 미래와 도전의식'이라는 주제로 이야기해 달라", 주최 측에서 저에게 요구한 미션입니다. Mission Impossible! 한 가지를 말하기엔 길고 세 가지를 말하기엔 짧은 시간이어서, 두 가지만 말씀드리고자 합니다. 하나는 미래, 다른 하나는 도전입니다.

여러 논객에 따르면, 미래는 밝거나 어둡거나 둘 중 하나인 것처럼 보입니다. 그러나 미래는 밝기만 한 것도, 어둡기만 한 것도 아닙니다. 과거와 현재가 그렇지 않은 것처럼 말입니다. 미래는 또 어느 날 갑자기 나타나는 미지의 것이 아니라 '지금 이 순간'이 시차를 두고 반영되어 돌아오는 것, 현재의 숨은 그림들이 조각을 맞추어 서서히 모습을 드러내는 것이라고 생각합니다. 그렇다면 미래라고 하는 불확실한 주제도, 지금 바로 이 순간 우리가 어떻게 살고 있는지, 어떻게 살아야 할 것인지로부터 풀어내야 할 것입니다. 과거에 관한 통찰력이 미래를 예측한다고 했습니다.

자연스럽게, 현재를 돌아보게 됩니다.

언젠가 법률신문에서 이런 기사를 보았습니다. "주당 근무 시간이 법정 기준 시간 40시간을 넘는다고 답한 사람이 91퍼센트, 그중 60시간 이상을 근무한다는 사람이 42퍼센트에 이르고, 밤 12시 전에 퇴근하면 조퇴라는 말을 들어야 한다." 누구의 이야기일까요. 어느 공단의 노동자 이야기 같습니까. 여성 변호사를 상대로 한 설문조사 결과입니다. 내친김에 조금 더 인용하겠습니다. "결혼 3일 전에도 새벽 2~3시 퇴근, 아파도 쉴 수 없는 운명, 일·가정 양립 불가능이 가장 큰 스트레스" 불과 1년 전의 신문 기사는 이렇게 이어집니다. "여성 변호사의 비율은 늘어나지만 과중한 업무와 성과 위주인 로펌에서 모성을 인정받지 못하고 있다.

여성 변호사 대다수가 채용과 진급, 승진에 차별이 존재한다고 답했다. 결혼했는데 아이를 낳기 전이면 탈락 1순위, 결혼 계획이 있으면 탈락 2순위라는 것은 변호사 업계의 공공연한 비밀이다. 채용 후에도 임신과 출산 과정에서 직·간접으로 사직을 권고받는다."

이것이 여러분의 이야기 맞습니까. 새내기 회원들 앞에서 굳이 이런 현실을 들출 것인지 망설였습니다. 그러나 이는 결코 우리의 잘못 때문이 아니므로 감출 일이 아니며, 사회가 함께 부끄러워해야 할 일입니다. 널리 알려서 시정되어야 할 일일 뿐입니다.

다행히 대한변호사협회의 특별위원회와 한국여성변호사회는 어느 로펌에서 임신한 여성 변호사를 강제 퇴직시킨 사건을 계기로 근로 조건 개선을 위한 설문조사와 심포지엄을 하고, 일·가정 양립위원회를 만들어 여성 변호사의 근로 조건 개선을 논의하기로 하였다지요. 출산으로 인한 휴직 또는 대직 변호사를 위한 중개 센터, 기간제 변호사 활용을 개선하는 등의 방안도 모색하구요. 역설적이지만, 열악한 현실은 우리의 의식과 능력을 자극하고 도발한다는 점에서 긍정적이고 희망적인 면이 있습니다. 도전과 응전이랄까, 오랜 세월 차별과 억압으로 단련된 한국 여성이 다른 어떤 나라보다도 더 강인한 것처럼 말입니다. 길게 보면 사회는 진보하기 마련이니까요.

현재가 이러하다면, 장차 무엇에 도전하고 극복해야 할 것인지도 분명해집니다.

물론 남녀 불문하고 공통의 현안들이 있습니다. 변호사 수의 증가와 법률 시장 개방, 시장 경기의 악화, 유사 영역과의 경쟁 같은 문제 말입니다. 그에 대응하는 생존 전략으로 전문 분야를 심화하고 새로운 유형의 분쟁에 대비하며 변호사 영역을 확장하는 등의 해법도 제시되고 있습니다. 또한 성공한 선배 변호사를 모델로 삼아 높은 연봉이나 수임료, 승소율을 목표로 더 많은 사건을 유치하고 더 오래 사무실에 남아 있고 더 많이 뛰어다닌다면, 아마 그렇게 될 수 있을 것입니다.

그러나 이런 식으로 대응하다 보면 외부의 도전이 많아지는 것에 비례하여 심신은 더 소진되고, 어느 순간 한계에 이를지도 모릅니다. 과도한 업무로 인한 탈진을 '시대의 질병'으로 보는 벨기에의 철학자 파스칼 샤보(Pascal Chabot)는 업무에 적응하지 못하는 것도 문제지만 업무에 너무 잘 적응한 나머지 업무와 혼연일체가 되어 어디에서 업무를 멈춰야 할지 모르게 되는 것도 일종의 장애라고 주장합니다. 스트레스와 과로가 성공의 필수 조건이라는 고정 관념은 남성적 업무 방식에 기인합니다.

무엇보다 그렇게 살면 행복할 것인지 생각해 보아야 합니다.

'더 빨리, 더 높이, 더 강하게(Citius, Altius, Fortius)'라는 목표는 4년마다 열리는 올림픽을 즐겁게 만드는 데에는 유용하지만, 일생을 통해 지속될 수도, 우리를 행복하게 만들어 줄 수도 없습니다.

저는 여러분에게 많은 사건, 넉넉한 수입, 높은 승소율을 자랑하는 잘나가는 변호사가 되시라는 덕담 대신에, 행복한 변호사를 목표로 도전하라고 말씀드리고 싶습니다. 세상에는 돈 잘 버는 변호사와 못 버는 변호사, 사건이 많은 변호사와 적은 변호사가 존재하는 것이 아니라, 행복한 변호사와 덜 행복한 변호사, 행복하지 못한 변호사가 있을 뿐이라고 생각합니다. 요컨대 성공한 변호사의 기준을 달리 생각해 보자는 것이지요.

성공의 다른 기준이 제시되고 있는 것은 세계적 추세입니다. 감당할 수 없는 자원의 소모를 경험한 인류가 제3의 에너지에 눈 돌린 것처럼, 성공을 위해 심신을 소모한 사람들이 자연스럽게 삶의 의미, 진정한 성공이 무엇인지 생각하게 된 것입니다. 허핑턴포스트를 창간한 아리아나 허핑턴(Arianna Huffington), 메타경제학을 주창한 에른스트 슈마허(Ernst Schumacher), 막스프랑크 연구소의 게르트 기거렌처(Gerd Gigerenzer) 등은 인생과 기업의 성공에 관해 종전의 통념과는 다른 기준을 제시합니다. 근래 다시 새롭게 조명되고 있는 '적은 것이 많은 것이다(Less is more)' '작은 것이 아름답다(Small is beautiful)'라든지 '과유불급(過猶不及)', '다불승소(多不勝少)'와 같은 오래된 지혜는 모두 느리고 단순하고 소박한 삶이라는 하나의 목표를 향하고 있습니다.

파주출판단지의 한 출판사는 직원이 하루 6시간 근무한다고 합니다. 4시에 퇴근하지요. 그 회사의 목표는 이렇습니다. '300권 팔리고 말 책 10권을 만들기보다 3만 부 팔릴 책 한 권을 만든다' 우리도 조급하게 성과를 내려고 하면 사건 유치에 무리가 따르고 변호사로서의 신뢰와 명성도 지속되지 못합니다. 적정 수의 사건조차 수임하지 못한다는 요즘의 경기 침체를 생각하면 좀 생뚱맞게 들릴까봐 주저되는 말이긴 하나, 아무리 탁월한 변호사라고 하더라도 동시에 진행되는 사건 수에 정비례하여 변론 준비를 더 충실히 할 수는 없기 마련입니다.

추위가 오면 난방을 가동하고 더 추워지면 실내 온도를 더 높이고 하는 끝없는 소모전 대신에, 조금 느리더라도 내 안에 태양열 집열판을 마련하고 외부로부터의 도전을 태양열로 삼아 스스로 체온을 높여가는 편이 낫지 않을까요. 도전은 내공을 높이는 계기가 될 뿐 나를 소모시키지 못하도록 말입니다. 자칫 소중한 시기에 소중한 것들을 잃지 않도록 말입니다.

일 많이 하지 말고 일 잘하는 것을 목표로 삼으세요.

여러분은 전문 직업인으로서 또 사회 지도층으로서 하고 싶은 일이 많을 것입니다. 여러분의 능력이라면 능히 할 수 있는 일도 많을 것입니다. 그렇다고 너무 많은 것에 도전하려 애쓰지 마세요. 크고 근사해 보이는 일에만 도전하지도 마세요. 세상에는 할 수 있음에도 불구하고 하지 않는 것이 더 좋은 일이 있기 때문입니다. 그보다는 작지만 정말로 의미 있는 일은 나의 상담이 의뢰인에게 위로가 되는 일이라고 생각합니다. 어쩌면 내 앞의 의뢰인은 여러분에게 이렇게 절규하고 있을지 모릅니다. '나에게 관심이 필요해. 알고 보면 나도 관심이 필요한 사람이야'라고 말입니다. 의뢰인의 절망을 함께하지는 못하더라도 적어도 이해하려고 노력하는 열정이 법조인의 기본이라고 생각합니다.

또 변호사로서 정말로 목표 삼을 만한 성취는, 내 준비서면과 변론이 사회가 보다 나은 방향으로 나아가는 데에 의미 있는 판결을 이끌어내는 것입니다. 그러기 위해서는 판례에 대한 근본적인 의문, 참신한 발상의 전환, 법률 지식과 법률 외적인 지식의 융합이 필요합니다. 변호사의 좋은 소장과 준비서면이 없었더라면 법원의 그 많은 판례들은 불가능했습니다. 나는 과연 우리 사회가 지킬 만한 가치가 있는 세상이 되는 데에 기여하는 방향으로 일하고 있는가 스스로 물어 보십시오.

무엇보다 일에 몰입하여 나를 잃어버리지 않도록 경계하세요.

내 영혼이 원하는 것은 무엇인가? 여러분의 영혼이 진정 원하는 것은 무엇입니까. 자신의 영혼을 챙기는 것이 인생에서 가장 중요하다는 가르침은 그 옛날 플라톤이 쓴 소크라테스의 변명에도 나옵니다. 그리스인에게 있어 영혼을 돌보는 일은 철학이 아니라 현실적인 생존, 삶의 기술이었습니다.

불행히도 최근 우리 사회가 겪은 일련의 사건은, 인생에서 본질적으로 중요하지 않은 일을 성공의 지표로 삼거나 영혼에 보탬이 되지 않는 일에 일희일비하고 살아온, 나 자신을 돌아보는 계기가 될 수 있을 것입니다. 한동안 우리는 열풍처럼 서로 안녕한지를 물었습니다. 이제 우리에게 더 시급한 것은 영혼이 안녕한지를 묻는 것입니다. 그래서 이렇게 말해야 할지도 모릅니다. '더 늦기 전에 잃어버린 영혼을 찾아서 모두 제정신으로 돌아오자. 정신이 돌아오면 각자 있어야 할 제자리로 돌아가자'라고. 틈틈이 조용한 시간과 공간을 확보하여 거짓 자아를 벗겨내고 그 속에 숨어 있는 진정한 나, 자신의 본성과 마주하는 노력을 게을리하지 말아야겠습니다.

덧붙여, 초심을 잃지 않았으면 합니다.

우리가 법을 공부하고 법조를 직업으로 선택하였을 때의 초심이란 무엇일까요. 예나 지금이나 법조 지망생의 젊은 날의 꿈은 법조인이 되어 어려운 사람을 돕겠다는 것 아닌가요. 우리는 대개 어려운 사람을 돕겠다는 갸륵한 생각, 정의를 실현하겠다는 거창한 꿈을 안고 법조인이 되었을 것입니다. 그런데 법조인이 되어 어려운 사람을 돕겠다는 꿈은 현실적으로는 판사나 검사가 아닌 변호사의 영역에서만 실현 가능한 일일 뿐더러 그 자체가 변호사의 고유한 업무이기도 합니다. 꿈과 사랑은 변호사의 업무와 모순되는 단어가 아닙니다.

여러분은 변호사이지만, 변호사가 곧 여러분의 전부이어서는 안 됩니다.

내가 쓴 준비서면과 변론에는 민법, 형법, 의뢰인의 인생뿐 아니라 지나온 나의 전 생애와 인격이 녹아 있습니다. 우리는 의뢰인을 위해 일할 의무가 있지만, 상대편인 반대 당사자와 그 대리인을 해하거나 아프게 할 권리는 부여 받은 바 없습니다. 최선을 다하되 지나침이 없어야 좋은 변론, 좋은 변호사입니다. 그런 변호사가 되어야 하는 이유는 그래야만 내 영혼이 평화롭기 때문입니다. 영혼의 평화는 과거와 현재뿐 아니라 미래에도 목표로 삼아 도전할 만한 최고의 가치이기 때문입니다. 도전하지 않으면 부와 지위, 명예에 덤으로 따라오는 것이 아니기 때문입니다.

더 빨리, 더 높이, 더 강하게 미래에 도전하라는 독려를 기대하신 분은 실망하셨나요. 그런 격려는 다른 분들로부터 이미 충분히 들으신 것 같아서요. 오늘 이 만남이 서로의 가슴에 작은 불씨로 남아, 혹시라도 가슴 시리고 허전할 때 따뜻하게 피어올랐으면 좋겠습니다. 변호사로서, 법조인으로서 행복하시기 바랍니다.

- 2014. 7. 10. 여성변호사대회, 〈여성 변호사의 미래와 도전〉

16
왜 아직도 여성인가

제9회 한국법률가대회 개최를 축하합니다. 한국젠더법학회가 참여한 것도 기쁩니다. 한국법률가대회에서 '여성의 인권 보장을 위한 사법의 역할과 과제'를 주제로 근대사법을 돌아보는 것은 뜻깊은 일입니다. 성폭력 범죄에 대해 특별법이 제정된 것이 20년 전이고 두 개의 특례법으로 전면개정된 후 10년, 성매매 관련 법률이 시행된 지도 10년이 됩니다. 여성발전기본법이 20년 만에 양성평등기본법으로 전면개정된 해인 만큼 더욱 뜻깊습니다.

발제는 김엘림 교수와 이유정 변호사가 맡아 주십니다. 김엘림 교수는 한국방송통신대학교 법학과 교수이자 사회과학대학장입니다. 한국젠더법학회 회장으로서 법원의 판례와 헌법재판소, 국가인권위원회의 결정례를 연구하고 분석해 온 성과가 독보적입니다. 이유정 변호사는 그 직분과 활동을 다 열거하기가 어렵지만 이화여자대학교 법학전문대학원

겸임교수이자 법무법인 원의 구성원이기도 합니다. 여성 문제뿐 아니라 여러 인권 문제에서 단호하고 울림이 큰 목소리를 내고 있습니다.

토론에는 법무법인 지향의 김진 변호사와 한국여성정책연구원의 선임연구위원 박선영 박사, 서울가정법원의 노정희 수석 부장판사와 서울중앙지검의 여성아동조사부장인 황은영 부장검사가 참여합니다. 실력과 명망에서 공인된 분들입니다. 함께 자리하신 모든 분이 참여하는 마지막의 종합토론도 기대됩니다.

저는 사회를 맡은 전수안입니다. 법원에서 34년간 판사로 일했고 퇴임 후 공익 법인과 인권 단체 등을 자문하고 있습니다. 두 분의 발제를 경청하고 토론을 이어드리는 일에 충실하겠습니다. 다만 논의를 시작하기에 앞서, 왜 아직도 여성인가 그것도 진전된 거대 담론이 아니라 성폭력이니 성매매니 하는 낮은 단계의 논의가 거듭되어야 하는가 라는 의문에 대해, 잠시 생각을 나누고자 합니다.

여성 인권을 침해하는 사회의 병을 수술하는 일은 사법의 영역에 속하므로, 우리는 법률가로서 오늘 그 사법에 관해 이야기할 것입니다. 그러나 자식 이기는 부모 없듯이, 사람을 이기는 법은 없습니다. 사법의 한계입니다. 수술보다 예방을 위한 사회학과 인문학적 성찰이 필요한 이유입니다.

우리는 OECD 회원국 수준에 맞추어 환경과 생명의 문제를 말하고 있기는 하나 남북의 평화와 인권 문제에서 자유롭지 못하고, 빈곤과 인신매매 등 생존 문제에서 벗어나지 못하였습니다. 그중에서도 여성에 대한 성적 착취는 외부로부터 더할 수 없이 참혹한 모습으로 겪은 역사가 있고, 이후로도 자국 내에서 지속되었습니다. 일본군 성노예가 특정 시기에 제국주의의 폭력에 의해 이루어진 극단적 착취였다면, 해방 후에는 미군 기지촌에서의 조직적 성매매가 조장되었다는 의혹이 있고 관광객을 상대로 외화 획득을 위한 성매매가 기획되었다는 주장도 있습니다.

지속적인 여성 착취의 역사는 그 자체로도 불행이지만, 더욱 불행한 것은 이러한 일부 영역에서의 성적 착취가 일반 시민에게까지 영향을 미치게 되고 그 결과 성에 대한 사회 전반의 인식과 태도를 왜곡시켜, 오늘 우리로 하여금 성폭력과 성희롱이 일상화된 사회에 살게 만들었다는 사실입니다. 정말로 인정하고 싶지 않지만, 인정하지 않으면 고칠 수 없다는 절박함으로, 지금의 우리 사회가 성폭력과 성희롱이 일상화된 사회가 아닌지 묻고 싶습니다.

성희롱과 성폭력이 일상적임을 보여 주는 징표는 많습니다. 교회에서 목사가 신도를, 선수촌에서 감독이 선수를 성적으로 폭행합니다. 학교에서 교장이 교사를, 교사는 제자를, 대학에서 교수가 조교를, 선배는 후배를 희롱합니다. 골프장 내에서의 추행도 오래된 일이라고 합니다.

가장 광범위하게는 직장에서 이루어집니다. 직장은 날마다의 생활 공간이라는 점에서 심각합니다. 어느 여소방관은 지속적으로 술자리 강요와 성희롱에 시달리다가 자살하였습니다. 같은 연유로 군 복무 중 자살한 여군 중위와 대위도 있습니다. 직장 내 성희롱이나 성폭력으로 인한 자살이 애써 외면할 만한 비율을 넘었습니다.

파주출판단지 한 출판사 직원의 호소로 알려진 출판사 내 접대 관행, 르노삼성자동차의 성희롱 신고 근로자에 대한 대응도 낯설지 않습니다.

정작 부끄러운 것은 성폭력과 성희롱이 일상화된 사회라는 사실보다도, 그걸 모르거나 모른척하고 방관하는 일입니다.

행위자는 잘못된 일이라는 인식조차 없고, 동료나 주변 사람들은 예사롭게 여겨 제지하지 않고, 상급자나 감독권자는 참고 넘기라고 합니다. 때로는 사법 기관조차 사회 전반의 관대한 인식을 거스르지 않습니다. 이런 일이 일어날 때마다 조직은 은폐하고 가해자를 보호하기에 급급합니다. 사건은 곧 잊히고 가해자는 승진을 계속하고, 고통받는 피해자만이 남습니다.

이성적이어야 할 때 분노하는 것도 어리석지만, 분노해야 할 때 냉담하거나 쉽게 잊어서도 안 됩니다. 분노해야 마땅한 일을 쉽게 잊어버리면, 세상은 아무것도 달라지지 않고 전과 다름없는 일상이 영속합니다.

일상생활에서의 희롱과 폭력뿐 아니라 성매매도 광범위하게 유지됩니다.

동남아시아에 가서 아동 성매매를 하는 남성 네 명 중 한 명이 한국인이라는 보도를 보았습니다. 태국의 성매매 여성들이 화면에서 이렇게 말하고 있었습니다. "전 세계에서 오는 남성을 상대하지만 한국처럼 친구나 동료끼리 떼를 지어 오는 경우는 없다." 성매매가 친구나 동료 사이에 숨기거나 부끄러워할 일이 아니라 내놓고 함께해도 아무렇지 않은, 친분과 사교를 위해 권장되는 사회는 정상이 아닙니다.

성희롱과 폭력이 일상화하고 성매매가 조장되는 사회에서 성평등은 의당 기대하기 어렵습니다.

같은 것은 같게, 다른 것은 다르게 배려하는 것이 평등입니다. 한국의 남녀 간 임금 격차는 37.4퍼센트, OECD 국가 중 1위입니다. 통계가 집계된 이래 한 번도 그 순위를 뺏긴 적이 없습니다. 비정규직의 다수는 여성이고 여성 근로자의 다수는 비정규직입니다. 전체 공무원의 40퍼센트를 넘는 여성 공무원 중 중앙 부처의 4급 이상은 10퍼센트가 안 되고 실·국장급은 5퍼센트가 안 됩니다. 공기업의 여성 임원은 0.0002퍼센트. 여성 공무원의 80퍼센트이상이 보직 배치에 성차별이 실재한다고 답하였습니다.

같아야 할 임금과 보직은 다른 반면 달라야 할 모성은 다르게 대우 받지 못합니다. 출산율 최하위에 자살률 1위, 이런 추세라면 장차 부산 같은 도시가 하나씩 사라지고 지구상에서 인구가 소멸하는 첫 번째 국가가 된다는 예측도 있습니다. 출산율 저하는 모성 보호를 소홀히 해 온 우리 사회가 자초한 것입니다. 육아 휴직은 법적 권리인데도 국립대학병원의 한 여의사는 30년 가까이 일하는 동안 육아 휴직을 쓰는 의사를 한 명도 못 보았다고 합니다. 교수들도 최근에야 서울대에서 출산 휴가 규정을 만들었을 정도이고 사립대학 등은 아예 규정조차 없어서, 어느 명문 사립대에서는 셋을 낳든 넷을 낳든 출산 휴가는 두 번밖에 못 쓴다고 합니다.

국제올림픽위원회(IOC)는 여성 임원 비율 20퍼센트를 권장하지만 대한체육회와 각종 단체들은 개의치 않고 임원이나 감독 자리를 주지 않습니다. 여성 경기 종목에서조차 감독은 거의 다 남성입니다. 선수는 계약직이고 임신해도 출산 휴가나 육아 휴직 대신 은퇴를 권고 받습니다. 일본 프로 리그에서 활동 중에 딸을 낳은 한 선수는 출산 비용에 우유값까지 받고 출산 휴가를 했다면서, 한국에서는 출산 후 엄마 선수로 복귀하는 것이 낙타가 바늘귀 통과하는 것과 같다고 호소합니다. 전문직이나 프로 선수들이 이러니 일반 근로자들이야 더 말해 무엇하겠습니까.

아시다시피 유엔의 '여성에 대한 모든 형태의 차별 철폐에 관한 협약(CEDAW)'은 정치·국제·국적·교육·고용·보건·경제·사회·결혼과 가족 관계 등 각 분야에서의 차별 철폐 조치를 담고 있습니다. 우리나라는 협약 당사국입니다. 그런데도 지난 봄 양성평등기본법이 통과되기까지 정말이지 얼마나 힘들었습니까.

요약하건대, 성에 관한 한 우리 사회는 정상이라고 말하기 어렵습니다.
사회 각 분야에서 광범위하게 성희롱, 성추행이 일어나며 그걸 상하로 좌우로 덮어주고 은폐하는 사회는 분명 정상이 아닙니다.
젠더의 관점에서도 살기 좋은 나라라고 할 수 없습니다. 성차별의 해소는 그 자체로 당위이지만 나아가 모성 보호와 출산율 제고에 도움이 될 터인데 말입니다.

성차별이든 성폭력이든 여성의 노력만으로는 해결이 불가능합니다. 남성의 인식과 의지가 절대적으로 중요합니다. 법률가로서 '여성과 사법'을 논하기 전에, 여성을 위한 권리장전이라도 선언하고 싶은 심정입니다. 생명은 귀한 것, 삶은 좋은 것 고마운 것 살아볼 만한 것이어야 합니다. 그것이 어찌 절반의 성에게만 그래서야 되겠습니까. 아들만큼 딸의 생명도 귀한 것이고, 아내와 어머니에게도 세상은 살아볼 만한 것이어야 하지 않겠습니까.

이와 같은 교감을 전제로, 우리는 오늘 '여성의 인권 보장을 위한 사법의 역할과 과제'를 이야기하고자 합니다. 논의를 시작하겠습니다.

- 2014. 10. 25. 제9회 〈한국법률가대회〉 젠더분과 세미나 '여는말'

17
시지프스의 돌은 여기까지

왜 아직도 여성인가 라는 의문은, 수준 높은 발제와 토론을 통해 해소되었으리라고 생각합니다. 앞으로도 반복되겠구나 라는 비관과, 언젠가는 끝이 보이겠지 라는 낙관이 교차하는 지점에서, 아쉽지만 마무리해야 할 것 같습니다. 부디 이 시대 법률가에게 반성과 결의, 질책과 격려를 동시에 안겨 준 시간이었기를 바랍니다.

아쉬운 한 가지는 발제자와 토론자, 사회자까지 모두 여성이었다는 점입니다. 한국젠더법학회는 남성에게 개방되어 있음을 다시 한번 상기시켜 드립니다.

10년 주기로 여성 인권에 관한 법률의 제정이나 전면개정 같은 변화가 있었습니다. 앞으로 10년, 또 어떤 변화가 있을까요. 발제자와 지정토론자 모두 지적하셨다시피, 사법의 변화는 그 담당자들이 스스로 이루어냈다기보다, 재야의 법학자와 변호사, 활동가의 주도에 힘입은 것이 사실입니다. 그렇기 때문에, 발제자와 토론자 또한 일치하여 제안하셨다시피, 사법부 안팎을 잇는 여성주의적 관점의 소통과 연대가 필요하고도 중요하다고 하겠습니다. 오늘의 논의에서 도출된 이러한 제안과 결론을 발전시키고, 지금까지와 같이 여러분이 변화의 주체이기를 포기하지 않는 한, 적어도 10년쯤 후에는 지금보다 분명 진보된 사회일 것이라고 믿습니다.

그런데 가끔, 아주 가끔은, 사법의 변화라는 것이 시지프스의 돌을 굴리고 있는 것처럼 느껴질 때가 있습니다. 뛰는 법 위에 나는 뭐, 그런 느낌. 그래서 법보다 예방과 교육을 생각하게 됩니다. 성범죄나 성차별의 예방과 교육도 학교나 가정보다 법률가가 더 효과적으로 할 수 있지 않을까요. 법률가인 우리가 아동이나 청소년을 상대로 인권과 평등 교육에 눈 돌릴 필요가 있고, 의무가 있고, 이제는 그럴 만한 때가 아닐까 생각해 봅니다. 이러한 점도 발제와 지정 토론에서 암시되었다고 생각합니다.

전에 어느 청와대 수석비석관이 택시 안에서 "요즘은 적어도 밥 굶는 사람은 없잖아"라고 말했다가, 택시 기사가 차를 세우고 당장 내리라고 해서 충격을 받았다고 합니다. 실은 택시 기사가 충격을 받은 것이겠지요. 최근 삼부 요인 중 한 분이, "성평등이 문제 되는 곳은 후진국, 저개발국가, 문맹률이 80~90퍼센트인 곳뿐이다. 대한민국은 문맹률 제로다"라는 이유로, 일체의 성평등 과제를 일축했다는 발언을 들었습니다. 저도 충격 받았습니다.

생각은 살아온 인생의 총체적 집적이어서 쉽사리 바꿀 수 없고, 역지사지는 인간의 본능을 거스르는 것이어서 선뜻 기대하기 어려운 만큼, 여성이 남성의 성희롱, 성폭력을 이해할 수 없듯이, 남성이 여성의 피해를 체감하는 데에 한계가 있는 것은 어느 정도 부득이합니다. 그러나 다행히, 우리는 그 해결 방법을 압니다. 역지사지가 어렵다면 남성과 여성이 같은 비율로 사회를 꾸려가야 합니다. 참정권에서 그랬듯, 사회·경제·교육·문화 모든 분야에서 예외 없이, 직책의 고하에 따라 달리하지도 말고, 남녀 동수로 구성되어야 합니다. 낮은 직급은 비율 맞추고 높은 직급은 한두 개 생색내는 것으로는 참으로 요원합니다.

우선은 변호사, 검사, 판사부터 여성이 절반이 되는 것이 중요합니다. 예컨대, 검사의 절반이 여성이라면, 지금의 검찰과는 많이 다른 모습일 것입니다. 황은영 부장검사님, 동의하십니까?

이제 사회자도 마무리하겠습니다.

아까 출산율 저하로 우리나라 인구가 없어진다는 비관적 예측을 소개해 드렸습니다마는, 예측하는 것은 지식이고 예측을 비껴가는 것은 지혜입니다. 성평등하고 근무하기 좋은 일터, 일·가정이 양립 가능한 사회, 그것이 인구 소멸을 비껴가는 지혜입니다. 오늘의 논의가 자연스럽게 이런 담론으로 이어지기를 희망하면서, 세미나를 마치겠습니다.

- 2014. 10. 25. 제9회 〈한국법률가대회〉 젠더분과 세미나 '맺는말'

PART 4

더 늦기 전에

18

그 청년은 왜
군대 가서 돌아오지 못했나

윤제림 시인의 '사람의 저녁'이라는 시가 있습니다.

내가 가도 되는데
그가 간다.
그가 남아도 되는데
내가 남았다.

이 아름다운 시를 아름답게만 느낄 수 없는 한 해였습니다. 부모님이 먼저 떠나도 슬픈데, 떠나는 순서가 바뀌면 그 슬픔이 어떻겠습니까. 지난 한 해는 순서 바뀐 젊은이들 보내느라 가슴 저미는 세월이었습니다.

윤 일병도, 신 상병도, 오 대위도, 심 중위도 먼저 떠나서는 안 되는 사람이었고, 그런 현장 한가운데에 군인권센터가 있었습니다. 만약에, 만약에 군인권센터가 없었더라면, 우리는 지금쯤 윤 일병 사건을 또 어떤 왜곡된 사건으로 잘못 알고 있었을까요. '음지에서 일한다'는 말은 이런 때 써야 제격이겠습니다.

군인권센터의 설립 5주년을 축하합니다. 때맞추어 대담집이 나온 것도 반갑습니다. 김종대, 임태훈 두 분 저자께 경의를 표하고, 두 분이 목소리 낼 수 있도록 소리 없는 아우성이 되어 주신 모든 분들께 감사드립니다.

육군 제 28사단 고 윤 일병의 아버지가 국가에게 묻습니다. "군에 들어갈 때 모습으로 돌려주지도 못할 거면서 왜 아들을 데려간 겁니까."
입대할 때 모습 그대로 돌려 달라고 절규합니다. 군인이 제복 입은 시민이라면, 군복이야 잠시 입었다 벗으면 그뿐이어야 할 텐데 말입니다.

일상생활 하다가 문득문득 동생이 생각나면 어떡하느냐고 기자가 묻자, 11사단 신 상병의 누나가 답합니다. "24시간 동생을 생각하다가 문득문득 다른 일을 한다."
아, 유족들은 그렇게 살고 있구나…
우리도 쉽게 잊어서는 안 됩니다. 분노해야 마땅한 일에 냉담하거나 쉽게 잊어버리면, 세상은 아무것도 달라지지 않고 전과 같은 일이 반복됩니다.

하고 싶은 말은 끝이 없지만, 오늘의 주인공인 두 분 저자의 말을 인용하는 것으로 줄이고자 합니다. "군의 특수성이 군인의 인권 침해를 정당화하는 용도로 악용되어서는 안 된다." 임 소장의 말입니다. 그가 주장하는 군사법원 독립, 군인권법 제정, 군옴부즈만과 국방부 군인권위원회의 설치가 실현되어, 언젠가 그의 희망대로 군인권센터가 더 이상 필요 없는 날이 오게 되기를 바랍니다.(희망사항이 좀 거창하다는 생각이 들긴 하네요.)

김종대 편집장의 우려대로, 개혁이 지연되어 국민들 불만의 임계치를 넘는 불행한 일도 없기를 바랍니다. 그가 바라는 대로, 우리 군이 '싸워서 이길 수 있는 군대'로 거듭나기를 바랍니다, 부디 새해에는.

— 2014. 12. 18. 〈군인권센터〉 출판 기념회

19

내 눈에 티끌, 언제까지?
부디, 더 늦기 전에

1. 법원 국제인권법연구회와 대한변호사협회 인권위원회가 함께하는 학술대회 개최를 축하합니다.

'국내 최대의 인권 단체'이어야 할 대한변호사협회와 '인권의 최후 보루'이어야 할 법원, 그중에도 국내법을 넘어 국제인권법을 연구하는 법관들이 함께하는 뜻깊은 모임입니다. 국제인권법연구회는 법원에서 젠더법연구회를 제외하고 가장 많은 법관이 가입한 연구회라고 들었습니다. 뜻깊은 모임에 초대받아 기쁩니다. 후배 법조인 여러분과 조우하는 감회도 각별합니다.

이런 주제의 논의와 모임은, 2001년 신윤동욱이라는 한 신입 기자의 시선을 통해 문제 제기가 촉발된 이래, 수없이 반복되었습니다.

오늘 이 모임이 다시 그 횟수를 보태는 것에 그치고 말지, 인권의 역사에 한 획을 긋게 될지는 이 자리에 계신 여러분에게 달려 있다고 생각합니다. 양심적 병역거부자에 대한 인권 침해는 국제 사회에서 지속적 이슈가 된 지 오래고 거의 전부가 대한민국에서 일어나기 때문입니다. 여러분의 변론과 판결로 우리나라의 양심적 병역거부 문제가 해결된다면, 국제 사회의 인권 문제 하나가 해결되는 것입니다.

2. 반복된 것은 이러한 논의뿐이 아닙니다.

(1) 유엔 인권위원회(UN Commission on Human Rights)가 1987.3.10. 결의 제46호에서 양심적 병역거부를 인정할 것을 각국에 요청한 이래 1989.3.8. 결의 제59호, 1993.3.10. 결의 제84호, 1995.3.8. 결의 제83호, 1998.4.22. 결의 제77호, 2000.4.20. 결의 제34호, 2002.4.23. 결의 제45호, 2004.4.19. 결의 제35호가 반복되었고, 인권위원회가 인권이사회(UN Human Rights Council)로 승격된 후에도 2012.7.5. 결의와 2013.9.27. 결의가 반복되었습니다. 양심적 병역거부 행위가 종교·도덕·윤리·인도주의적 동기의 신념이나 양심으로부터 도출된다는 점과 시민적·정치적 권리에 관한 국제규약(ICCPR), 이른바 자유권규약 제18조 제1항 및 세계인권선언 제18조에 규정된 사상·양심·종교 자유에 관한 권리의 행사에 해당한다는 점을 분명히 하고, 대체복무제의 도입, 양심적 병역거부자에 대한 구금 및 차별 금지, 구금자 석방, 처벌에 대한 배상과 전과 말소 및 취업 금지 등 불이익 처우의 시정, 난민 인정 등을 포함하는 내용입니다. 2013.12. 유엔 난민고등판무관실(UNHCR)은 양심적 병역거부자를 투옥하는 것이 박해에 해당한다는 가이드라인을 공표하였습니다.

(2) 유엔 자유권규약위원회(UN Human Rights Committee)의 결정도 반복됩니다.

아시다시피 자유권규약위원회는 가입국의 규약 준수와 이행 여부를 감시하고 의정서에 따른 개인청원을 검토하여 의견을 제시하는 조약 기구입니다. 위원회는 1993년 일반논평(General Comment) 제22호를 통해, 살상 무기를 사용해야 하는 의무는 양심의 자유, 종교나 신앙을 공포할 권리와 심각한 충돌을 일으킬 수 있으므로 양심적 병역거부권은 자유권규약 제18조 제1항에서 도출된다는 견해를 밝혔습니다. 2006년부터 2011년까지 사이에 한국인 501명이 제기한 네 번의 개인청원 사건에서는, 한국이 양심적 병역거부를 유죄로 처벌한 것이 규약 제18조 제1항에 규정된 양심의 자유를 침해하고 가입국으로서 규약을 위반한 것이라는 개인통보 결정을 반복합니다. 그중 2011. 3. 23. 결정은, 양심적 병역거부권이 사상·양심·종교의 자유로부터 도출되고 자신의 양심 또는 신앙과 조화되지 않는 경우 군복무의 면제를 요청할 수 있으며 그러한 권리가 강제로 침해되어서는 안 된다고 하였습니다. 그 후로도 자유권규약위원회는 한국이 위원회가 권고한 조치를 어느 하나도 이행하고 있지 않다는 보고서를 작성하였고, 2012년 3월 다시 한국인 50인의 개인청원이 제기되어 있습니다.

한국은 1990.4.10. 규약 제18조에 대한 아무런 유보 없이 자유권규약에 가입하였고, 국내법보다 규약의 우선 적용을 확약하였으며, 개인통보권을 인정하는 의정서도 수용하였습니다. 가입 후 1993년부터 결의에 참여해왔으며, 자유권규약위원회의 국가별 개인청원 인용 건수와 인용율은 한국이 1위입니다.

(3) 유럽인권법원(European Court of Human Rights)의 판결도 반복되었습니다.

2011년 7월 7일과 2012년 1월 10일 아르메니아에 대해, 2011년 11월 22일과 2012년 1월 17일에는 터키에 대해, 유럽인권법원은 각기 그 양심적 병역거부자를 처벌한 것이 사상과 양심, 종교의 자유를 침해한 것이고 이는 유럽인권협약 제9조에 위반된다는 이유로 두 나라 정부에 대해 배상을 명하였습니다. 그 중 2011년 7월 7일 대재판부 결정은, 자유권규약위원회의 일반논평 제22호와 2006년의 한국인 2인에 대한 개인통보 이유를 인용하여, 양심적 병역거부권이 양심 및 종교의 자유에 관한 규정으로부터 도출된다고 해석함으로써 종전의 판례를 변경한 것입니다.

유럽인권협약 제9조는 자유권규약 제18조 제1항과 마찬가지로 양심적 병역거부권을 명시하고 있지 않으며, 유럽인권법원은 47개국 8억 인구를 관할하는 법원입니다. 국제형사재판소장은, 유럽인권법원이 정부가 개인의 인권을 침해하는 사건을 관할하면서 금자탑적 판례를 내고 있다고 평가하였습니다.

(4) 이와 반대의 헌법재판소 결정과 대법원 판결도 반복됩니다.

헌법재판소는 2004년 8월 26일과 2011년 8월 30일 대체복무제 없이 양심적 병역거부를 처벌하는 병역법과 향토예비군설치법이 합헌이라는 결정을 반복하였고, 대법원은 1969년, 1985년, 1992년 등의 판결과 2004.7.15. 전원합의체 판결, 2007.12.27. 판결을 통해 양심적 병역거부권이 양심의 자유에서 도출되지 않고 이를 처벌하는 것이 자유권규약 위반이 아니라고 반복해 왔습니다.

(5) 가장 많이 반복된 것은 징역형의 유죄 판결입니다.

1950년대부터 입영 거부로 처벌되었으나 1970년대 중반부터는 전부 강제로 입영시킨 후 집총거부하면 군형법상의 항명죄로 처벌하고 그 과정에서 가혹 행위와 의문사가 반복되었으며, 1990년대에는 입영 후 두 차례 총을 주어 거부케 한 다음 실체적 경합범으로 징역 3년의 형을 선고하고 이러한 군사법원 판결이 대법원에서도 인용되어 오다가, 2000년대에 들어와 입영 거부가 가능해지자 군사법원이 아닌 법원에서 징역 1년 6월의 형을 선고하는 판결이 반복됩니다. 지난 60년간 17,000명이 넘는 사람이 양심적 병역거부로 처벌받았고, 2001년 이후만 하더라도 매년 400명에서 800명 전후에 이릅니다. 지금 이 순간에도 재판이 확정된 사람 612명(전체 기결수의 약 2%에 해당)과 재판 중인 사람 43명이 구금되어 있고, 그동안 선고된 형량을 합치면 4만 년을 넘어 5만 년을 향합니다. 다르게 대체될 수 있었던 시간과 비용, 인적 자원의 사회적 손실입니다.

유엔 인권이사회 분석에 따르면, 2013년 6월 3일 지구상에서 양심적 병역거부로 수감되어 있는 사람은 723명으로 그 중 유럽의 아르메니아인이 31명, 아프리카의 에리트리아인 15명, 중앙아시아의 투르크메니스탄인 8명, 한국인이 669명이고, 그 직후 아르메니아가 대체복무제를 도입하고 수감자를 석방하여 같은 해 11월 13일에는 수감자 629명 중 에리트리아 3명, 투르크메니스탄 8명, 중앙아시아의 나고르노카라바흐 1명, 싱가포르 18명, 나머지 599명이 한국인입니다. 투르크메니스탄도

2014년 10월 사면을 실시하였습니다.

(6) 동일인에 대한 처벌도 반복됩니다.

향토 예비군 훈련을 한 번 거부한 사람은 반복되는 통지로 몇 번이고 처벌받으며 그때마다 증액된 벌금형이 선고되고 있습니다. 입영을 거부한 사람도 현재와 같이 1심 법관들의 배려로 병역법상 병역이 면제되는 징역 1년 6월 이상의 형을 선고 받지 않으면 입영할 때까지 처벌됩니다. 여호와의 증인인 한 의대생은 스물한 살에 시작된 처벌이 서른세 살까지 반복되어 모두 7년 10개월의 형을 살았습니다.

(7) 젊은이들의 비극이 반복됩니다.

카이스트에서 박사 학위를 받은 어느 물리학도는 4주간 군사 훈련을 받으면 연구원으로 병역의무를 마칠 수 있는 병역 특례자였으나, 그 4주간의 훈련을 거부하여 징역 1년 6월의 형을 선고 받고 수감되었습니다. 사법연수원을 수료한 어느 변호사는 공익법무관 소집 통지를 받고 훈련소 입소를 거부하여 징역 1년 6월의 형을 선고 받았습니다. 강원도 인제의 스무 살 청년은 집 가까운 자연 휴양림에 공익근무요원으로 소집 통지를 받고서도 4주간의 군사 훈련을 거부하여 10년 가까운 세월을 법원과 헌법재판소를 오가며 '재판이 계류 중인 사람'으로 살다가 결국 형을 선고 받습니다. 힘들지 않게 군복무를 마칠 수 있는 사람이 스스로도 거스를 수 없는 '그놈의 양심' 때문에 힘든 징역형을 선택한 것입니다. 칸트가 말한 '내 안의 도덕 법칙'의 엄연한 발현이, 병역거부를 병역기피와 동일시할 수 없게 하는 이유입니다.

(8) 다른 나라에서 우리 국민을 난민으로 인정하는 판결이 반복됩니다.

2000년대 중반부터 최근까지 종교 또는 동성애를 이유로 한 병역거부자들이 캐나다와 프랑스, 호주, 컬럼비아 등지에서 난민 신청을 하고 각국 정부와 법원이 이를 받아들이고 있습니다. 헌법재판소 결정과 대법원 판결로 투옥되고 박해받을 위험이 있어, 다른 나라가 우리 국민을 보호하고 있다는 뜻입니다.

3. 이 모든 반복의 고리를 끊어야 합니다. 그렇게 해야 할 이유가 충분하고, 그렇게 하지 않으면 안 될 시점에 이르렀기 때문입니다.

(1) 반복되는 유엔 인권이사회 결의와 자유권규약위원회의 결정이 민망합니다.

지난 11월 18일 유엔 총회 제3이사회는 북한의 인권 침해 중지와 가해자 처벌을 요구하는 결의안을 채택하였고, 우리는 크게 환영하였습니다. 지난 3월의 제25차 인권이사회도 북한에 대한 결의와 권고를 채택하였습니다. 우리가 일본군 성노예 문제의 해결을 촉구하던 그 이사회이기도 합니다. 바로 그 인권이사회가 우리의 양심적 병역거부자 처벌에 대한 결의를 반복하고 있는 것입니다. 남의 눈에 대들보를 보는 것도 필요하고 중요한 일이지만, 내 눈에 티끌을 보는 것은 시급한 일입니다. 내 눈에 티끌이 더 아프기 때문입니다.

(2) 사법 선진국을 지향하는 대법원의 위상과 맞지 않습니다.

사법부의 확정 판결로 양심상의 권리를 침해받은 국민에 대해 배상하고 구제하라는 국제 사회의 결의와 권고, 난민 결정은 수치입니다.

우리 법원은 상사나 민사 등 분쟁 해결에 걸리는 기간과 비용에서는 세계 최상위권에 있고, 대법원은 '세계적으로 인정받는 신속하고 효율적인 사법 시스템이 국가의 대외 신뢰도 제고와 경제 발전에 기여할 것이다'고 하면서 '사법 제도의 질과 인프라의 우수성도 세계에서 인정받기를 기대한다'고 자부하고 있습니다.

(3) 헌법재판소의 입지를 어렵게 할까 우려됩니다.

대체복무제 없이 양심적 병역거부를 처벌하는 것이 헌법에 합치된다고 한 헌법재판소는, 지난 9월 제3차 세계헌법재판회의에서 우리 헌법재판 제도가 각국의 전범이 될 만큼 모범적이라고 자부하였습니다.

(4) 아시아인권법원의 설립 가능성도 고려되어야 합니다.

설립되기만 하면 과거 다른 대륙의 인권법원에서 그랬던 것처럼 양심적 병역거부자의 제소가 줄을 이을 것입니다. 인권의 보호는 보편적 기준과 원칙에 따라야 하므로, 아시아인권법원이 유럽인권법원과 다른 결정을 할 수는 없을 것입니다. 아시아인의 인권이 유럽인의 인권보다 못하지 않다면 말입니다.

(5) 5년, 10년 후에 감옥 갈 것을 미리 알고 살아가는 어린 청소년의 두려움과, 지켜보는 부모 형제의 고통을 덜어주어야 합니다.

(6) 일선 법원에서 법관들이 겪고 있는 고뇌와 고통의 무게를 덜어 주어야 합니다.

정상 참작도 집행 유예도 할 수 없는 법관의 양심상의 갈등은 또 무엇입니까. 병역거부자의 양심에 앞서 법관의 양심부터 지켜주고 싶은 심정입니다.

헌법재판소 결정에도 불구하고 계속되는 법원의 위헌법률심판 제청의 의미를 가볍게 보아서는 안 됩니다. 위헌법률심판 제청 한 건 한 건에 담긴 법관의 양심의 무게는, 낡은 눈금으로 저울질할 수 없는 천금같은 것입니다.

4. 오늘의 논의는 다음과 같은 전제 위에 전개되어야 한다고 생각합니다.

(1) 우리는 헌법재판소와 대법원에 더 이상 기대할 것이 없다고 단념할 것이 아니라, 한없는 기대를 가지고 위헌법률심판 제청과 헌법소원의 제기, 판례변경 요구를 계속하여야 합니다.

대체복무제의 입법 부작위 내지 현행 병역법 등이 위헌이라는 헌법재판소 결정이 대체복무제를 도입케 하는 직접적이고 고유(固有)한 방법이고, 헌법재판소가 이러한 역할을 하지 않는다면 대법원이 먼저 무죄 판결을 선고하는 것이 대체복무제의 즉시 도입을 촉발하는 가장 효과적 방법이기 때문입니다.

(2) 헌법재판소와 대법원이 이러한 역할을 미루고 있는 동안에는 국제인권법을 연구하는 재조·재야의 여러분이 이를 앞당기는 소임을 감당하여야 합니다. 국제인권법의 법리로 위헌 결정과 무죄 판결의 논리를 제공하는 것입니다. 설령 헌법재판소가 법원의 위헌법률심판 제청과

헌법소원을 모두 기각하거나 대법원이 하급심의 무죄 판결을 전부 파기 환송 할지라도 희망을 갖고 계속하여야 합니다. 저는 여러분이 오늘 그 일을 위해 모였다고 믿으며, 김영식 판사와 오재창 변호사의 발제를 중심으로 이야기하고 토론할 것입니다.

(3) 궁극적으로는, 대체복무제의 도입 여부가 아니라 대체복무제의 도입을 전제로 그 구체적 내용을 제시함으로써 입법을 용이하게 하고 추진하는 데에 지혜를 모아야 할 것입니다.

국내에서도, 헌법재판소나 대법원이 대체복무제의 도입 필요성을 부정한 것은 아니며 국가인권위원회는 이를 적극 촉구하였고 국방부도 '사회 여론만 호전된다면' 대체복무제 도입을 반대하지 않겠다는 입장을 표명한 바가 있는데, 이제 그 여론조차 호전되었습니다. 오재창 변호사가 그에 관하여도 발제할 것입니다.

17대와 18대 국회에서 각기 두 번, 그리고 19대 국회에서도 법안이 발의되었다고 하나 늘 거기까지이고 이어지는 소식은 없습니다. 우리는 법안의 진행에 관해 국회의원 한 사람 한 사람을 지켜볼 것입니다.

5. 이제 핵심을 말씀드리고자 합니다.

양심적 병역거부를 허용하지 않는 현행법이 왜 위헌이고 양심에 따른 병역거부가 왜 무죄이어야 하는지 이야기하고자 합니다.

(1) 헌법 제6조 제1항은 '헌법에 의하여 체결·공표된 조약과 일반적으로 승인된 국제법규는 국내법과 같은 효력을 가진다'고 규정하고 있고,

우리나라가 유보 없이 승인하고 가입한 유엔자유권규약위원회의 규약 제18조가 그러한 조약에 해당한다는 점에는 이론의 여지가 없습니다. 그러므로 양심적 병역거부가 규약 제18조에 포함된 권리인지 아닌지만이 문제됩니다.

규약 제18조 제1항은 '모든 인간은 사상, 양심 및 종교의 자유를 누릴 권리를 가진다'고 규정하고 있고, 양심적 병역거부권을 명시적으로 열거하고 있지는 않으나, 자유권규약위원회는 양심적 병역거부권이 위 규정에서 도출되는 권리 내지 위 규정에 포함된 권리라고 분명하고도 반복적으로 해석하였습니다. 그렇다면 규약 가입국으로서 규약에 관한 규약위원회의 해석을 따를 것인지, 규약위원회의 해석과는 반대로 양심적 병역거부권이 규약 제18조 제1항의 권리에 포함되지 않는다고 독자적으로 해석할 것인지가 문제의 핵심입니다.

(2) 지난 10월 24일 제9회 한국법률가대회에서 송상현 국제형사재판소장의 기조연설이 있었습니다. 그중 일부를 인용하고자 합니다.

"법을 공부한 우리가 법을 통하여 세계 평화와 발전의 질서를 구축하자는 국제 사회의 노력에 적극적으로 참여하여야 마땅하지, 우리끼리만 상종하고 무대응 하다가는 조선 시대의 쇄국정책으로 인한 피해와 기회 상실 이상으로 돌이킬 수 없는 낙오를 경험할 수 있다"고 전제한 다음, "국제 사회가 움직이는 과정을 보면, 전문가들이나 각국 대표들이 만나서 인류의 평화와 안전을 위하여 필요불가결한 원칙, 목표, 방법, 가치와 철학을 토의하여 합의를 이루어낸다. 그러한 노력의 결과가 조약이 되어 각국의 비준을 기다리는 경우도 있고, 이를 유엔 무대로 옮겨 원칙을 천명하는 한 개의 결의로서 채택한 다음에 각 국가가 이를 시행하도록 적극 권유하는 방법도 있다… (중략) …그러나 우리 정부나 법조 전문가들이 이 같은 논의 과정을 제대로 보고하여 국내 정책의 기조에 반영되는 일은 거의 없다. 이렇게 하고 있는 한 우리는 영원히 우물 안 개구리를 면할 방법이 없다. 가끔씩 귀국해 보면 정부는 물론 법조계의 분위기가 자기 중심적이거나 독선적이 아니면 고립적이고 국제 대세에 대체로 무관심함을 느낄 수 있어 참으로 답답함은 물론 우려를 금할 수 없다… (중략) …국제적 변화의 물결을 선도하는 화두 중 첫 번째는 인권(Human Rights)이다."

자유권규약위원회의 규약은 바로 그와 같이 '국제 사회가 인류의 평화와 안전을 위하여 이루어낸 합의를 유엔의 무대로 옮겨 결의로서 채택'한 것입니다. 그리고 이미 네 번의 개인청원 사건을 통해, 우리 정부가 규약 제18조를 이행하도록 거듭 권고한 것입니다. 헌법재판소와 대법원은 그러한 권고에 법적 효력이 없다고 하였으나, 외교통상부는 '도덕적 구속력만을 가진 세계인권선언을 바탕으로 법적 구속력을 가진 기본적이고 보편적인 국제인권법으로 마련된 것이 1966년에 채택되고 1976년에 발효된 '시민적·정치적 권리에 관한 규약(B규약)' 및 '경제적 사회적 문화적 권리규약(A규약)'이라고 견해 표명한 바 있습니다.

요컨대, 유엔의 자유권규약위원회에서 합의된 규약과 그에 관한 해석은 인류의 보편적 가치를 바탕으로 필요불가결한 최소한의 기준으로 제시되고 승인된 국제인권법입니다. 또한 양심적 병역거부권은 자유권규약 외에도 세계인권선언 제18조, 유럽인권협약 제9조, 미주인권선언 제3조, 미주인권협약 제12조, 아프리카 인권헌장 제8조에서 인정되는 보편적 권리입니다. 이러한 국제 사회의 규범을 국제 사회에서 합의로 결정된 해석과 반대로 해석하고 있다면, 그것은 이상한 일일 뿐 아니라 그 자체로서 헌법 제6조 제1항에 반하는 일입니다. 유보 없이 가입한 자유권규약 제18조의 해석을 규약위원회의 해석과 다르게 하고 있는 것이 가입국으로서 옳은 일인지 편견 없이 검토되어야 합니다. 국제인권법연구회의 존재 의의와 가치가 이 대목에서 발휘되기를 기대합니다.

(3) 사족이지만, 우리 헌법상 양심의 자유와 그 제한에 관한 헌법 제19조, 제37조 제1, 2항, 제39조 제1항의 해석도, 자유권규약 제18조 제1항, 제3항의 해석과 다를 것이 없다고 생각합니다.

우선 2004년의 대법원 전원합의체 판결도, '자유권규약 제18조의 규정이 우리 헌법상 양심의 자유의 보호 범위와 동일한 내용을 규정하고 있으므로'라는 이유로, 헌법에서 양심적 병역거부권이 도출되지 않는 것처럼 규약으로부터 양심적 병역거부권이 도출되지 않는다고 판단하였고, 2011년의 헌법재판소 결정도 같은 이유로 헌법 규정과 자유권규약의 규정 사이에 충돌이나 국제법 위반의 문제는 없다고 판단하였습니다. 그러나 헌법 규정으로부터 양심적 병역거부권이 도출되지 않는다는 해석은, 자유권규약의 규정으로부터 양심적 병역거부권이 도출되지 않는다는 해석과 마찬가지로, 이른바 '헌법에 열거되지 아니한 권리'의 법리에도 반합니다.

6. 소수자의 기본권 보호를 다수의 생각에 맡길 수 없음은 두말할 나위가 없지만, 우리 사회 다수의 생각, 즉 여론조차도 이미 그러한 국제 사회의 기

준과 가치를 향하고 있습니다.

2013년 11월 한국갤럽의 여론조사에서 대체복무제 도입을 찬성한 국민이 68퍼센트, 반대한 국민이 26퍼센트이고, 성별과 연령, 지지 정당에 관계없이 모든 계층에서 반대보다 찬성율이 높았습니다(새누리당 지지층 찬성 65%, 반대 30%). 2005년에는 23.3퍼센트에 불과하던 찬성율이 2006년에는 39.9퍼센트, 2007년에는 50.2퍼센트(이 부분은 상반되는 조사 결과도 있음)로 변하다가, 2013년에는 10명 중 7명이 찬성하게 된 것입니다.

눈여겨볼 대목은 2013년의 여론조사에서도 양심적 병역거부를 이해할 수 없다는 사람이 76퍼센트, 이해할 수 있다는 사람은 21퍼센트인데, 그렇다면 76퍼센트의 압도적 다수가 양심적 병역거부를 이해할 수 없다고 하면서도 68퍼센트가 그 이해할 수 없는 병역거부자를 위한 대체복무제 도입을 찬성하였다는 점입니다. 국민의 인권 감수성이 미국의 홈즈 대법관이 말한 '우리가 싫어하는 생각을 위한 자유'를 넘어, '우리가 이해할 수 없는 행동을 위한 자유'를 용인하기에 이른 것입니다.

국민의 의식 변화를 따라가지 못하는 것은 국회와 정부, 헌법재판소와 대법원입니다. 그것이 3부 공통의 강고한 논리, 즉 남북 대치의 특수한 안보 상황 때문이라면, 통일이 되기 전에는 대체복무제의 도입은 없을지도 모르겠습니다.

7. 바꾸면 안 될 이유가 없습니다.

개인의 행복의 합계가 사회의 행복이라고 볼 때, 어느 개인의 행복이 증가하여도 다른 개인의 불행이 이를 상쇄하면 그 사회가 행복하다고 할 수 없습니다. 아니 그보다 어느 개인이 불행하면 그 자체만으로 이웃한 다른 개인이 온전한 행복감을 느끼기 어렵습니다. 파렴치범이나 반인륜적 범죄자를 일정 기간 격리하여 그 범죄자를 불행하게 하는 것은 더 많은 다른 국민의 불행을 막기 위하여 부득이한 것이지만, 양심적 병역거부자를 감금해 두는 일은 그렇게 하지 않으면 다른 국민이 불행해지거나 행복을 위협당하기 때문이라고 말하기 어렵습니다. 수백 명의 젊은이를 해마다 교도소에 보내지 않더라도 우리에게는 현역 60만에 예비군 300만의 병력이 있기 때문입니다. 반면, 자신의 양심에 따른 행동으로 처벌받아야 하는 사람으로서는 파렴치범이나 일반 범죄인과 다른 특별한 고통을 겪게 됩니다. 그런 고통이 끝난 후에도 전과 기록, 취업 제한 등 고통은 길게 지속되고 오래 남습니다. 처벌의 효과를 기대할 수 없음도 처벌의 의미를 퇴색케 합니다.

한편, 제도의 악용을 걱정하는 것은 제도를 잘 운용할 능력이 부족할까 걱정하는 것에 다름아닙니다. 악용되지 않는 제도가 세상에 있기나 하는지요. 보험 사기의 우려 때문에 보험 제도가 없어져야 하는지요.

8. 싱크홀은 땅 밑에만 있는 것이 아니라 인권의 사각지대에도 존재합니다.

인권의 싱크홀은 시민의 일상과 영혼을 한순간에 빨아들이는 블랙홀과 같습니다. 인권의 싱크홀은 예외 없이 파헤쳐서 남김없이 메꾸어야 합니다. 그것이 법률가의 소명입니다.

우리는 유엔 사무총장과 국제형사재판소(ICC) 소장을 배출하였습니다. 유고슬라비아국제형사재판소(ICTY) 부소장, 유엔특별재판소(ECCC) 재판관, 국제인권법률가협회(ICJ) 위원이 있으며, 또 다른 국제형사재판소 재판관 탄생을 앞두고 있습니다. 그에 부끄럽지 않게 지금이라도 대체복무제가 도입된다면, 여성 대통령 재직 중에 인권사에 큰 획을 그은 사건 하나가 일어난 것으로 기록될 것입니다. 인권 후진국으로 기록되어서는 안 됩니다.

무거운 주제로 답답한 마음에 초겨울 해변을 찾았다가 문득 보았습니다. 숨 돌릴 틈 없이 밀려오는 파도만이 해변을 정화하고 해안선을 바꾸는 것을. 젊은 법조인 여러분의 열정이 그런 파도가 되어 우리 사회 인권 해안선의 경계를 바꾸게 되기를 바랍니다.

십수 년간 반복되어 온 똑같은 이야기 경청해 주셔서 감사합니다.

- 2014. 12. 20. 법원 국제인권법연구회·대한변호사협회 인권위원회
  〈양심적 병역거부의 문제점과 대체복무 제도의 필요성〉
  공동 학술 대회 기조발제문

20

기본권 수호자로서
법관의 역할과 과제

1. 서

뜻깊은 연수에 초대받아 기쁩니다. 이렇게 많은 후배를 뵙는 것도 행복입니다. 인연이 닿았던 아는 얼굴들, 반갑습니다. 처음 뵙는 얼굴들, 더욱 반갑습니다.

(1) 유튜브 영상 하나 소개하겠습니다. 이미 보신 분은 아직 못 보신 분을 위해 잠시 함께해 주셨으면 합니다. 러닝 타임 8분입니다.

- 〈네버엔딩스토리 0416〉 상영 -

정확히 8분 14초인데, 조금 지루하셨나요. 그런데 1년 넘게 기다리는 사람이 있습니다.

시신을 기다리는 가족, 진상 규명을 기다리는 유족입니다.

시민들은 우리 사회에 믿을 곳이 이렇게도 없었나 생각하기 시작했습니다.

지난 1년을 돌이켜 보면, 누구 하나, 무엇 하나 제대로 한 것이 없기 때문입니다. 정부는 보상액 기준을 제시한 외에 뚜렷이 한 일이 없고 모법을 무시한 시행령을 만들어 진상조사특위로 하여금 아무것도 할 수 없도록 만든 일, 그것이 가장 뚜렷한 일입니다. 여기에 정부만큼이나 믿을 수 없는 국회를 제하고 나면, 남는 곳은 법원입니다. 인권의 최후 보루라고 했으니, 마지막에 기댈 곳입니다. 법원, 믿을 만합니까. 이도 저도 믿을 수 없을 때, 마지막에 기댈 만합니까?

법원이 인권의 마지막 보루여야 한다는 것은 마땅히 그래야 한다는 당위이자 간절한 염원이며 절규입니다. 시민의 법원에 대한 기대와 평가에 애증이 뒤섞일 수밖에 없는 이유입니다. 법원이라도 믿고 기댈 수 있다면 그 사회는 아직 희망이 있는 사회입니다.

광주고등법원 형사5부(재판장 서경환 부장판사)에서 세월호 판결 선고가 있던 날, 평소 법원에 비판적인 단체의 작은 모임이 있었습니다. 법원을 위한 변명으로 한껏 무장하고 다소 긴장한 채 참석하였는데, 그중 강경파인 한 교수가 벌떡 일어서더니 "아까 판결을 선고하면서 울먹인 재판장의 눈물로 지금까지 법원의 잘못이 모두 용서되는 느낌이었다"고 하면서 자기도 울먹이는 겁니다.

아 어려운 사건 선고할 때는 나도 울어야겠구나, 예 그런 말은 물론 아니고, 이 사람들이 법원에 간절히 바라고 갈망한 것이 겨우 이것이었나 싶어 갑자기 맥이 풀리고 준비해 간 모든 논리가 무장해제 되어 버리는 느낌이었습니다. 바보야, 문제는 '간이 아니라' 당사자의 고통에 대한 공감, 나눔과 동참 그런 소박한 것이었구나. 법원을 비난하는 시민의 목소리에는 최선을 다했다고 생각하는 법관을 허탈하게 하는 억지와 과장이 섞여 있지만, 그들도 법원에 오기 전에는 법이 자신을 지켜줄 것이라는 믿음을 추호도 의심하지 않았던 선량한 사람들이었구나.

(2) 법이 자신을 지켜줄 것이라고 믿어 의심하지 않았던 사람은 오래 전에도 있었습니다.

1970년 11월 13일 금요일, 그날의 한 신문 기사를 보겠습니다.

"을지로 6가 평화시장 구름다리 앞에는 '우리는 기계가 아니다'라고 쓴 플래카드를 들고 시위 중인 노동자 500여 명을 막기 위해 경찰이 가로막고 있었다. 곧이어 근로기준법 책을 가슴에 품고 나오는 젊은이가 보인다. 몇 발자국 내디딘 그의 옷 위로 불길이 치솟고 순식간에 그의 몸을 휩싼다. 그가 절규한다, '근로기준법을 준수하라. 우리는 기계가 아니다. 일요일은 쉬게 하라.'

입속으로, 코와 귀 속으로 화염이 파고든다. 알아듣기 힘든 몇 마디를 더 외친 뒤 그가 쓰러진다. 모두들 당황한 나머지 불을 끌 엄두를 못 내고 멍하니 바라보고만 있다. 청년의 지인이 외투를 벗어 불길을 끈다. 까맣게 타버린 청년은 마지막 남은 힘을 다해 외친다. '내 죽음을 헛되이 말라.'

기자들이 다가가 뭔가를 묻지만 까맣게 타버린 입으론 아무런 말이 없다. 지켜보던 노동자들이 경찰에게 빼앗긴 플래카드 대신 손가락을 깨물어 혈서로 쓴 플래카드를 들고 울면서 울면서 시위를 이어간다. 하지만 곧이어 기동 경찰의 곤봉에 얻어맞고 구둣발에 짓밟힌 채 개처럼 경찰서로 끌려갈 뿐이다. 병원에 실려 간 청년은 이날 밤 '배가 고프다'는 말을 남기고 눈을 감는다."

이거 충무공 전사 장면이 아닙니다. 44년 전 서울 한복판에서 일어난 일입니다.

당시 평화시장 노동자 대부분이 하루 14시간 내지 16시간 노동을 하고 휴일은 한 달에 이틀, 조사 대상 120명 중 96명이 섬유 등 분진에 의한 폐결핵. 스물두 살의 전태일이 할 수 있었던 일의 전부는 정부에 탄원서 10여 차례와 언론에 호소한 일. 요구 사항이라는 것이 '근로기준법을 준수하라. 우리는 기계가 아니다. 일요일은 쉬게 하라.' 그때 법률가들은 어디서 무엇을 하고 있었는가.

(3) 기본권 수호자로서 법관의 역할과 과제, 제목 참 좋습니다. 제가 정한 게 아니거든요. 이 간절하다 못해 애절한 제목은 누가 정했을까. 원래 대책 없는 주제일수록 더 근사하게 들리는 법이지요. 실현 불가능한 꿈이어서 가슴 설레니까요. 저에게도 법관이니 기본권 보장이니 하는 것에 가슴 설렌 시절이 있었었습니다. (뭔 소릴 하려구 이렇게 과거분사형으로 시작하는 걸까?) 좋은 판사가 되겠다는 꿈에 잠 못 이룬 밤도 있었구요. 그 1단계 야심 찬 프로젝트가 전국에서 항소율 가장 낮은 판사가

되어보자는 것이었는데요. 그래서 어떻게 되었냐구요? 허황된 꿈이었지요. 특히 형사만 맡았다 하면 상소율 1위였으니까. 아무튼, 이 황홀한 제목에 홀려서 오겠다고 승낙해 놓고 금세 후회했습니다. 재직 때나 지금이나 법관과 재판에 대해 말하는 것은 두려운 일이기 때문입니다. 무엇보다 너는 잘했냐, 너나 잘하지 그랬어 하는 트라우마가 있습니다. 대과 없이 임기를 마치게 되어 다행이라는 퇴임사도 많던데, 저는 대과 없이 마쳤다고 말해본 적도, 생각해 본 적도 없습니다. 후배 여러분 앞에서 법관의 역할과 과제를 이야기하는 것이 무겁고 두려울 수밖에 없는 사람임을 먼저 고백합니다. 성공한 대법관이 아님도 잘 압니다. 소수의견으로 기억된다는 것은 판결로 세상을 바꾸지 못했다는 것과 다르지 않습니다. 뜻은 창대하였으나 성과는 미약하였습니다.

근데 왜 오셨나요, 라는 너의 목소리가 들립니다. 그래서 왔습니다. "'바담 풍' 하지 말고 '바람 풍' 하라"는 이야기 해 보려고 왔습니다. 루쏘나 아우구스티누스, 아리스토텔레스 같은 높은 수준의 참회록은 못 쓰더라도 말입니다.

2. 시민과 법관, 판결의 기준

'판사의 판결은 시민의 판결이 되어야 하고, 시민의 판결이란 시민이 수긍할 수 있는 판결이다'라고 합니다. 맞는 말입니다. 그런데 시민은 누구입니까. 시민의 판결이란 어떤 시민이 수긍하는 판결입니까. 사람을 살해한 사람은 국가가 살해해도 된다고 생각하는 사람, 국가는 국민을 살해할 수 없다고 생각하는 사람, 모두 시민입니다. 양심을 이유로 병역거부하는 사람, 내 아들은 양심이 없어서 군대 간 줄 아느냐고 화가 나는 사람, 모두 시민입니다. 동성애자는 평생 결혼도, 법의 보호도 거부당한 채 살다가 죽어도 괜찮다고 생각하는 사람, 이런 사람도 시민입니다.

시민은 그 수준만큼의 정부와 의회를 갖는다고 하지요. 법관은 선출되지 않은 권력이라고들 하지만, 국회와 정부에 위임해서 판사를 선발하고 임명한 것이니까 법관도 시민이 선택한 사람 맞습니다. 그래서 법관의 재판도 시민의 수준만큼이기 십상입니다. 재판이 시민의 수준을 크게 앞서기 어려운 한계가 있다는 뜻입니다. 그렇다면 좋은 재판이란 시민의 요구와 수준에 맞춘 재판인가. 그럴 리가요. 시민의 요구와 수준이 좋은 재판을 지향하지 않을 때에도 좋은 재판, 수준 높은 재판을 하는 것, 그것이 법관의 존재 이유입니다.

3. 법관의 존재 이유, 법관으로서의 나

요즘 법원 밖에서는 인문학이 열풍입니다. 인문학이란 무엇인가. 근본을 찾는 것입니다. 근본을 찾는다는 것은 나의 위치를 안다는 것입니다. 나는 어디에 있는가 라고 물어볼 시간조차 없는 여러분은, 그렇기 때문에 더욱 물어야 합니다. 법관으로서의 나는 어디쯤에 서 있는가.

(1) 1977년 8월과 9월, 두 대의 우주선 보이저 1, 2호가 지구의 생명체를 소개하는 메시지와 몇 가지 물건을 담은 병을 싣고 우주로 떠났습니다. 태양계 밖의 다른 생명체에게 전하러 간 것입니다. 《인터스텔라》

영화에서처럼 웜홀을 이용하는 실험적 방법이 아니라, 행성들의 중력을 징검다리처럼 타고 넘는 현실적 기술이 적용되었는데요. 2년 후 목성에 도착했고 4년 후 토성을 지나 9년 후에 천왕성, 12년 후에는 명왕성의 궤도를 통과했습니다. 지구를 떠난 지 38년째인 지금 태양계를 벗어나 다른 항성의 권역으로 들어가는 중이라고 합니다.

황당한 일 같습니까. 전혀 황당한 일이 아니라는 것은, 이 일을 둘러싸고 벌어진 과학자들의 치열한 논쟁을 보면 알 수 있습니다. 어떤 천문학자는 '사악하고 굶주린 외계 문명에게 지구의 위치와 정보를 알림으로써 지구에 대한 공격과 인간 멸종을 초래할 위험이 있는 일'이라고 반대하였고 또 다른 학자는 '교신에 성공하면 외계인들이 지구를 방문해서 우리를 침팬지나 고릴라처럼 보고 정복하거나 노예화할 수 있다'고 우려하는가 하면, '우리는 이미 라디오 전파나 텔레비전을 통해 지구와 인간의 존재를 우주에 공표하고 있고 저급한 외계 문명에서도 이를 수신할 수 있기 때문에, 우리가 걱정하기엔 너무 늦었다'는 반론이 그것입니다. 그런데 도대체 그 병 안에 무엇을 실어 보냈는지 궁금하지 않나요? 바하의 브란덴부르크 협주곡, 한국어를 포함한 55개국 언어의 인사말, 미국 대통령과 유엔 사무총장의 메시지, 그 밖에도 자연과 문명의 소리를 담았다고 하네요.

이렇게 거대한 우주가 137억여 년 전부터 존재하였고, 그중의 한 항성인 태양계, 태양계 안에서도 지극히 작은 지구라는 행성 안에서, 언제 외계인의 공격을 받을지 모르는 지구인으로 사는 나의 위치를 깨닫는 것이 인문학의 첫 단계입니다. 그런 지구 안에서도 면적은 콩알만 하고 인구는 200개가 넘는 국가의 70억 인구 중 겨우 5천 만이 모여 사는 나라, 좋은 것은 모두 OECD 회원국 중 꼴찌 아니면 최하위고 나쁜 것은 1등, 못해도 2~3등은 하는 나라, 여러분은 그런 나라의 법관이구요.

(2) 그런데 여러분에게는 언제 올지 모르는 외계인보다 더 두려운 것이 있습니다. 무엇일까, 대법원장? 혹시 요즘 보도되어 논란인 국정원의 재임명 면접? 바로 인공지능 로봇입니다. 장차 여러분을 대체할 지도 모를 가장 강력한 경쟁 상대입니다. 웃기나요 안 믿기나요, 그럼 이거 한 번 들어 보실까요. '롯데는 22일 열린 2015 프로야구 LG와의 홈경기에서 12 대 20으로 크게 패하며 홈 팬들을 실망시켰다...... 나성용은 1회초 투아웃에 맞이한 타석에서 4점을 뽑아내며 롯데와의 8점차 승리를 이끈 일등공신이 됐다.' 여러분도 읽었을 법한 이 기사는 로봇저널리즘 서비스가 제공한 로봇 기자가 작성한 기사입니다. 막대한 데이터를 정리해 뉴스 가치가 있는 사건을 추출하고 리드를 잡아 써 내려갔다고 합니다. 막대한 판례를 정리해서 가장 유사한 사례의 판례를 추출하고 당해 사건에 대입하여 판결의 방향을 잡아 써 내려갈 수 있다는 것이지요. 단순한 가능성이 아니라 과학자들의 확신이라고 하고 그것도 먼 훗날의 이야기가 아니라 불과 20~30년 후의 실제 상황이라고 하니, 어느 날쯤엔 법정에 로봇 변호사가 나타나 스티브 호킹 같은 기계음으로 준비서면을 읽고 증인을 신문한다는 것입니다. 그렇게 되면 대략 3가지 카테고리의 직업 정도가 살아남을 거라고 하는데, 첫째는 새로운 가치를 창조해 낼 수 있는 창조적인 직업, 둘째는 감성적인 것 또는 인간적인 것, 셋째는 아주 중요한 판단을 하는 직업군이라네요. 판사는 아주 중요한 판단을 하는 직업에 속하기 때문에 안전하다는 견해가 있던데, 글쎄요

그보다는 창의적인 판결, 감성적이고 인간적인 판결로만 살아남지 않을까 생각합니다. 지금은 창의적, 감성적 판결이라는 것이 선택의 문제 같지만, 그때쯤에는 기계와의 경쟁에서 탈락하느냐 마느냐의 생존 조건이 되는 거지요.

그래서 절망적인가? 위기는 기회이지요. 인류의 진보가 위기에서 촉발 되어왔음은 역사가 증명합니다. 기계의 진보된 기술과 인간의 자유로운 사고의 결합으로 삶의 가능성과 자유의 지평이 무한히 확장되는 세상을 상상했던 앨런 튜링이 컴퓨터의 기틀을 만들어 내었듯이 말입니다. 결국 더 절실해진 것은 종합법률의 판례 검색이나 논문 색인이 아니라, 독서와 사색, 공감과 소통에서 도출되는 창의적 지혜입니다. 이 시점에서 잠시도 미룰 수 없는 것은, 판례와 학설을 추출하여 정형화된 판결문을 반복 재생하는 일이 아니라, 로봇이 대체할 수 없는 창의적 지혜를 깊게 하는 일이라고 생각합니다. 판결문의 무한 리필은 로봇 판사가 더 빠르고 정확할 테니까요. 요즘도 사건 통계 돌리나요? 그거 로봇 판사님이 항상 1등 할 텐데요.

애플의 공동창업자 스티브 워즈니악도 "인공지능이 사람을 앞서게 되면서, 효율성을 위해 인간을 배제하는 날이 올 것"이라고 단언합니다. 한 법률가는 이렇게 고백합니다. "내가 하버드 로스쿨 3년 동안 배운 것은 다르게 생각하기, 더 다르게 생각하기, 아주 다르게 생각하기의 훈련이었다" 로봇 판사의 지능인가 인간 판사의 의식인가, '유사 지성'인가 '진정한 지성'인가. 매 순간 깨어 있는 창의적이고 감성적인 의식만이 진정한 지성, 미래의 경쟁력입니다.

(3) 무슨 뜬구름 같은 외계인 얘기에다가 로봇 판사 얘기까지 한 것 같은데, 외계인은 여러분 생전에 올 것 같지 않고 로봇 판사도 20~30년 후의 일이라고 하니, 그보다는 지금 이 순간의 내 발밑부터 살피는 것이 필요하겠지요.

① 2010년 기준, 우리나라 전체 개인 소득자 3000만 명 중 48.4퍼센트는 연간 소득이 1000만 원 미만입니다. 그 중에도 100만 원 미만이 10.6퍼센트. 월소득이 아니라 연소득입니다.(100만 원 미만이 10.6%, 100만 원 이상 500만 원 미만이 21.1%, 500만 원 이상 1000만 원 미만이 16.7%) 연소득이 100만 원이 안 된다는 것은 거의 죽으라는 이야기입니다. 더구나 양극화 사회에서는 '평균'이란 거의 무시해도 좋은 수치입니다. 남의 이야기가 아니라 여러분에게 재판 받는 사람들 이야기입니다.

② 경제적 지표가 전부는 아니다? 가난해도 정신적으로 행복하면 되니까?

과연 그런지 어디 한번 볼까요. 미국의 한 대학이 조사한 개인의 자존감(self-esteem) 지수는 조사 대상 53개국 중 44위, 2013년에 OECD가 조사한 삶의 질과 행복지수는 조사 대상 36개국 중 27위입니다.

《기적을 이룬 나라, 기쁨을 잃은 나라》라는 책을 읽으셨는지요? 아 죄송합니다. 혹시 제목은 들어보셨나 해서… 이 책은 다니엘 튜더라는 외국인이 한국에 대해 쓴 것인데요. 책의 영어 원제가 이래요. 'KOREA, THE IMPOSSIBLE COUNTRY' 최근에는 이런 책도 나왔습니다. 《우리가 행복할 수 있을까?》. OECD 교육 전문가는 이렇게 말합니다. "한국은 공부를 잘하는 나라지만 부러운 나라는 아니다. 공부를 많이 하지만 (경쟁이 심해서) 행복한 아이들은 아니다". 행복하지 않은 아이들이 자라서 행복하지 못한 어른이 되는 나라, 하루에 마흔 명씩 자살하는 나라. 우리는 지금 그런 나라에 살고 있습니다. 기적을 이룬 나라, 기쁨을 잃은 나라, 그래서 마침내 어느 외국인의 눈에 불가사의하게 비친 나라. 그런 나라에서 살아오는 동안 강요당한 것은 언제나 불가능한 노력과 성취, 바로 '미션 임파서블.' 여러분은 집에서는 부모님이나 아내와 남편에게, 법원에서는 부장이나 원장, 대법원장에게 '탐 크루즈'나 '린다 카터'가 되어야 합니다. 내가 아니라 그들이 만족할 때까지.

③ 그래서 행복 같은 것 포기하고, 그냥 자유롭게 숨이나 쉬면서 살자고 생각한 사람들이 있었습니다. 숨이라도 자유롭게, 그 정도는 가능한가. 요즘은 메르스 때문에 어차피 숨쉬기가 어렵기는 합니다.

그런데 나라 밖에서는 한국의 인권 상황이 심각하게 지적되고 세계 유수 언론의 보도가 줄을 잇습니다. 표현의 자유, 국가보안법, 양심적 병역거부가 3대 이슈입니다. 언론 자유의 제한은 1987년 이후 최악의 수준이라고 하는데, 우리는 그런 현실조차 외신을 통해 알게 됩니다.

노사 문제와 전교조 문제도 단골 이슈입니다. 1996년 한국 정부는 결사의 자유가 보장되지 않는 국가라는 이유로 OECD 가입이 거절되었고, 노사 관계 법령을 국제 기준(Internationally Accepted Standards)에 맞게 개정하기로 서약하고서야 가입이 승인되었는데, 그때 개정키로 서약한 내용이 뭔지 아세요? 교원의 단결권 보장, 전교조 합법화, 해고자 노조 가입 허용 등 8개항입니다. ILO 87호 협약에는 '모든 노동자와 사용자 단체는 스스로 규약을 정할 수 있고, 행정 기관에 의해 해산되거나 활동 중지 명령을 받지 않는다'는 규정이 있고, 지난 해 9월 헌재에 위헌법률심판을 제청한 서울고등법원 행정7부의 판단도 이러한 국제 기준에 따른 것입니다. 이와 배치되는 지난 5월 28일의 헌법재판소 결정에 대해, ILO, 국제노동조합총연맹(ITUC) 국제교원단체총연맹(EI), OECD 노동조합자문위원회 등으로부터 국제 협약 위반이라는 지적이 이어집니다.

④ 국내에서 노동3권을 존중하지 않던 기업이, 해외에 나가서도 그냥 하던대로 하다가 문제를 야기하고 있습니다. 베트남, 캄보디아, 필리핀, 터키, 스리랑카, 우즈벡에 진출한 한국 기업이 저임금, 초과 근무, 욕설, 폭행, 몸수색, 화장실 출입 통제에다가 그로 인한 노사 분규에 무장 경찰과 사설 경비 업체 동원, 공수여단 투입까지, 국내에서 통한 것을 모두 써먹는다고 합니다. 지난달 뉴욕타임즈는 뉴욕 일대 한인 업주들의 임금 착취와 체불, 인종 차별 등 인권 침해 사례를 보도하였습니다. 한국 법원이 기업에 관대하고 노동자에 엄격하게 판결해 온 결과가 아니라고 말할 수 있을까요? 여러분의 국제인권법 커뮤니티가 지난해에 번역·발간한 인권편람에는 이렇게 쓰여 있네요. '전 세계적으로 여러 국가에서 아직도 사람들이 여러 형태의 불법적인 처우를 받게 되는 현실적 이유는, 인권 침해가 지속되는 관행을 근절하기 위하여 당사국이 단호하고 적극적인 조치를 취하지 않았기 때문임이 분명하다. 법관은 직무를 이행함에 있어서 국제 인권 보장 의무의 이행을 보장하기 위한 적극적 조치가 절실하게 필요하다는 점을 명심하여야 한다.' 한국 기업의 이

러한 인권 침해가 논의되고 있는 무대가, 반기문 사무총장이 활동하는 UN이라는 사실도 외신을 통해 알 수 있습니다.

⑤ 불편하지만, 인권의 수호자로서 알아야 할 진실은 더 있습니다.

우리가 일본군 성노예 문제의 사과를 요구하는 동안, 베트남 전쟁에 참가한 한국군의 양민 학살과 고문, 부대 내 집단 강간에 대한 사과와 보상을 요구하는 베트남의 목소리가 높습니다. 생존자나 유가족 등 피해자가 이미 한국에도 여러 차례 와서 기자 회견과 사진전을 열고, 우리 위안부 할머니들의 일본대사관 앞 수요 집회에도 동참하고 있으며, 베트남에서는 곳곳에 한국군 증오비가 세워지고 있습니다. 그들이 가는 곳마다 고엽제전우회가 욕설과 협박으로 집회를 방해하고 있으며, 우리 정부는 일본 정부와 마찬가지로 피해 사실을 부인하고 사과와 보상을 거부하고 있습니다.

4. 법관의 역할과 과제

(1) 어느 국가가 인권의 후진국이라는 사실은 자연스럽게 그 나라 사법부는 뭘 하고 있었느냐는 질문으로 이어집니다. 각자도생이라는 말 아시지요. 시민들 사이에 올해의 사자성어로 각자도생(各自圖生)이 회자된다는 것은 정부와 국회뿐 아니라, 사법부로서도 굴욕입니다.

이 난마 같은 매듭을 어디서부터 풀 것인가. 법관으로서 할 일이 많다는 자각이 중요하다고 생각합니다. 예일대 교수 윌리엄 데레저위츠는, 하버드, 예일, 스탠퍼드, 컬럼비아, 브라운대에 입학하는 이른바 '수퍼

피블'(super people)이 점차 똑똑한 양떼(excellent sheep)와 같아진다고 우려하면서, 탁월한 능력보다 중요한 것은 '어디로 가고 있는지, 어디로 가야 하는지를 선도할 리더'라고 말합니다. 여러분은 모두 모범생에 우등생으로 살아온 사람입니다. 안 그래도 엘리트인 여러분에게, 엘리트 중의 엘리트로 살아오신 부장이나 원장, 대법원장의 '한말씀'까지 이어지다 보면, 매사에 긍정적이고 낙천적이며 시대적 경향과 조류에 순응하면서 대과 없이 법관의 일생을 마치게 될 가능성이 99.99퍼센트일 것처럼 보입니다. 그런데 그렇게 무탈하게 법관직을 수행하다 보면, 여러분의 법관 재직 중에는, 아니 살아생전에 우리 사회는 아무것도 바뀌지 않을 것입니다. 그렇게 법관직을 유지하다가 말 것인가, 법관으로서 세상을 바꾸는 일에 도전할 것인가.

법관으로서 세상을 바꾸는 일, 어렵지 않습니다. 그냥 원칙으로 돌아가는 거지요. '법관, 인권의 수호자', 프랑스 인권선언의 가치인 자유, 미국 독립선언의 가치인 생명 자유 행복, 유엔의 세계인권선언 제1조에 명시된 "모든 인간은 태어날 때부터 자유롭고 존엄성과 권리에 있어서 평등하다. 인간은 이성과 양심을 부여받았으므로 서로 형제애의 정신으로 대해야 한다." 인본주의, 인간이 인간으로 존중되는 세상. 여러분의 그 인권편람에는 법조인의 역할이 이렇게 정의되어 있습니다, '국제인권법이 적절하게 한 국가의 사법 과정에서 집행되도록 담보하는 국제인권법의 수호자'. 바로 여러분이 관심 두신 일입니다. 격무 중에도 인권법 연수에 참가하기로 결단케 한 내심의 갈망일 것입니다. 그 힘든 시험과 경쟁을 넘어서 법관이 된 이유입니다. 역사에는 가정법이 없다지만,

전태일의 시대에 제대로 된 사법부가 있었더라면 어땠을까 생각해 봅니다. 노동자의 권익을 확실하게 보호해 주는 사법부가 있었더라면, 전태일이라는 청년이 법원에 오는 대신 길거리에서 근로기준법 책을 끌어안고 분신에 이르지는 않았으리라는 자책.

무엇보다 법관으로서 내 영혼이 만족할 만한 무엇인가가 있어야 행복하지 않겠어요? 우리가 때로는 전태일 같은 처지에 있는 사람의 수호천사가 되는 것, 그것이 날마다 그럴 수는 없고 또 사건마다 그래야 하는 것은 아니더라도 적어도 일생에 몇 번은 그런 가슴 뛰는 사건으로 내 영혼까지 행복해지는 것, 그것이 이 세상에 온 보람이자 세상을 떠나는 마지막 순간 미소 짓게 하는 그런 일이 아니겠는가.

다행인지 불행인지 앞으로도 여러분의 영혼을 행복하게 만들어줄 사건은 씨가 마르지 않을 것입니다. 우리 사회, 쉽게 안 변하기 때문입니다. 뭘 그래도 변했겠지 싶습니까. 전태일이 분신한 지 16년 후인 1986년 독산동의 신흥정밀에 다니던 노동자 박영진은 '근로기준법을 지켜라. 살인적 부당 노동 행위 철회하라. 노동3권 보장하라'고 외치면서 분신합니다. 2003년 두산중공업 노조원 배달호는 회사 측의 손해배상 소송과 가압류에 항의하며 분신하여 사망합니다. 한진중공업 노조지회장 김주익도 노조 탄압과 가압류에 항의하며 크레인에서 고공 농성 129일째에 자살합니다. 2014년 2월 서울고등법원 민사2부에서 쌍용자동차 해고 노동자 153명에 대한 해고 무효 판결을 선고 받고 회사와 복직 교섭 중이던 한 노동자는, 그해 11월에 선고된 대법원의 파기 환송 판결로

교섭이 중단되자 자살하였습니다. 2009년 해고 후 28번째 자살입니다.

2015년 새해 어느 겨울 날, 연탄 공장에서 겨우 반나절 연탄을 실어 본 젊은이가 묻습니다. "여기가 사람 사는 곳이야, 형?"

(2) 그렇다고는 해도 '법관은 헌법과 법률에 의해 그 양심에 따라 독립하여 심판'하여야겠지요? (헌법 103조).

① 상식에 반하는 판결이라고 지적 받는 판결 중 다수는 잘못된 입법 때문이구요. 여론이 아무리 정의로운 판결을 요구하더라도 법률의 규정이 그렇지 않으면 어쩔 수 없잖아요. 법관이 법률의 규정에 따르지 않고 여론에 따라 재판한다면 탄핵 사유가 되겠지요. 그러므로 좋은 법률의 전제는 좋은 입법이지만, 입법이 다소 미비하더라도 법관의 좋은 해석으로 보완하면 좋은 법률이 됩니다. 대법원 전원합의체 판결은 대부분 그에 관한 것이고, 좋은 판결과 그렇지 못한 판결의 분기점이기도 합니다.

우리는 "자신의 확신에 반하는 내용의 설교를 하는 성직자를 경멸한다. 그러나 법률이 자신의 법감정과 다름에도 불구하고 법문에 충실한 판사를 존경한다"는 라드브루흐의 말을 즐겨 인용하면서도, 그로부터 10여 년 후 라드브루후 자신이 고쳐 한 말은 인용하고 싶어 하지 않는 것 같습니다, "실정법이 참을 수 없을 정도로 정의에 반할 때에는, 실정법은 정의 앞에 굴복해야 한다"라는. 영국의 존경받는 법관 데닝(Denning)도 '법이 무엇인가에 관심이 있을 뿐 어떠한 것이어야 하는지에 관심이 없는 법관'의 태도를 경계하면서, '법의 적용이 정의가 아니라 부정의한 결과를 가져오는 경우에도 그것을 고치는 것은 의회의 문제이지 법관의 문제가 아니라는 안이한 사고'에 반대합니다.

좋은 해석이 도저히 불가능한 법률은 법관도 국민도 위헌법률심판 청구를 망설이지 말아야 할 것입니다. 자제할 것이 아닌 위헌 결정을 자제하다가 헌법재판소에 권한을 넘기게 된 선배들의 잘못을 되풀이하지 말아야 합니다.

② 이렇게 법률에 따라 판결한다고만 규정한 입법례가 많지만, 우리는 법관의 양심이 걱정되었는지 워낙 양심적인 사회여서 그랬는지, 헌법과 법률 외에 법관의 양심에 따라야 한다고 명시하였습니다. 인간의 최고 덕목인 양심에 따라 재판한다고 했으니, 법원 믿어도 되는 거지요? 검찰은 그런 말 안 하잖아요. 검찰은 뭐라고 하죠? "법과 원칙에 따라 성역 없이 엄정 수사"하는 곳이죠. 양심이 빠져있네요. 실은 여기에서 말하는 양심이란 양심적이니 비양심적이니 하는 의미보다, 철학적 사고의 주체인 인간, 그 인간의 정체성을 결정하는 내면의 본질, 즉 소신이나 신념 같은 것이지요. 양심이 그런 의미라면, 모든 법관은 자신의 양심에 따라 판결하고 있으며, 자신의 양심과 반대로 판결하는 판사는 없을 것입니다. 만약 있다면 그 역시 탄핵 사유가 됩니다. 법관이 모두 양심에 따라 판결하였는데 결론이 서로 같기도 하고 다르기도 한 이유는, 법관의 양심이 법관 개인의 정체성에서 비롯한 개별적이고 고유한 것이기 때문입니다. 이렇듯 양심은 그 주체와 분리될 수 없는 주관적인 것이며, 주관적·개인적이지 않으면 이미 양심이 아닌 다른 무엇입니다. 그렇다면 법관마다, 법원마다, 또 심급에 따라 판결의 결론이 일부 달라지는

것은 흔치는 않더라도 어느 정도 예견되는 일이며, 전혀 없다면 그것도 신기한 일입니다.

그럼에도 법관마다 심급마다 판결이 획일적이지 않다고 비판하면서, 법관의 양심은 주관적이면 안 되고 객관적이어야 한다거나 개인의 양심이 아닌 직업적 양심이어야 한다고 주장하는 이유는 무얼까. 철학에서 공공의 선을 객관적 양심이라고 부르기도 하는데 공공의 선은 구성원 다수의 이익이나 가치가 우선하므로, 법관의 양심이 객관적이어야 한다고 주장하는 견해는 여론이나 다수의 이익과 가치에 부합하는 것을 객관적 양심의 내용으로 보게 됩니다. 그런데 다수의 생각이 반드시 우월하지는 않다는 것은 역사가 말해 줍니다. 다수의 여론에 따른 재판은 소크라테스와 예수에게 죽음을 가져다주고 사람을 마녀로 만들기도 하지 않았나요? 과학에서조차 다윈, 갈릴레오, 코페르니쿠스, 파스퇴르가 주장한 과학적 견해는 처음에는 모두 거부당하고 멸시 받았구요.

사회의 공동선 내지 다수의 생각이라는 것도 인류 사회 전체를 기준으로 보편적 가치에 부합할 때에만 정당한 것이며, 어느 법관의 주관적 양심이 다른 대다수 법관의 주관적 양심과 달라서 그에 따른 판결이 대다수 법관의 판결과 다르다고 하더라도 그것이 인류 보편의 가치 기준에 더 부합하는 것이면 그것이 바른 판결입니다. 법관인 이상 그 양심의 지향이 보편타당하고 독단적이지 않도록 유념하여야 함은 당연하지만, 사회 구성원 중 주류와 비주류, 다수와 소수 간 이해가 일치하지 않을 때 자신의 양심과 달리 다수의 생각에 따르는 것이 법관의 객관적 양심이라고 주장하는 것이라면, 동의할 수 없습니다.

작금의 대법원장께서는 늘상 "법관이 따라야 할 양심은 보편적인 규범의식에 기초한 법관으로서의 직업적이고 객관적인 양심을 뜻하는 것이지, 독특한 신념에 터잡은 개인적 소신을 말하는 것이 아님을 명심하라"고 강조하시는데, 정신줄 느슨하게 놓고 들으면 구구절절 옳은 말 같지만, 정신줄 바짝 조이고 들어보면 그 또한 말씀하시는 분의 주관적 소신을 객관적 양심이라고 전제해 놓고, 자신의 생각과 다른 생각을 '주관적 양심'이라고 폄하하는 것임을 알 수 있습니다. 이렇게 법관의 양심마저 남의 양심에 맞추기를 요구하면서, '객관적 양심 대 주관적 양심'의 대립 구도로 양분한다든지 '튀는 판결', '개인적이고 주관적인 고집', '독특한 신념에 따른 개인적 소신', '독선적이고 편향된 견해'와 같이 가슴 서늘한 어휘로 비하하는 것이야말로 재판의 독립을 해치고 법관의 양심에 상처를 주는 비수(匕首)입니다.

또, 누가 그렇게 단정할 수 있는 것입니까.

예컨대, 대다수 법관이 양심적 병역거부자를 유죄 판결할 때 어느 한 법관이 무죄 판결을 하면 그 무죄 판결이 '튀는 판결'처럼 보이지만, 보편타당한 국제인권법의 원칙과 규약에 비추어 보면 양심적 병역거부자에 대한 유죄 판결이야말로 세계적으로 드문 '튀는 판결'입니다. 유엔 등 국제 무대에서는 이미 튀는 판결이라는 지적을 수없이 받았으나, 대한민국의 헌법재판소와 대법원의 최고 재판관들은 법관으로서의 양심에 따라 흔들림 없이 그 튀는 판결을 반복하고 있는 것입니다.

법관은 누구나 양심에 따라 재판할 의무가 있고, 우리는 누구나 법관의 양심을 존중하고 지켜줄 의무가 있습니다.

법원이 법관을 존중하지 않으면 사건 당사자나 시민이 법관을 존중할 리 없습니다. 대법원장이 법관 한 사람 한 사람의 소신과 양심을 천금같이 존중하면 사건 당사자가 법관을 함부로 대하지 못하고, 힘있는 외부세력이 법원을 넘보지 못합니다. 두려운 것은 그와 반대의 경우입니다.

(3) 무엇보다, 좋은 판결은 좋은 법관의 임명에서 찾아야 합니다.

'봄날은 간다'는 영화에 나오는 "어떻게 사랑이 변하니"라는 대사 기억하시지요. 근데 사실 사랑은 변하잖아요. "어떻게 사랑이 안 변하니"가 맞지 않나요? 변하지 않는 것은 사랑이 아니고 사람입니다. 내 아내, 내 남편은 변했다구요? 그건 변한 게 아니고 속은 겁니다. 판사의 정체성도 바뀌지 않습니다. 그래서 법관을 잘 뽑아야 합니다. 교통사고 정말 나쁘다고 생각하는 판사에게, 교통사고는 문명사회에서 부득이한 것이라고 변론해봤자 판사 생각 안 바뀌잖아요. 생계형 절도를 안타깝게 생각하여 관용해 온 판사에게 검사가, 피고인은 배고플 때마다 빵을 훔쳐 먹은 상습범이니 엄벌해 달라고 해 봤자 그 법관의 양형 바뀌나요? 배고파서 훔친 것이 아니라, 훔친 빵을 팔아서 유흥비로 썼다고 탄핵하는 것이 낫겠지요.

이런 현상이 극대화되어 나타나는 것이 대법원입니다.

대법원이 신임 법관의 선발에 더 고심한다면, 시민은 대법관을 잘 뽑는 것에 더 관심이 많지요. 마땅히 필요한 관심입니다. 노동자 권익을 두텁게 보호하는 판결 해 달라고 백번 주장하는 것보다 노동법 전문가 한 사람 대법원에 보내는 편이 낫습니다. 노동법 전문가가 진보처럼 보여서 걱정되면 사용자 입장에 정통하거나 고용 시장 유연성을 주장하는 노동법 전문가까지 균형 맞춰 두 사람 대법관으로 임명하면 됩니다. 노동 사건의 질과 양에 비하면 노동법 전문 대법관 두 사람 결코 많지 않습니다. 그것이 대법원 구성의 다양성입니다. 참여정부가 이른바 진보 성향 대법관을 여럿 임명하였습니다. 참여정부가 계속해서 진보 인사로만 대법원을 채울 생각이었다면 그 또한 잘못입니다. 이유와 경위는 어찌 되었든 결과적으로 그렇게 구성하지 못했습니다. 다행입니다. 건국 이래 그런 대법원은 한 번도 없었고, 그 반대의 경우는 많았습니다. 이것은 불행입니다. 그와 반대인 대법원의 구성은 법관들의 무관심이 아니었다면 불가능한 일이었습니다.

의아한 것은 법관들의 무관심입니다. 자신의 판결이 판례에 비추어 맞았는지 틀렸는지가 아니라, 판례에 따른 내 판결이 진짜 옳은지 아닌지 고뇌해 본 법관이라면 누구나, 내가 따라야 할 판례를 만들 대법관이 어떤 인물인지 관심 갖고 참여하는 것이 의무입니다. 대법관은 판례를 만들고, 판례와 다른 내 판결을 파기 환송할 사람이기 때문입니다.

자문할 능력도 의지도 없는 현재와 같은 대법관후보추천위원회 보다는 판사회의의 추천이나 의견 수렴을 거치는 것이 나을 것입니다. 대법관후보추천위원회의 외부 위원들은 내부 위원들이 대법원장의 의도에 손들어 주는 것을 견제하고 균형을 잡으라는 것인데, 현실은 내부 위원보다 못한 들러리입니다. 법원행정처가 준비한 자료를 넘어설 수 없기 때문입니다. 전에 수뢰로 실형까지 선고 받은 고등 부장판사가 있었지요. 그분 고등 부장 승진할 때 저도 인사위원회에 참여했었는데요. 어느 인사위원 한 분이 그 법관에 대한 부정적 평가를 제시하였으나, 행정처가 준비한 심사 자료에는 탁월하고 완벽한 법관으로 조사되어 있고 부정적 평가는 내부 위원들조차 금시초문이었던지라 그냥 한 위원이 잘못 알고 있는 것쯤으로 치부하고 넘어갔거든요. 그런데 일이 터진 후에야 드러난 사정은, 선배나 상위 서열자들은 모두 훌륭한 법관으로 알고 있고 후배나 후순위 서열자 사이에서는 진즉에 지탄과 기피 대상이었다는 거예요. 내부 위원들조차 이럴진대, 회의 며칠 전에 법원행정처에서 작성한 신상 정보 자료를 제공받는 외부 위원들이 무엇을 얼마나 알 수 있겠어요. 최소한 추천된 후보 명단이라도 사전에 공개되어 위원회가 열리기 전 누구나 후보자에 대한 정보를 위원들에게 제보할 수 있게 하여야 합니다. 개인의 신상보다 공익이 우선하고도 남음이 있는 일이잖아요.

사회적 약자를 얼마나 보호하느냐가 사회 선진화의 척도가 된다는 견해는 판결에 대해서도 유효합니다. 왜 그런지, 노동시인의 말로 대신하고자 합니다. "몸의 중심은 심장이 아니다. 몸이 아플 때 아픈 곳이 중심이 된다. 가족의 중심은 아빠가 아니다. 아픈 사람이 가족의 중심이 된다". 그런데 역지사지는 인간의 본성에 반하는 것이어서 불가능하거나 참으로 어렵습니다. 아픈 사람만 판사하라고 할 수도, 판사더러 아파 보라고 할 수도 없지만, 그래서 감수성과 공감 능력이 법관의 필수 자질입니다. 로봇 판사로 대체될 수 없는 경쟁력입니다. 손톱에 박힌 가시가 아프다고 느끼는 것은, 손가락이 아니라 아픔을 아는 내 마음이기 때문입니다.

감수성과 공감 능력이 얼마만큼 중요한지는 2004년 7월 미국 민주당 전당대회에서의 오바마 연설만큼 잘 표현된 것이 없다고 생각합니다. "만일 시카고 남부에 글을 읽지 못하는 소년이 있다면, 그 아이가 내 아이가 아닐지라도, 그 사실은 내게 중요합니다. 만일 어딘가에 약값을 지불하지 못하는 노인이 의료비와 월세 중 하나를 택해야 한다면, 그가 내 할머니가 아닐지라도 내 삶마저 가난하게 됩니다. 만일 어떤 아랍계 미국인이 적법 절차 없이 체포당했다면, 그것은 내 시민권에 대한 침해입니다."

지금과 같은 추세라면 정권이나 여론 같은 외부 요인에 의해 대법원 구성이 바뀔 가능성은 없습니다. 급격한 고령화로 다수가 된 노인층은 보수 정권의 안정적 집권을 보장할 것이며, 보수 정권의 보수적 대법원장 임명, 보수적 대법원장의 보수적 대법관 임명 제청은 앞으로도 오래 지속될 것입니다. 일반 법관들에게는 재판에 대한 신뢰가 법관에 대한 믿음에 근거한다고 하면서, 대법관에 관한 한 그러한 신뢰를 얻기 어려운 이력을 가진 분들까지 너그러이 임명됩니다. 서초동의 어느 기자는, 실제로 공정한지 여부를 떠나 공정하지 못할 것 같다는 선입견만으로 6년 내내 기자실에 투서가 끊이질 않던 어느 대법관의 퇴임으로 이제 좀 살았구나 했더니 그보다 더한 분이 뒤를 이었다고 푸념하는 칼럼을 썼습니다. '공정하지 못할 것처럼 보이는 분까지 다양하게 구성되었다'는 참기 어려운 조롱도 합니다. 이러한 고리를 끊을 수 있는 것은 내부 구성원이 자유롭게 의견을 말하고 뜻을 모아 목소리를 내는 방법뿐이라고 생각합니다. 대법원 구성에 법관들의 관심과 참여가 의무라고 말씀드린 이유입니다.

(4) 잘 뽑은 법관에게도, 공부와 생각할 시간이 있어야 합니다.

올해 초인가 한 원로 변호사께서 변협신문에, 법관들이 공부를 멈추고 생각을 시작해야 한다고 쓰신 글을 보았습니다. 절반은 맞고 절반은 틀린 말이라고 생각했습니다. 공부를 멈출 때가 아니라 좀 다른 공부가 필요하다고 생각했기 때문입니다. 열심히 일하는 것은 좋은데, 지나치다는 것이 문제입니다. 과다하다 못해 잔인할 정도의 근무 시간에도 불구하고 기록과 판례, 법률 실무를 익히느라 다른 공부에 할애할 시간이 없습니다. 인문학이나 사회학까지는 아니더라도 당장 헌법과 국제인권법이라도 말입니다. 법관들이 가장 둔감한 것은 세계적 추세와 사회 변화라는 지적은 귀 기울여야 할 대목입니다.

생각을 시작해야 한다는 말은 맞다고 생각합니다. 법관들은 생각할 시간이 주어지면 수준 높은 사고를 하기에 충분한 지력과 이성을 갖춘 사람들입니다. 인문학적 소양과 철학적 감수성을 갖춘 법관, 모두의 로망이지요. 우리에게도 알비 삭스 같은 재판관이 그립습니다.

이러한 일이 가능하려면, 다른 공부와 사유가 가능한 근무 여건과 법원 문화의 조성이 필요합니다. 법원은 법관들로 하여금 별 보고 출근해서 달 보고 퇴근하도록 방치해서는 안 됩니다. 생각할 시간을 주는 근무 여건 조성부터가 세계적 추세입니다. 낙후된 근무 여건은 시대에 뒤쳐진 법관과 판결을 양산합니다.

　법관으로 임명된 후의 이런 문제점 때문에, 미리 그런 공부 다 끝내고 오라고 로스쿨 제도와 법조 일원화가 도입되었으나, 로스쿨 또한 사법연수원보다 더하거나 덜하지 않은 문제점을 보이고 있습니다. 우리 교육 전반의 문제점에다가 로스쿨 교육의 문제점까지를 더해 놓은 셈입니다. 이런 것은 뺄셈이어도 좋은데 나쁜 것은 언제나 덧셈입니다. 비단 법관이나 로스쿨만의 문제이겠습니까. 우리가 언제 내신, 수능, 취업 준비 말고 다른 공부 할 수 있는 그런 학교 다녀본 적 있나요? 내 자녀는 우리에 가두지 않고 초원에 방치할 자신 있나요.

　최고의 법률 전문가인 법관이 지혜 부족을 지적당하는 데에는, 이런 근본적이고 구조적인 문제가 있는 거지요. 기록과 판례, 법률 실무를 익히는 것 외에 다른 아무것도 할 시간이 없다면, 법관은 단기적으로는 소모되다가 장기적으로는 소진하고 말 것입니다. 소모되고 소진한 법관은 가정과 사회에서도 소외되거나 도태됩니다. 번아웃(burn out)을 넘어 멜트다운(melt down)되는 것입니다. 과도한 업무로 인한 탈진을 '시대의 질병'으로 보는 벨기에의 철학자 파스칼 샤보는, 업무에 적응하지 못하는 것도 문제지만 업무에 너무 잘 적응한 나머지 업무와 혼연일체가 되어, 어디에서 업무를 멈춰야 할지 모르게 되는 것도 일종의 장애라고 주장합니다.(업무에 너무 잘 적응한 나머지 업무와 혼연일체가 되어 어디에서 업무를 멈춰야 할지 모르게 되는 장애? 이거 여러분이잖아요.) 프란치스코 교황도 '쉬지 않고 일만 열심히 하는 것은 질병'이라고 정의하였습니다. 스트레스와 과로가 성공의 필수조건이라는 고정 관념은 이제 더 이상 유효하지 않은 세상입니다.

무엇보다, 그렇게 일하면 훌륭한 법관이 될 것인지 생각해 보아야 합니다. 좋은 법관의 기준이 더 많은 사건의 처리, 높은 평정, 주목받는 사무 분담이나 법원행정처의 보직이 아니라면 말입니다. 수석 부장이나 대법원장의 임기가 끝나고 바뀐 후에도 오래도록 판사로 남아서 좋은 판결을 하고 싶다면 말입니다.

두려운 것은 여러분보다 먼저 법원을 떠나게 될 선배가 아니라, 여러분이 떠난 뒤 법원에 남아 여러분의 판결을 검색하게 될 후배입니다. 선배는 평정할 뿐이지만, 평가는 후배와 역사가 합니다.

(5) 법관이 세상을 바꾸는 일도 혼자서는 어렵습니다.

앞에서 인용한 다니엘 튜더는, 한국인이 점차 절망에 익숙해지고 오지 않을 희망에 불편해한다고 우려하면서, 온·오프라인 모임이 활성화돼 사회 구성원 간에 충분한 토론이 이루어져서 국가의 주요 이슈에 영향을 미치는 목소리를 찾을 것을 대안으로 제시합니다. 법관으로서도 귀담아들을 부분이 있다고 생각합니다. 같은 법원, 같은 커뮤니티, 소셜 네트워킹 안에서 지식과 생각은 나누고 지혜는 모아서 좋은 결론을 도출하고 판결로 선고하면, 힘이 될 것입니다. 종전에 주로 관련 사건의 처리 시기나 진행 절차, 주문의 통일에 의견을 모았다면, 이제는 판례의 타당성 검토에도 지혜를 나누는 것이 중요하다고 생각합니다. 판례 검토는 대법관의 전유물이라는 생각, 오해입니다. 법원행정처장을 하신 박일환 전 대법관은 취임사에서, "국민들은 다양한 가치관이 반영되는 판결을 기대하고 있으나, 하급심을 통해 다양한 의견이 표현돼야만 대법원에서도 좋은 판결을 할 수 있다. 하급심이 함께 능동적으로 노력해야만 변화가 가능하다"고 당부하셨습니다. 자기가 할 일을 왜 하급심에 미루는 말씀을 하시는가 생각했었는데, 대법관이 된 후 크게 공감하였습니다.

미국의 찰스 메릴 판사도, "판사는 자신을 기꺼이 원심 파기의 가능성에 노출시킬 용기가 필요하다. 상급 법원에 의해 문제점이 해결되기 전까지는, 해당 문제점에 대해 해결해 주는 것은 하급심 법원의 독립적이고 고유한 기능이다. 파기를 피하기 위해, 창조적 사고 대신 상급심의 견해에 기대거나 예측하여 맞추는 것은, 적절한 사법 서비스가 아니다."

오랫동안 유지되어 오던 판례가, 어느 하급심의 한 단독 판사 판결이 불씨가 되어 바뀌게 되었을 때, 그것이 왜 내 판결이면 안 되는가? 법관이 판결로써 바꾸지 못할 세상은 없으며, 끝내지 못할 불의, 지켜주지 못할 인권은 없다고 생각합니다.

(6) 법관은 판결로만 말하라고 하는데, 이 또한 맞기도 하고 틀리기도 합니다.

자기 자신의 재판에 관한 한 맞는 말이지만, 근무 환경과 여건, 법원의 문화적 풍토를 고치고 바꾸는 것은 법원 안에서 지속적으로 터져 나오는 목소리가 있어야 가능합니다. 대법원장과 법원행정처가 주도하는 위로부터의 개혁보다, 법관 개개인의 의견이 활발하게 제시되고 판사회의가 제구실을 하는 것이 효과적이라고 생각합니다. 판사회의에서 결정, 아니 결정은 차치하고 논의나 심의를 거친 것이 사무 분담 외에 뭐가 있는지요. '법관은 다른 사람의 사건에 개입하여 재판한다는 점에서 이미 정치적 사회적 존재임에도, 법관이 판결 이외에 자신의 견해를 밝히기를 회피하는 것은, 토론을 통해 자신의 잘못된 견해를 재고하고 다른 법관의 잘못된 견해를 수정할 기회를 차단하는 것이다. 견해 표명의 한계는 법관으로서의 품위와 예절을 지키는 것이되, 어쩌다가 그러한 한계를 넘었다고 하여 곧바로 직무 감독상의 조치를 취함으로써 토론을 위축시켜서는 안 된다'라고 주장하고 싶은데, 독일의 한 연방법원장이 먼저 말씀해 버렸네요.

관심 가져야 할 일에 관심 갖지 않고, 말해야 할 때 말하지 않는 존경하는 법관 여러분, 법원 안에서 일어나는 가끔씩 이해할 수 없는 일조차 왜 알려고 하지 않고 왜 묻지 않으시는지, 코트넷(사법부 내부 통신망)은 지금도 안녕하신지. 아무래도 우리는, 침묵이 금이라는 말을 너무 많이 듣고 자란 것 같습니다.

그들이 공산주의자에게 왔을 때, 나는 침묵하였다. 공산당원이 아니었기 때문에.
그들이 유대인에게 왔을 때, 나는 침묵하였다. 유대인이 아니었기 때문에.
그들이 노조원에게 왔을 때, 나는 노조원이 아니어서 침묵하였고,
그들이 카톨릭 신자에게 왔을 때에도, 나는 개신교도이기 때문에 침묵하였다.

그리고 그들이 내게 왔다. 그때는 아무도 남아 있지 않았다.

- 《그들은 자신들이 자유롭다고 생각했다》 중 〈처음 그들이 왔을 때〉

라고 노래하고 싶은데, 이것도 독일의 신학자 마틴 니묄러(Martin Niemoller)가 먼저 발표해 버렸네요. 그의 고백서에 나오는 유명한 글이죠? 혹시 이 글도 처음 들어보신 분은 심각하게 무식하신 겁니다.

5. 마지막으로 양심적 병역거부에 대해 말씀드리고자 합니다.

(1) 양심은 정신적 심장입니다. 심장을 훼손당하면 살 수 없는 것처럼, 양심을 침해당하면 정체성이 상실됩니다. 그래서 양심의 자유는 곧 영혼의 자유며, 양심의 자유의 핵은 양심에 반하는 것은 아무것도 하지 않을 자유, 즉 양심에 반하는 무엇을 하도록 강요받지 않는 자유입니다. 국제 사회는 양심의 자유를 세계인권선언 제1조에 넣었고, 인간이면 지구 위 어디에서나 누구로부터도 침해당하지 않도록 각국의 헌법에 수용키로 하였습니다. 조약과 국제 규범의 국가적 효력에 관한 헌법 제6조 1항은, FTA 때문이 아니라 연혁적으로 양심의 자유에서 유래한 것입니다. 양심에 반하는 것을 강요당하지 않을 자유는 양심의 자유의 핵이자 최소한이므로, 이를 제한하는 것은 곧 양심의 자유를 인정하지 않는 것이며, 목적의 정당성이나 비례의 원칙을 따질 수 없는 부분입니다. 이렇듯 보편적이고 양도할 수 없는 권리의 핵심 부분을, 공익 목적을 위해 제한할 수 있다고 하는 헌법재판소와 대법원의 법리는 허구입니다.

(2) 다음달 9일 헌법재판소에서 4년 만에 다시 공개 변론이 열립니다. 법원이 위헌법률심판 제청한 사건 말고, 헌법소원 4건만 변론에 넣었는데, 기대도 있고 체념도 있습니다. 헌법재판소가 이번에 다시 합헌 결정을 하더라도, 오래 유지되기는 어려울 것입니다. 지금까지는 양심의 자유에 방점이 있었지만, 종교 탄압의 문제로 부각된다면 민감하고 폭발력 있는 사안이 되기 때문입니다. 국내 여호와의증인 신도가 약 10만인데, 병역거부는 핵심 교리고, 병역거부로 투옥된 신도가 만 명이 훌쩍 넘으니, 신도의 10분의 1 이상이 교리 때문에 처벌받은 것입니다. 교리 때문에 처벌받는 것은 박해며, 신도의 10분의 1 이상이 투옥되었다면 구한말 천주교의 순교에 필적하는 것입니다. 국내에서는 보도가 뜸하니까 관심에서 멀어졌나 보다 할지 몰라도, 국외에서는 최근의 AP통신, 월스트리트저널에 이르기까지 여전한 관심사입니다.

(3) 최창석 부장이 얼마 전 양심적 병역거부를 무죄 판결하면서, '이번 판결의 작은 불씨가 사회에 큰 변화의 불씨를 일으키기 바란다'고 하셨던데, 불씨는 지금 어디에 묻혀 있나요. 단테의 신곡에도 '커다란 불길은 하나의 작은 불꽃에서 시작된다'고 했건만.

선고하려다가 연기한 재판부가 있다는 보도가 있던데, 유죄 선고를 하지 않은 것은 다행이지만 최 부장 판결에 대한 항소심과 대법원 판결 결과를 기다려 보고서 선고하겠다는 것이면 아무런 의미가 없습니다. 1개 재판부의 무죄 판결 몇 개로는 항소심에서 즉시 파기되거나, 혹시 유지되더라도 대법원에 가서 유지될 가능성은 1퍼센트도 없을 터인데, 무엇을 기다리겠다는 건지요. 그때 가서 어쩔 수 없이 유죄 판결할 수 밖에 없다는 마음의 위안이라도 얻으시려구요?

뜻이 같은 1심 법관들이 동시다발적으로 여러 건의 무죄 판결을 선고하고, 그래서 항소심으로 하여금 이러한 1심 법관들의 판결을 전부 파기하는 대신 재고할 여지를 제공하고, 그래서 항소심에서도 여러 건의 무죄 판결이 유지되어 대법원이 수많은 하급심 판결을 전부 파기 환송하는 데에 부담을 느끼도록 하는 것 외에는, 다른 가능성은 없다고 봅니다.

판례가 변경된 후의 일을 생각해 보면, 폐기된 선례에 따라 처리되었던 사건은 법관이 불의에 가담한 것이고, 아직 폐기에 실패한 선례에 따라 지금 처리하고 있는 사건은 법관에 의해 불의가 은폐되고 있는 것입니다.

그다지 희망이 없어 보이는 헌법재판소의 공개 변론을 앞두고, 수감을 앞둔 청년들과 가족들은 그래도 또 혹시나 하고 잠 못 이루고 있던데, 헌재가 대법원보다 나을 수 있을까? 밖에서는 도긴개긴이라고들 하던데.

6. 맺는말

법관의 핵심 덕목은 지혜 용기 사랑이라고 생각합니다. 지혜가 부족하면 좋은 판결을 못하지만, 용기와 사랑이 부족하면 안 하느니만 못한 판결이 됩니다. 저는 오늘 그 용기에 대해 여러분과 생각을 나누고자 의도하였습니다.

법관이라는 직업도 재직 기간이 지나면 끝나는 소모품입니다. 오래 보존하려 아껴둘 것이 아니라 유효 기간 내에 잘 써야 합니다. 가끔은 벼랑 끝에 서서 재판하는 기분이 들기도 할 것입니다. 백척간두에서 한 발을 내딛는 담대함이 필요하기도 할 것입니다. 충무공은 아닐지라도, 살고자 하면 죽고 죽고자 하면 산다는 마음가짐이 필요할지 모릅니다. 저도 뭐 죽자고까지 각오한 것은 아니었지만, '이 일로 법관을 그만둘 수도 있겠구나' 겁먹고 주저주저하면서 남들이 안 하는 일을 저질렀다가 곤욕을 치르기도 하고, 무소의 뿔처럼 작심하고 결행하였으나 아무 일 없이 넘어간 적도 있습니다. 당시에는 곤욕을 치렀다고 생각했던 일이 지나고 보니 생의 전환점이 되기도 하였습니다. 그때 제 나이 서른다섯이었습니다. 법관으로서의 전환점을 맞기에 너무 늦거나 이른 나이는 없습니다. 자유 의지와 용기, 자각이 필요할 뿐입니다.

　지금 시민 사회 한 모퉁이에서 '416 인권선언'이 준비되고 있습니다. 정부와 국회가 하였어야할 일입니다. 시민이 나서기 전에 법원의 판결 하나하나가 인권선언이 되었어야 했습니다. 세월호 트라우마를 극복하지 않고는 우리 사회가 나아갈 수 없듯이, 사법 트라우마도 극복되어야 합니다. 인혁당 사건과 같은 잘못된 판결로 인한 시민의 트라우마는 좋은 판결로만 치유될 수 있고, 그 의무는 일차적으로 법관에게 있습니다. '힘겨워 한 날에 너를 지킬 수 없었던' 대한민국의 법관이기 때문입니다. 헤르만 헤세는 "인생은 살 가치가 있다는 것을 일깨워 주는 것, 그것이 예술의 궁극적 목적"이라고 했습니다. 비단 예술뿐이겠습니까. 법관이 하는 일의 궁극적 목적일 것입니다.

당장의 현실은 잔인하지만 언젠가 또 다른 어느 6월쯤에는, '인간의 존엄과 가치'보다 다른 무엇을 우위에 두는 판결이 '튀는 판결'로 보이는 날이 반드시 오리라고 믿습니다. 그것이 아니라면, 여러분이 오늘 이 자리에 계신 이유가 무엇이겠습니까.

생각이 좀 다른 분은 지루하셨죠? 특별할 것 없는 이야기, 가끔씩 귀에 거슬리는 이야기까지, 내색 않고 경청해 주셔서 감사합니다.

— 2015. 6. 22. 사법연수원 법관 연수

PART 5

희망이 필요한 사람, 희망을 주는 사람

21
용서하고 끌어안는 미래로

- 한국 사회 여성의 지위 : 〈한국젠더법학회〉 10년의 의미

한국젠더법학회의 10주년에 함께할 수 있어 기쁩니다. 세월이 비껴 간 듯한 창립 회원들의 여전한 모습과 새로운 회원들의 얼굴을 뵙게 되어 기쁩니다.

10년이면 강산이 변한다는데, 그사이 우리 사회는 얼마나 변했을까. '크게 변했는가'라고 물으면 '아니다'가 답이 될 것입니다. '변한 게 없는가'라고 물으면, '변하긴 변했다'가 답이 될 것입니다. '기대만큼 변했는가'라고 물으면, '얼마큼 기대했는가'라고 되물어야 할 것 같습니다. 변한 것이 없다고는 할 수 없지만, 기대만큼 변한 것은 아니다 정도면 정답에 가까울까요?

그나마 이만큼의 변화에 기여하고 헌신하신 회원 여러분과 역대 간사, 임원, 회장님들께 경의를 표합니다. 무엇보다 양현아 초대 회장께서 젠더법학회를 창립한 것은 대단한 일이었습니다. 그때는 겨우 2005년이었으니까요. 이제 10년이 지나 2015년이지만, 지구 위 어떤 나라에서는 "지금은 2015년"(캐나다 트뤼도 총리의 말)이 되고, 또 어떤 나라에서는 아직 2015년일 뿐입니다. 그래서 벌써 10년이지만 겨우 10년이기도 합니다.

얼마 전 여성 법조인 몇이 모인 자리에서, 오랫동안 가슴에 품어 온 질문을 꺼내 보았습니다. 하나는 '다시 태어나도 결혼을 하겠는가'라는 것과 다른 하나는 '다시 태어나도 법조인을 하겠는가'라는 것이었는데요. 그런데 첫 번째 질문을 채 마치기도 전에 누군가가 "나는 다시 태어나고 싶지가 않다"고 하고 다들 나도, 나도 하고 동조하는 바람에 두 번째 질문은 꺼내 보지도 못하고 말았습니다. 또 누군가 "적어도 젊은 시절로 만큼은 돌아가고 싶지 않다"라고도 했습니다. 이게 뭔 소리입니까. 누구나 젊은 시절을 그리워하고, 10년 아니 5년만 젊어도 좋겠다고들 하는 세상에서 말입니다. 제가 40년쯤 전에 했을 법한 답을, 40년쯤 후에 후배들 입에서 듣게 되리라고 상상이나 했겠습니까.

1962년 9월 30일 아침 스물아홉의 흑인 청년 제임스 메리디스(James Meredith)가 미시시피 대학으로 등교합니다. 미국에서의 첫 흑인 대학생 등교입니다. 법무부 인권국 검사와 연방 보안관, 연방군 1만여 명이 그의 등교를 호위합니다. 1954년 5월에 '분리가 곧 차별'이라는 연방대법원 판결이 나온 지 8년 만의 일입니다. 그런데도 백인들의 등교 반대 시위가 격렬하였고, 입학 후 온갖 멸시와 따돌림, 생명의 위협을 겪습니다. 1964년에는 두 번째 흑인 학생인 클리블랜드 도널드 주니어가 입학합니다. 졸업 후 매리디스는 인권 운동가가 되고, 40년이 지난 2002년에는 교정에 동상이 세워집니다. 그런데, 2012년 미시시피대 교정에서는 다시 무슨 일이 있었을까요. 수백 명의 학생들이 여전히 흑인 차별을 주장하는 구호를 외치며 시위를 합니다. 불과 3년 전 미국에서 말입니다. 최근 작고한 여성 인권 운동가 데니스 마샬은 생전에, "나는 이 사회가 70년대 이후 얼마나 달라졌나, 진보하기는 했나 싶어 절망하곤 한다"고 한탄하였습니다. 그렇게 말한 시점과 배경이 2014년 12월의 영국 사회입니다.

남의 나라 얘기를 다소 장황하게 인용한 이유는, 민주주의가 발전하였다는 나라에서도 이럴진대 우리 쉽사리 절망하거나 좌절하지 말자는 다짐을 나누고 싶어서입니다. 국제 무대에서의 인권 활동 경험이 많은 분들은 "인권은 시간이 필요한 일이다. 서구에서도 오랜 시간이 걸렸다"고 위로하고 격려합니다. 젠더법학회 창립 후 10년 동안 변하지 않은 일이 다음 10년 안에 변하리라는 전망은 사실 불확실하고 낙관적인 희망사항일지도 모르겠습니다. 그러나 그런 불확실한 희망을 우리 힘으로 기어이 이루어내자는 다짐만큼은 젠더법학회의 약속이자 포기할 수 없는 목표입니다.

예측하는 것은 지식이지만, 예측을 비껴가는 것은 지혜입니다. 지식은 2300~2400년 경이면 한국의 인구가 소멸하고 그보다 먼저 경제 성장률이 0에 이른다고 예측하지만, 성평등하고 근무하기 좋은 일터, 일과 가정이 양립 가능한 사회는 그러한 예측을 비껴가는 우리의 지혜입니다.

그 목표를 향한 방법론에 있어서도 종전의 그것을 수정할 필요가 있다고 생각합니다. 우선, 젠더법학회의 구성이나 참여에 있어 성평등을 추구할 필요가 있다는 점입니다. 문제의식을 공유하고 있는 여성들 사이에 연대를 공고히 하는 만큼이나, 문제의식이 공유되어 있지 않은 남성들과 연대하는 것이 중요합니다. 또한 유리 천장을 깨고 상층부에 진입하기만 하면 문제가 많이 해결될 줄 알았는데, 꼭 그렇지만은 않더라는 것도 알게 되었다는 점입니다. 여성인지 남성인지만이 아니라 어떤 여성인지가 중요하다는 사실을 학습하게 되었다는 뜻입니다.

용서와 화해에도 눈 돌려야 할 때라고 생각합니다. 평생을 투쟁으로 살아온 어느 정치가의 마지막 언어는 '통합과 화합'이었다지요. 27년을 감옥에서 보낸 넬슨 만델라의 우분투(Ubuntu) 정신을 따라가지는 못하더라도, 로버트 블라이(Robert Bly)의 시 '기차를 타고 과수원을 지나면서'의 한 귀절이라도 되뇌어야 할 것 같습니다. '나는 그를 용서한다고 말하고 싶다. 그도 나를 용서하기를.' 사실, 젠더 문제와 같은 소수자 인권의 역사에 있어 '그들이 우리를 용서할 일'은 별로 없지만, 우리가 그들을 용서하고 끌어안는 역할을 감당하지 않으면, 요즘 우리 사회 이러다가 정말로 거덜날 것 같습니다. 분노와 증오가 끓어 넘치는 사회를 가라앉히는 것은 어쩌면 모성의 힘이 아니면 불가능할지도 모르겠습니다. 분노하고 증오하던 과거와 다른, 용서하고 끌어안는 현재만이, 현재보다 나은 미래를 가져올 것이라고 믿습니다.

"I have a dream" 이라고 절규한 킹 목사의 꿈은 50년이 지난 지금도 다 실현되지 못했지만, 차별받지 않는 평등한 사회를 이루고자 하는 우리의 꿈은 언젠가 꼭 이루어지기를 바랍니다. "지금은 2015년이니까요"라는 말은 못 듣더라도 "지금은 2025년이니까요"라는 말이라도 들어보고 싶습니다. 그때쯤이면 이 자리에 계신 여러분이 학계는 물론 입법·행정·사법의 절반을 차지하고 계실 모습도 보고 싶습니다. 한국젠더법학회의 10주년을 축하합니다.

- 2015. 12. 5. ⟨한국젠더법학회⟩ 10주년 축하

22

소수자 인권과 법조인의 역할

1. 봄 그리고 희망

어젯밤엔 잘들 주무셨어요? 뜻깊은 '공감'의 '인권법 캠프'에 오신 것을 환영합니다. 하필 요즘같은 와중에 로스쿨이나 사법연수원에 입학하시게 되어 마냥 축하하기도 그렇고, 그렇다고 위로의 말씀을 드릴 수도 없고, 그래도 이 희망찬 새해에 인권법 캠프에 오신 것은 스키 캠프에 비할 수 없는 탁월한 선택입니다.

지난 주 타계한 신영복 선생께서는 '처음으로 하늘을 만나는 어린 새처럼/처음으로 땅을 밟는 새싹처럼/마치 아침처럼 새봄처럼 처음처럼/언제나 새날을 시작'하라고 노래하셨습니다. 로스쿨이나 연수원도 그렇습니다. 처음부터 좋은 로스쿨, 나쁜 로스쿨, 지옥 같거나 무의미한 사법연수원은 없으며, 여러분 앞에 놓인 2년 또는 3년의 생활이 원래 행복하거나 불행한 것일 수 없습니다. 어떻게 느끼고 받아들이느냐에 달려 있다고 생각합니다. 내가 로스쿨에 잘 적응할 수 있을까 두려워하거나 불안해하지 마시고, 로스쿨을 내가 어떻게 만들고 바꾸어 나갈까 하는 자신감으로 한껏 설레어 보셔요. 당초 목표했던 로스쿨이 아니고 딴에는 한 단계 낮춰서 그보다 못한 로스쿨에 합격했다고 생각하시는 분, 틀림없이 이 자리에도 계실 것 같은데, 그거 되게 우스운 생각이거든요. 대한민국 안에 있는 몇 안 되는 로스쿨, 그거 다 도긴개긴이거든요. 한바탕 홍역을 치른 사시냐 로스쿨이냐 하는 문제도 이제부터 여러분이 하기 나름일 것입니다. 이런 새로운 시작을 앞두고, 공감의 선배 공익변호사들과 만나기로 결정한 여러분은 이미 남다른 사람입니다.

까짓 변호사 시험, 어려우면 얼마나 어려우랴, 변호사 취업과 사무실 유지가 어렵다고들 하지만 굶어 죽기야 하겠어라는 마음으로, 쫄지 마세요. 일기 예보만 틀리는 게 아닙니다. 예측이나 전망은 기성세대의 머리에서 지나간 데이터를 바탕으로 나온 것입니다. 맞으면 이상하지요. 제가 법대 가겠다고 했을 때에도 여자가 무슨 법대냐고 전부 말렸습니다. 그야말로 단기필마로 법대에 쳐들어갔지만, 하늘이 무너지거나 땅이 꺼지는 일은 일어나지 않았습니다. 지금 걱정한다고 뭐가 되는 것도 아니고, 걱정 안 한다고 될 일이 안 되는 것도 아닙니다. 남은 캠프 일정을 즐기면서 예비 법조인의 미래를 설계해 보시기 바랍니다.

2. 왜 법조인이 되고자 하는가

　의사는 환자의 병을 고쳐야 의사인 거죠. 법조인의 소명은 무엇일까요? 사회 질서를 유지하는 것? 그건 정부나 다른 직업으로도 할 수 있는 일입니다. 법조인은 침해받은 인권을 회복하는 일을 돕는 것이 첫째입니다. 인권의 침해는 인류의 보편적 가치를 침해하는 것입니다.
　이와 같은 교감을 전제로, 이제 법조인의 역할과 과제를 이야기해 보고자 합니다. 리걸 마인드 보다 중요한 인권 마인드를 가지고 함께 떠나 볼 준비 되셨나요. 자, 그럼 함께 가 보십시다.

　세월호가 지겹다는 사람들이 있습니다. 세월호 사건이 발생한 사실 자체가 지겹다는 것인지, 원인을 밝히자는 말이 지겹다는 것인지, 2년이 되도록 아무것도 못 밝히고 있는 것이 더 지겨운 일인지 묻고 싶습니다. 세월호 아직도 안 끝났냐고 묻는 이웃에게 유가족은 답합니다, 아무것도 한 게 없는데 어떻게 끝내겠냐고! 공감의 황필규 변호사를 비롯하여 공익 변호사들이 팽목항에서, 안산에서, 광화문에서 피해자, 시민들과 함께해 왔고, 지금도 염형국 변호사를 비롯한 여러분들이 세월호와 관련된 민.형사사건을 대리하고 계십니다. 피해자와 시민을 연대하여 온 인권운동가 박래군의 집시법 위반 등 형사사건이 내일 오전 11시의 선고를 앞두고 있습니다. 정부의 보상금 수령을 거부한 피해자 가족들은 민사소송을 제기하였으나, 진상 규명조차 되지 않고 있어 지지부진한 채로 소송계속 중입니다. 지난주 화요일, 시민들과 함께하는 '416가족의 밤' 행사가 있었습니다. 행사 마지막에 합창한 가족들의 노래는 이랬습니다. "이제 4월은 내게 옛날의 4월이 아니다. 이제 바다는 내게 지난날의 바다가 아니다."

어느 국가가 인권 후진국이라는 것은 변호사가 할 일이 많다는 뜻입니다. 아니 변호사가 넘쳐서 사건이 없다더니, 이건 또 뭔 소리지? "선배님, 그럼 우리 돈 많이 벌 수 있는 거예요?" 그럴 리가요. 할 일이 많다는 것은 변호사로서 마땅히 해야 할 일이 많다는 것이고, 사건이 없다는 것은 돈 되는 일, 그러니까 '돈을 받아야 비로소 하게 되는 일'이 없다는 것입니다. (사실, 변호사가 돈 받고 일하는 것은 나쁜 것도 아니고 또 당연합니다. 세상 모든 직업인이 그렇듯이 말입니다. 돈을 안 받거나 돈 안 되는 일을 하는 변호사가 이상한 거지요, 공감의 변호사 같은 분들. 그 힘든 준비 끝에 얻은 잠시간의 여유를 스키 캠프 대신 인권 캠프에서 보내기로 한 여러분도 이미 이상한 사람 대열에 한 발 담그신 거구요.)

하릴없이 자기 일 제쳐두고 남의 일에 간섭하는 사람을 건달이라고 하지요. 허가 받고 직업으로 남의 일에 참견하는 사람이 법률가입니다. 싸르트르는 '지식인이란 남의 일에 참견하는 사람'이라고 정의하였습니다. 법조인은 인류 보편의 가치가 유린당하면 남의 일이라도 자신의 일로 간주하고 간섭하고 투쟁하는 사람입니다. 어깨 너머로 감 놔라 배 놔라 훈수만 두는 사람이 법학 교수고, 팔 걷어붙이고 싸움판에 뛰어들면 법조 실무가입니다. 그중에도 어려운 사람 돕겠다는 열정을 구현하기에 적합한 직역은 변호사라고 생각합니다. 판사가 어려운 사람을 돕겠다고 나서면 어떻게 될까요? 징계나 탄핵보다 먼저 반대 당사자로부터 기피 신청부터 당하겠지요. 검사가 그러면 어떻게 되겠어요? 영화나 드라마 쓰게 됩니다. 무엇보다 대립하는 양 당사자 중 어느 쪽이 더 어려운 사람이라고 단정할 수 없다는 것이 어려움이지요. 실제 사건이라는 것이 '100퍼센트 가해자' 대 '100퍼센트 피해자'인 경우도 있지만, '51퍼센트의 가해자'와 '49퍼센트의 피해자' 이런 게 보통이거든요. 변호사는 어느 한쪽을 맘껏 도울 수 있다는 점에서 어느 정도 자유로운 거지요. 그 대신, 피해자인 줄 알고 도왔는데 나중에 보니 아닌 경우에는 난감하게 되는 위험 부담도 있겠네요.

3. 왜 소수자·약자인가

(1) 노동자, 소수는 아니나 분명한 약자

섣불리 잘 지내냐, 요즘 뭐하냐라고 묻기 어려운 사회이지요. '어디 다녀?'라는 말은 어쩌면 금기어 내지 금지어가 되어야 할지도 모르겠어요. 취업이 어려운 것은 물론, 해고, 감원 등의 고용 불안정이 베이비붐 세대, 사오정(45세 정년) 세대를 넘어 2030세대까지 덮쳤다고 합니다. 젊은 직장인 세 명 중 두 명이 희망퇴직이 두렵다고 답한 조사 결과까지 나왔습니다.

지난 연말 신입 사원을 명퇴시켰던 두산인프라코어는 오너 일가에 대해서는 회사 이익보다 많은 827억 원의 현금 배당을 실시했다네요. 경영 합리화와 고통 분담 대신 불가침의 경영 이익은 따로 챙기면서 해고라는 쉬운 카드를 꺼내 드는 것이 관행 내지 공식처럼 되어 버렸습니다.

회사의 입장에서도 물론 할 말은 있습니다. 당장 일할 수 있는 사람을 남길 수밖에 없었다는 것입니다. 변호사 사무실에서 로스쿨을 갓 수료한 젊은 후배보다 법원이나 검찰 경력 있는 전관들이 쓸모 있다는 말과 같지요.

정규직도 이럴진대, 비정규직은 말할 것도 없겠지요. 한국의 노조 조직률은 1989년 19.8퍼센트, 현재는 10퍼센트 내외. 신규 취업자의 80퍼센트가 비정규직인데, 비정규직이 노조에 가입하면 계약을 연장해 주지 않아 노조 가입을 더욱 어렵게 하는 이유가 되고 있습니다.

비정규직보다 더한 파견 노동자도 있습니다. 파견 노동자가 뭐예요. 근로 계약은 인력을 관리하는 파견 업체와 체결하지만 업무나 노동은 다른 사용 업체에 가서 하는 것이지요. 가장 취약한 근로 계층인데, 2010년 99,418명이던 것이 2014년에는 132,148명으로 4년 만에 33퍼센트 증가하였습니다. 현행 파견법은 타자원, 운전원, 건물 청소원 등 32개 업종으로 제한하고 있는 고용 형태이지만 실제로는 제조업 등 파견이 금지된 업종에서의 불법 파견이 확대되고 있습니다. 불법 파견의 경우 애당초 당국의 감독에서 벗어나 있으니 저임금과 고용 불안은 말할 것도 없겠지요. 정부는 노동 시장이 여전히 경직되어 있다고 주장하면서 노동 개혁을 추진하지만, 근로 빈곤층이 경험하는 노동 시장은 이렇듯 충분히 유연하고 냉혹합니다. 그럼에도 노동 개혁의 세 가지 핵심은 업무 성적이 나쁘면 해고할 수 있다는 것과, 근로자에게 불리한 취업 규칙의 변경도 사회 통념에 비추어 합리성이 있으면 노조 동의가 필요 없다는 것, 기간제 2년을 4년으로 연장하고 파견 업종을 확대하는 것이라지요.

(2) 농민 그리고 국내산 농산물

　백남기 농민은 왜 쓸데없이 상경해서 다쳐 가지고 시끄럽게 하는가, 라고 생각하는 분은 없겠지요? 언제부터인지 시장이나 마트에 가면 수입 농산물이 넘쳐나고 국산 농산물 찾기가 어려워졌다면, 우리 농민들의 형편 또한 그만큼 어려워졌겠지요. 요즘 쌀이 유령이 되었다고들 하는데요, 올해 쌀값이 얼마인지, 그 가격에 쌀을 생산하는 농민들은 밥이나 먹고 살 수 있는 것인지 생각해 보셨나요. 함민복 시인은 '긍정적인 밥'이라는 시에서 이렇게 말합니다. "시 한 편에 삼만 원이면 너무 박하다 싶다가도 쌀이 두 말인데 생각하면 금방 따뜻한 밥이 되네." 쌀 한 가마 값이 카페의 커피 십여 잔 값이라고 생각하면 농민의 쌀은 절망의 밥이 된다고도 했습니다.

　농민 평균 연령 66.5세, 그중 40퍼센트는 70세 이상, 연 소득 1000만 원 미만이 전체 농가의 64퍼센트. 백남기씨 같은 농민은 연 소득 1000만 원 미만으로는 더 이상 먹고 살 수 없는 벼랑 끝에서 실낱같은 희망을 찾아 상경하였던 것입니다. 정리해고된 노동자들처럼 날마다 농성하고 있지 않은 것이 오히려 이상한 일이지요. 쌓이고 막히고 눌리면 끝내는 터진다던데, 더 늦기 전에 농민이 사는 법을 찾아야 합니다. 농민은 빈자로 전락하였고 살기 위해 농촌을 떠나는 바람에 다수에서 소수로, 소수이자 약자로 되어버렸습니다.

(3) 장애인

서울의 한 중학교 학생 수가 격감해 학교 안 건물 한 동이 비게 되었고, 서울시교육청은 이 건물을 고쳐서 발달장애인 직업개발훈련센터를 만들려고 했는데, 주민들이 반대하면서 집단 시위에 나섰던 일, 기억하실 것입니다. 발달장애 학생 90명에게 바리스타부터 우편 분류 까지 다양한 직업 교육을 시키려는 것이었는데, 어떤 중증 장애인이 두 살 아기를 3층 난간 밖으로 던져 숨지게 한 일이 있었다는 등의 예를 들면서 주민들의 안전과 평온을 위협하는 위험한 시설이라는 것이 이들이 내세운 반대 이유였습니다. 그런 범행은 신체 장애 없는 일반 청소년에 의해서 더 많이 이루어지고 있는데도 말입니다. 서울시교육청의 다급한 대응도, 이거 뭐 처절해서 웃으면 안 될 일이지만, 참으로 우스운 것이 사실입니다. 뭐랬을 것 같아요? "설계 단계부터 일반 학생들과 접촉할 기회가 원천적으로 차단되도록 자알 설계되어 있다." 국제 사회의 상식은 일부 분리 교육과 함께 궁극적으로는 통합 교육을 지향하는 것입니다. 장애아 부모들은 시설을 반대하지 말아 달라고 일반 학생 학부형들 앞에서 무릎을 꿇었고, 반대하는 학부형들은 제발 들어오지 말아 달라고 장애아 부모들 앞에서 무릎을 꿇었습니다. 이게 어디 무릎 꿇을 일인가 말입니다.

장애인이든 장애우든 이보다 더 적절한 명칭이 있으면 좋을 텐데요, 그런데 우리나라에서는 역설적으로 현실을 반영한 용어라는 생각이 듭니다. 이른바 비장애인들이 장애인들에게 살아가는 데 각종 장애를 만들어 주는 사회 아닌가요. 무엇보다 장애인들에게 가장 중요한 장애는 관계의 단절입니다. 이웃의 소외와 배척, 사회의 무관심, 국가의 직무유기가 신체적 장애를 삶의 장애로 만들고 있습니다. 2006년의 유엔 장애인협약은 장애인이 차별 없이 자신의 가능성을 실현할 수 있도록 국가가 교육의 책임을 다하도록 명시하였고, 한국은 2008년 협약에 가입하였는데도 말입니다.

(4) 이주 노동자, 결혼 이주 여성, 난민

미국이 유대인 난민 신청을 거부하지 않았다면, 안네 프랑크는 15세에 난민 캠프에서 생을 마감하지 않고 지금쯤 보스턴에 사는 77세 할머니가 됐을지도 모른다고 하지요? 우리도 장기체류 외국인이 200만 명을 헤아리고 있습니다. 그런데 한국 사람들이 미국이나 유럽의 백인과 베트남이나 방글라데시, 몽골, 필리핀 같은 아시아계 외국인들을 대하는 태도가 다르다는 것입니다. 우리도 백인이 아니면서 말입니다. 영어권에서 온 외국인들은 한국인들의 호의적인 접근과 학원 강사 등으로 여유 있게 지내는 경우가 많으나, 그 외 취업 목적으로 입국한 이주 노동자에게는 법률적 제도적으로는 물론 일반인의 정서부터가 결코 우호적이지 않습니다.

그런가 하면, 동남아 여성의 결혼 이주는 그 심사가 비교적 관대한데요. 이 경우 오히려 결혼 비자나 혼인 신고에 심사를 강화하는 것이 그들을 보호하는 셈이거든요. 신부를 필요로 하는 한국 남성의 입장에 서서 정부가 관대한 셈일 뿐, 빈곤 탈출 목적으로 어린 나이에 한국 남성과 결혼해서 오는 외국인 여성에 대한 배려나 보호는 없는 셈이지요. 미국, 캐나다 같은 데서는 정부가 동남아 현지에서 여성들을 상대로 장차 결혼 생활을 할 나라에 대한 사전 교육까지 실시하고 있다고 합니다. 우리보다 10년쯤 먼저 베트남 여성의 결혼 이주가 시작된 대만에서 결혼 비자 심사가 까다로와지기 시작하자 결혼 중개업자들이 심사가 느슨하여 쉽고 빠른 한국으로 방향을 바꾸었다고 하는데요. 베트남 신부와 한국인 남성과의 나이 차이는 20살은 보통이고, 30분에서 한 시간 정도 집단으로 선을 보고 그중 한 명을 골라서 바로 혼인을 한다고 하니, 결혼 생활에 문제가 안 생기면 이상할 지경이지요. 이주 여성에 대한 배려와 보호가 부족한 결과, 결혼 후 다시 본국으로 돌아가는 베트남, 필리핀 여성들이 속출하고 있고, 그들과 함께 돌아간 한국 국적의 아동들이 베트남 등에서 자라고 있습니다. 어머니는 베트남인이고 성장지도 베트남인 한국 국적의 아이들, 한국어도 모르고 실태도 파악되지 않는 우리 국민이 여기저기에 방치되고 있는 셈이지요. 한국 내에서 성장하는 미등록 이주 아동이 5천 명이라고도 하고 2만 명이 넘는다고도 하는데, 출생 신고만 되고 출생 등록은 안 되는 제도 때문에 인권 침해가 발생하고 있습니다. 이주 아동 권리 보호를 위한 법안이 발의되었으나, 발의자가 결혼 이주 여성 의원이라는 이유로 악플이나 줄줄이 달리고.

난민에 관하여는, 최근 쿠르디 소년 사건 등 시리아 난민 문제로 많이들 알고 계실 텐데요. 이민국으로 알려진 여러 선진국도 실은 난민들이 세운 셈이잖아요. 우리도 종래 난민 심사에 엄격하였던 것은 물론이고, 완화되었다는 지금도 난민 인정 비율이 국제 기준에 턱없이 못 미치는 5퍼센트대에 머물고 있습니다. 그런가 하면, 우리 국민이 다른 나라에 가서 난민이 되기도 하는데요. 캐나다, 프랑스, 호주 등지에서 한국의 양심적 병역거부자를 난민으로 인정하는 결정이 잇따르고 있습니다.

4. 공익 변호사

(1) 고립되어 가는 개인

OECD가 지난해 발표한 지수 중에서 어려울 때 의지할 친구나 친지가 있는지를 묻는 '사회 계 지원' 지수가 우리나라는 34개 가입국 가운데 꼴찌입니다. 개인주의가 발달한 서구 사회의 사회관계망이 긴밀한 반면, 가족주의, 민족주의에 익숙한 우리가 사회적 고립도가 더 높다는 것입니다. 정호승 시인이 '외로우니까 사람이다'라고 읊었으나, 외로우니까 연계해야 합니다. 외롭고 불완전하기 때문에 가족에서 사회에 이르는 공동체를 만들어왔으며, 그래서 사회학자 에밀 뒤르켐(Emile Durkheim)은 사회의 특징을 연대에서 찾습니다. 율곡 이이도 《성학집요》에서 "늙은이는 종신할 곳이 있고 젊은이는 쓰일 곳이 있으며 어린이는 자랄 곳이 있고 병든 자와 불구자 모두 부양될 곳이 있어야 한다"고 대동사회론을 주장하였지요. 97년 외환 위기로 네가 남느냐 내가 남느냐를 경험한 이후, 우리 사회에는 만인의 만인에 대한 투쟁과 신자유주의가 공고히 되어 왔습니다. 끝없는 경쟁을 강요받는 개인만 존재할 뿐 위기에 처한 개인을 보호하고 연계하고 연대할 공동체는 약화 되었습니다.

(2) 연대하는 이웃

이웃 간의 연대, 사람과 사람의 연대는 고립되어 가는 개인을 구하고 세상을 바꿀 수 있는 마술 같은 대안입니다. 실제로 '성미산 마을 공동체' 같은 모델도 있구요. 지난해 말 어느 신문에 게재되어 널리 리트윗 되던 기사인데, 아시는 분도 한번 더 들어보시지요.

"이른 아침 서울의 한 시내버스, 50대 신사와 젊은 회사원, 중학생 소녀 하나가 타고 있었는데, 한 정류장에서 80세쯤의 노인이 탔다. 양손에 묵직한 비닐봉지를 끌고 힘겹게 버스에 올랐는데, 기사는 '요금도 없이 타시면 안 됩니다. 다음 정류장에서 내리세요'라고 했고, 노인은 제대로 앉지도 못한 채 연신 미안하다고 했다. 중간쯤 앉아 있던 소녀가 갑자기 소리를 질렀다. '기사 아저씨, 할아버지 내리라고 하지 마세요' 소녀는 요금함에 만 원짜리 한 장을 넣었다. '잔돈은 할아버지 같은 분들 또 타시면 요금으로 계산하세요.' 당혹스러운 쪽은 신사였다. 지갑에서 슬며시 지폐 한 장을 빼어 휴대폰에 정신이 팔려 있는 소녀 주머니에 꽂아 넣고는 도망치듯 내렸다. 신사의 만원을 소녀가 어찌했는지, 소녀의 만 원을 기사가 어찌했는지 알지 못하는 신사는, 라디오 방송을 통해 이를 고백하면서 소녀에 대한 어른의 죄책감을 씻고 싶다고 했다.

며칠 후 한 아주머니가 빵을 사러 동네 빵집에 들렀다. 노인 한 분이 케이크를 주문하면서 집까지 배달해 줄 수 없냐고 묻고 있었다. 파킨슨병 환자였다. 마누라가 놀라게 생일 파티를 해 주고 싶다고 했다. 종업원은 배달이 불가능하다고 했다. 아주머니는 자신의 일을 팽개치고 노인을 부축하여 케이크를 집까지 들어다 주었다. 뭐 그럴 수도, 그 일이 대단한 것이 아니다. 대단한 것은 그 아주머니가 라디오에서 '버스 안 소녀와 노인' 이야기를 들었기 때문이라고 말했다는 사실이다. 아주머니가 라디오 방송에서 들은 신사의 마지막 사연은 이랬다고 한다. '세상을 바꾸는 힘은 그 소녀가 갖고 있는 DNA 같은 것이 아닐까요.'"

(3) 공익 DNA

그런 DNA를 격하게 가진 사람들이 우리 사회 도처에, 각 분야에 있을 것입니다. 그런 사람 중에 법률가가 되신 분이라면 아마 공익 변호사를 하고 있을 것 같습니다. 공익 변호사가 할 수 있는 일은, 버스에서 차비를 대신 내고 제과점에서 케이크를 들어드리는 것에 비할 바가 아니겠지요. 페루 시인 세사르 바예호는 "왜 이리 내 영혼에 와닿는 게 이렇게 많냐"고 절규하였습니다. 그는 왜 가엾은 것들이 자꾸 내 영혼에 와닿는지 모르겠다면서, 세상과 인간을 사랑하는 데에 불행은 장애물이 못 된다고 했습니다. 그는, 인간은 고통받으며 '슬퍼하고 기침하는 존재'라고 생각했고, 죽음이 방문하기 전 한순간이라도 더 사랑해야 한다고 했습니다.

이런 글도 있습니다. "불교 신자인 아버지와 아들이 집도 절도 없이 오갈 데 없는 처지가 되어, 망설임 끝에 수녀원을 찾았다. 사정을 들은 원장 수녀님의 한 마디는 '오세요'. '그런데 저는 불교 신자라…' '오세요.' '저희 아버지께서 술과 담배를….' '그냥 오세요.' 수녀님의 세 번의 '오세요' 라는 말을 듣고 아버지와 아들은 그 자리에서 무너져 울기 시작했다."

만약 수녀님이 받아 주지 않았다면 부자는 어찌 되었을까. 친절한 말 한마디와 포용은 하느님의 사랑, 부처님의 자비, 아니 '사람'의 본디 마음일 것입니다.

여러분도 그냥 오세요. 공익 변호사로 오세요. 공익 변호사로 와서 더 많은 사람에게 "오세요, 그냥 오세요"라고 따뜻하게 말해 주세요. 공익 변호사란 법조인이 힘든 이웃에게 해 줄 수 있는 최고의 선물입니다.

(4) 공익 변호사의 현황 그리고 〈공감〉

공익 변호사의 원조는 일제 침략 하에서 독립운동가를 변론하던 인권 변호사일지 모르겠습니다. 그후 유신정권 하에서 다시 인권 변호사가 등장하였고, 1986년에 '정의실천법률가회'가 발족하여 1988년에 '민주사회를 위한 변호사 모임'으로 발전하였습니다. 문민정부 이래 어느 정도 인권 변호사가 덜 시급해졌으나, 여전히 그 존재와 역할은 필요한 것이 현실입니다. 인권 변호사도 공익 변호사의 한 유형이겠고, 또 사실 변호사라는 직역 자체가 인권 내지 공익적이긴 하겠으나, 그래도 '공익 전담의 공익 변호사' 개념이 널리 인식되게 된 것은 큰 진전입니다.

현재 공익 전담 공익 변호사 단체들을 아시나요. 우선 공익법센터 '어필'은 2011년 1월 4일 김종철 변호사가 시작한 비영리 사단법인입니다. 변호사 네 분과 연구원 그리고 인턴으로 구성되고, 무국적자, 해외 한국 기업에 의한 외국인 노동자의 피해 등을 주로 지원한다지요. 마침

2주쯤 전에 대한변협 공익재단으로부터 공익 대상도 받았습니다. "약자가 다 착한 것은 아니지만 약하니까 돕는 거"라는 김 변호사의 수상 소감에 공감했습니다. 2012년 7월에 출범한 공익인권 변호사 모임 '희망을 만드는 법'도 공익 변호사 단체이지요. 일곱 분이 계시고, 소수자 인권과 기업에 의한 인권 침해를 중심으로 지원한다지요. 시각 장애를 극복한 김재왕 변호사도 그 구성원입니다. 참, 김재왕 변호사는 '장애는 극복하는 것이 아니라 적응하는 거'라고 했는데…

여러 로펌에서도 종전에는 공익위원회를 두었다가 최근에는 재단을 만들어서 따로 운영하는 경향입니다. 법무법인 태평양의 공익재단법인 '동천', 법무법인 지평의 공익사단법인 '두루', 법무법인 화우의 '화우공익재단' 등이 있고, 따로 또 같이 연대하여 공익 활동을 지원하는 '법조공익모임 나우'도 있습니다.

그런데 이런 공익 변호사의 원조가 누구? 예, 맞습니다, '공감'입니다. 그러면 공감의 시조새는 누구? 염형국 변호사입니다. 2004년 1월에 아름다운재단 사무실 베란다 모퉁이에 책상 4개를 놓고 시작했다고 합니다. 처음 그 이야기를 들었을 때, 콧날이 시큰했어요. 내가 쓸데없이 널찍한 사무실에 앉아서, 난민 신청을 기각한 법무부의 결정이 옳다고 한 하급심 판결, 그런 원심판결을 맞다고 상고기각 판결을 쓰고 있던 그 시각에, 공감의 후배 법조인들은 그 구석탱이 책상에서 난민의 사정을 절절히 호소하는 준비서면을 쓰고 있었겠구나. 영화 '어바웃 타임'의 '팀'처럼 시간을 되돌릴 수 있다면, 저도 판사 안 하고 공익 변호사 했을 것 같습니다, 진심으로.

그렇게 시작은 미미하였으나, 지금은 결코 미미하다고는 할 수 없지요. 공감은 공익 변호사 단체의 원조답게, 또 12년의 경력과 경험에 걸맞게 다양한 분야에서 활발한 활동과 성과를 보이고 있습니다. 여러분이 받은 '우리는 희망을 변론한다'라는 책에도 나오는 것처럼, 염형국 변호사가 연수원 수료를 앞두고 진로 선택의 기준으로 삼은 것은 세 가지였다고 합니다. 첫째 나 자신이 즐겁고 행복할 것, 둘째 사회에 기여하는 보람된 일일 것, 셋째 먹고 살 만큼은 벌 것. 참으로 현명한 선택 기준이었고 선택의 결과는 성공적이라고 생각합니다. 사실 요즘은 공익 변호사가 낯설지 않은 영역이어서 대단한 선택으로 안 보일지 몰라도, 2000년대 초에는 대단히 과감하고 용기 있고 무엇보다 불안한 선택이었을 것입니다. 그야말로 남다른 선택이었던 거지요.

5. 장차 어떤 변호사이고자 하는가?

얼마 전 미국의 월스트리트 저널에 이런 기사가 났는데요. "강도 높은 노동으로 유명한 한국인들은 주말에도 경쟁적인 산행에 시간을 쏟는다. 여유롭게 풍경을 들러보는 대신 기를 쓰고 정상에 올랐다가 얼른 하산한다. 등산을 하면서도 스트레스를 받는 사람들이다." 허겁지겁 쫓기듯 산에 오르내리는 모습을 기막히게 알아챘어요. 인권 캠프 끝내고 주말에 영화라도 한 편 보시면 좋을 것 같은데, 영화 '히말라야'의 실제 모델인 산악인 엄홍길 대장도 이렇게 말합니다. "회사원이건 자영업자건 예술가건 우리는 각자 자신만의 정상을 가지고 있다. 하지만 오르는 일에만 집착하다 소중한 것들을 놓치고 살아간다면 슬픈 일이다."

학부에서 천체물리 전공한 분도 계실 텐데, 지금까지 밝혀진 물질은 우주 전체 질량의 4.9퍼센트에 불과하다지요. 아서 플라크는 '우주에 인간밖에 없을 가능성과 인간 외의 존재가 있을 가능성 두 가지가 있다. 둘 다 똑같이 무서운 일이다'라고 합니다. 이렇게 알 수 없는 우주가 138억 년 전부터 존재하였고, 그중의 한 항성인 태양계, 태양계 안에서도 지구라는 작은 행성 안에서, 언제 외계인의 공격을 받을지 모르며 살아가는 나의 위치를 깨닫는 것은 천체물리학이 아니라 인문학의 첫 단계입니다. 팀 라드퍼드가 쓴 《우주에서 떨어진 주소록》이란 책을 보면 이렇게 말해야 된다네요. "너 지금 어디야? 정확히 네가 있는 곳이 어디야?" "나 지금, 처녀자리 초은하단, 국부 은하군, 은하수 은하, 태양계, 지구 행성의 북반구, 아시아 동쪽 구석 반도 이남. 동경 127도 북위 37.6도 서울, 그 속에서도 대방동 서울여성플라자." 지구라는 작은 행성 안에서도 200개가 넘는 국가의 73억 인구 중 겨우 5030만이 모여 사는 나라, 여러분은 그런 나라의 법조 지망생이구요.

그런데 여러분에게는 외계인보다 더 두려운 것이 있습니다. 로봇입니다. 수많은 판례를 입력해서 가장 유사한 사례를 추출하고 당해 사건에 대입하여 소장이나 준비서면, 공소장과 판결문을 써낼 수 있다고 하니, 이제는 로봇 같은 검색 능력이 아니라, 인문학적 독서와 사유, 공감과 소통, 창의적 지혜가 경쟁력일 것입니다. 이스라엘의 역사학자 유발 하라리도, 과학과 산업보다 인류에게 가장 필요한 것은 '사유'라고 말합니다. "스스로 무엇을 원하는지 모르는 것보다 더 위험한 존재가 있을까"라고 묻습니다. 스티브 잡스는 삶에 집중하는 방법을 알았고, 집중을 통해 단순함에 이르려고 했다지요. 그런 방법을 통해 그는 인생에서 하지 않아야 할 일을 조심스럽게 가려낼 수 있었다고 합니다. 인생에서 '하지 말아야 할 일'을 가려내는 것은, '해야 할 일'을 찾는 것만큼이나 중요합니다. 2008년과 2012년의 미국 대선 결과를 정확하게 예측한 통계 전문가 네이트 실버(Nate Silver)에 따르면, "올바른 예측을 하려면 예측할 수 없는 것에 대한 겸손과, 예측할 수 있는 것을 예측하는 용기를 구별하는 것이 필요하다"고 하네요.

꿈을 꾸고 가꾸어가되, 가끔씩 우주의 별을 쳐다보면서, 자유로운 영혼과 평화로운 가슴을 잃지 마시기 바랍니다. 그 설레는 길 초입에서의 '공감' 선배들과의 만남을, 그 인연 맺음을 진심으로 축복합니다.

— 2016. 2. 22. 〈공감〉 인권법 캠프

23

길 없는 길에 첫발을 내딛은

오늘이 무슨 날인지 아시는지요?

'세계 난민의 날'인데요. 법원에서 처음으로 난민 인정 판결을 받아내고 난민법 제정을 이끌어 낸 곳이 바로 '공익인권법재단 공감'이랍니다. 뜻깊은 날의 만남이라 더욱 각별합니다.

사람이 온다는 건 실은 어마어마한 일이다…
한 사람의 일생이 오기 때문이다

— 정현종, 〈방문객〉 중에서

이 시를 실감하게 되는 밤입니다. 후원금만 보내면 되지 모임에 굳이 참석해야 하느냐 묻기도 하셨습니다. 하지만 공감이 원하는 것은 단지 후원금이 아니라 천군만마와 같은 후원자, 바로 그 사람이었습니다. 사람이 온다는 건 실로 어마어마한 일, 한 사람의 일생이 오는 일이기 때문입니다.

 사실, 이렇게 시간과 관심을 기부해 주신 것만으로도 이미 공감에 대한 어마어마한 후원입니다. 그러니까 후원금은 3천 원이어도 좋고 3만 원이어도 고맙습니다.

 〈좋은 생각〉이라는 잡지를 아시는지요. 오늘 와 주신 정용철님이 발행하는 잡지인데요. 그 6월호에 이런 글이 있었습니다. "상상만으로 외로운 장면이 있다. 사막 한가운데 서 있는 떨기나무, 망망대해의 돛단배, 해 저무는 운동장에 혼자 남은 아이, 눈 덮인 산야에 홀로 선 소나무, 그리고 하늘 아래 부모 없는 한 사람이 그렇다."
 '공감'은 그런 외로운 장면마다 함께하고자 하는 단체입니다. 혼자 남은 아이, 부모 없는 한 사람 곁을 지키는 일이, 공감의 소명이자 소망입니다.

 〈좋은 생각〉 6월호에는 공감 이사인 윤재윤 변호사의 글도 실렸는데요. "세상에 사소한 일은 없다. 겉으로 작아 보이는 일이 실제로는 더 본질적인 것일 수 있다. 일상의 사소한 일을 더 정성스럽게 다루면 좋겠다"라고 쓰셨습니다.

 '공감'이 하는 일도 그렇다고 생각합니다.
 국회의원직이 걸린 선거소송이나 기업 총수의 형사사건 같이 조간 1면에 나는 사건을 맡아달라고 공감에 오는 사람은 없을 것입니다. 그런 사건을 거액의 수임료에 맡아 줄 유명 로펌이나 전관 변호사는 충분히 많기 때문입니다. 그러나 사소하게 보이지만 본질적인 서민의 일상을, 그것도 수임료 한푼 없이 맡아 줄 곳은 공익 변호사밖에 없습니다. 공감은 이런 일을 아무도 하지 않던 2004년에 처음으로 공익 변호사의 길을 개척한, 최초이자 유일한 곳이었습니다.

저는 공감의 이사장 전수안입니다.

34년간 판사로 있다가 4년 전 대법관에서 퇴임하였으니 이른바 '전관'이긴 한데, 아무도 예우해 주지 않는 전관입니다. 공감 이사장이라고 해서 예우해 주는 사람은 우리 사회 어디에도 없으니까요. 퇴임을 앞두고 은근히 또는 은밀하게 초대받은 일터에는 관심조차 없었는데, 초대받지 않은 공감에는 제가 먼저 다가와 연을 맺게 되었습니다. 법원에 있는 동안 여러 뜻깊은 사건과 변론을 통해 공감 변호사들의 열정과 헌신에 감명 받았으나, 판사라는 지위 때문에 어느 한쪽을 지지하고 격려할 수 없었던 마음의 빚 때문이었습니다.

그렇게 해서 공감의 상근 구성원 열한 사람과 가족이 되고, 존경받는 열한 분의 이사님을 만나게 되고, 그 이사님들의 제안과 주선으로 이렇게 귀한 분들과도 인연을 맺게 되었습니다. 김상경 한국국제금융연수원 원장께서는 벌써 여성 금융인들과의 인연도 맺어 주셨습니다. 살아있는 동안 선한 인연의 끝이 어디인지 생각해보게 됩니다.

공감의 구성원 중 변호사는 여덟인데, 그중 네 분이 이 자리에 계십니다. 막내인 김수영 변호사는 자리가 없어 앉지도 못하고 저기 서 계시네요. 창립 멤버 3인방인 염형국, 소라미, 황필규 변호사는 각기 장애, 이주, 난민 분야에서 국보급 변호사입니다. 법조계에서 공인된 전문가이지만 '돈으로는 구할 수 없기' 때문입니다.

우선, 황필규 변호사는 여야 의원들과 함께 난민법 제정을 이끈 일등공신이구요. 춤을 좋아해 플레시몹 댄스도 했다는데 감상할 기회가 있을지 모르겠네요. 지난주에는 제네바 유엔 자유권규약 회의에 다녀왔다구요. 오늘 자리하신 김숙 대사님께 자문을 구하면 좋겠네요. 염형국 변호사는 베란다에 책상 한 개 놓고 공감을 시작한 시조새입니다. 최근 강남역 살인 사건을 통해 정신장애인에 대한 편견과 혐오가 확산되었는데요. 이에 맞서 한 주에 세 개의 토론회에 참석했다죠. 소라미 변호사는 얼마 전 시아버지한테 성폭력 피해를 입고도 거꾸로 쫓겨날 뻔한 베트남 결혼 이주 여성 사건에서, 그렇게도 어렵다는 대법원의 파기 환송 판결을 받아냈지요. 2008년에는 후배들이 직접 선출하는 '진짜 자랑스러운 이화인상'을 수상했는데요. 당시 후보였던 거물 선배를 제꼈다는 후문이 있습니다.

공감의 이사님들 또한 어마어마한 분들입니다. 오늘 모임도 이사회에서 제안해 주셨고 박병엽 이사께서는 맛난 밥상까지 제공해 주셨습니다.

앞으로도 공감은 길 없는 길에 첫발을 내딛던 그때의 그 열정으로, 소수자와 약자의 보호, 분쟁의 종식, 화해와 치유를 향한 쉽지 않은 이 길을 묵묵히 걸어가겠습니다. 자리해 주시고 응원해 주시는 모든 분께 감사드립니다.

– 2016. 6. 20. <공감> 후원회

24

희망이 필요한 사람,
희망을 주는 사람

뜻깊은 자리에 함께하게 되어 기쁩니다. 예사롭지 않은, 아무나 선뜻 하지 않는 일에 관심 갖고 헌신해 온 후배들을 뵙는 기쁨이 큽니다.

장애인법연구회는 이 자리에 계신 분들은 다 아시는 바와 같이, 그러나 아쉽게도 이 자리에 안 계신 분들께 널리 알려져 있지는 않은 바와 같이, 2011년부터 장애인 인권에 관한 법률 및 제도에 관심 있는 법률가와 활동가가 모여서 연구하고 공익 소송을 제기하고 수행하며 국제 무대에서도 활동을 펼쳐 온 단체입니다. 지난 5년간 매월 셋째 금요일에 모여 세미나를 해 왔고, 지난해 6월에는 한·미·일 3개국의 국제 심포지엄을 개최하였으며, 오는 10월에는 유엔장애인권협약을 중심으로 장애 여성과 사법 접근권에 관한 국제 컨퍼런스까지 할 예정이라지요. 지난 5년간의 축적된 연구와 활동을 바탕으로 사단법인 장애인법연구회로 거듭나기 위한 창립총회를 개최하게 되었으니, 뜻깊은 일입니다. 임성택 회장을 중심으로 염형국 변호사, 김재원 교수, 박종운 변호사, 김

미연 대표, 김재왕 변호사를 비롯한 이사 및 회원 여러분의 헌신과 노력에 경의를 표합니다.

여러분이 아직 어렸을 때쯤, 그러니까 아주 오래전 이런 말이 있었습니다. "지구상에는 인간과 여성이 있다." 여성들 사이에서는 자조적으로, 남성들 사이에서는 아무렇지 않은 농담으로 회자되던 말인데요. 더 오래전에는 아마 이런 말도 있지 않았을까요. "인류는 인간과 흑인노예로 분류된단다." 지금은 모두 사라진 괴담일까요.

아직도 저는 공공 화장실을 갈 때마다 이런 생각을 합니다. 인간은 남성과 여성과 장애인으로 분류되는구나. 남성용과 여성용으로 나뉘어야 할 화장실이 남성용, 여성용, 장애인용으로 구분되어 있기 때문입니다. 장애인은 장애인일 뿐, 남성도 여성도 아닌 셈이지요. 남성용 화장실과 여성용 화장실 안에 있어야 할 남성 장애인, 여성 장애인을 위한 화장실이 화장실 밖으로 쫓겨나 있는 것입니다. 그것도 문을 열 때마다 밖에서 바로 보이는 간이 구조로 설치되지요. 여성인 장애인을 여성에서, 남성인 장애인을 남성에서 배제한, 전형적 차별의 모습입니다.

"장애인도 보통 사람과 전혀 다르지 않은 사람이었다. 그러니까 다르지 않은 사람을 다르게 대하면 안 된다는 것을 몸으로 깨달았다." 어느 장애 환자의 돌봄 일을 하신 아주머니 말씀입니다. 당연해서 이상한 말 같지요. 그런데 이 말이 특별히 당연한 이유는, 장애인의 경우 사회 내 다른 소수자 그룹과는 좀 다르기 때문입니다. 여성, 성소수자, 이주노동자 등은 남성, 이성애자, 한국 원주민과 우열의 차이가 없다 뿐이지 차이, 즉 다름은 엄연히 존재하지요. 한쪽이 다른 쪽으로 바뀌는 것이 불가능합니다.(트랜스젠더도 원래의 성을 회복한 것일뿐 남성이 여성으로, 여성이 남성으로 변하는 마술을 부린 것이 아니잖아요.) 그것은 정체성의 문제이기 때문입니다.

그런데 장애인과 비장애인의 경우는 그렇지 않지요. 장애인은 의학의 발전과 시술로 비장애인이 될 수도 있으며, 반대로 비장애인이 장애인으로 되는 것은 날마다 일어나는 일이잖아요. 비장애인이 운전을 하다가, 자전거를 타다가, 길을 걷다가, 집 안에 있다가도 장애인이 될 수 있으니까요. 환경과 먹거리 오염으로 선천적 장애를 가진 자녀가 태어날 가능성도 상존합니다. 심신이 건강하다고 판정받아 입영했는데 장애인이 되어 돌아오기도 하구요. 비장애인과 장애인 사이에 안전한 울타리는 없으며, 정치인이나 기업가가 교도소 담장 위를 걷고 있는 것처럼 우리는 누구나 장애인과 비장애인 사이의 담장 위를 위태롭게 걷고 있는 사람들입니다. 2015년 말 현재 등록된 장애인의 수가 249만 명, 약 250만 명에 이르는 사실만 보아도 알 수 있습니다. 그런 줄도 모르고 내 거주지와 학교에서, 직장에서 장애인을 배제하고 차별하는 사람이야말로 정신적으로 미성숙한 상태에 있는 거지요. 이야기가 장황해졌지만 요컨대, 장애인과 비장애인은 서로 '전혀 다르지 않은 사람'이라는 돌봄 아주머니의 말씀은 맞습니다.

이런 관점으로만 보면, 장애인과 비장애인 사이의 장벽은 다른 소수자의 경우와는 달리 그리 견고하거나 높지 않을 것 같은 착각, 낙관과 기대까지 생기지요. 그러나 현실은 장애인과 비장애인 사이에 그 어떤 소수자보다도 넘기 힘는 장애물이 놓여 있습니다. 당장 휠체어만 타고 거리에 나가 보더라도 넘기 힘든 벽, 그야말로 넘사벽 투성이지요. 2014년 10월 유엔 장애인권위원회는 한국 정부에 장애인의 교통과 건물 접근권을 강화하도록 권고하였습니다. 시각장애인 유도와 안내를 위한 블록 설치율은 31.6퍼센트이고. 아까 지적한 그런 불완전한 화장실조차 설치율이 38퍼센트입니다. 다급하게 어렵사리 찾은 화장실이 사용 불가능한 것이면 얼마나 황당하겠습니까. 바지와 치마 입은 남·여의 모습으로 표시된 화장실 픽토그램을, '남·여' 와 '남·여·장애인'으로 표시된 픽토그램으로 바꾸어, 장애인용 화장실 유·무를 알게 하자는 안타까운 제안까지 보았습니다.

사실 장애인이란 그 이름조차 적절치 않은 호칭이지만, 사회와 국가와 비장애인이 '온갖 장애를 주고 있다'는 점에서, 그 결과 '온갖 장애를 받고 있다'는 점에서는 우리 현실에 딱 들어맞는 용어 같습니다. 한때 '장애우'라는 용어가 제시되기도 했으나, 그 또한 비장애인의 관점에서의 호칭이라 해서 지금은 쓰지 않는다지요, 외국에서도 unabled, disabled, differently abled 같은 호칭에 관한 논의가 있었으나, 적절한 호칭으로 채택되지 못했습니다. 그나마 법령에서 사용되어 오던 장애인 대 정상인의 용어를 장애인 대 비장애인으로 고치겠다고 하니, 늦었지만 다행입니다.

호칭의 변천과 함께 장애의 개념도 확장되어 왔는데요. WHO가 제시한 국제 표준인 ICFDH (Internationl Classification of Functioning, Disability and Health)에 따르면, 장애는 신체 기능이나 구조와 같은 개인적 요인은 물론 활동, 참여와 같은 환경적 요인의 영향을 받는다고 하지요. 상황에 따라 장애가 심각하게 느껴질 수도 있고 문제가 되지 않는 경우도 있어, 장애 당사자의 자기 결정이 중요하다고 보는 것입니다. 장애의 기원을 신체적 정신적 손상 그 자체가 아닌 각종 사회적 장벽에서 찾는 것이지요. 장애 개념의 변화와 함께 접근 방식의 패러다임도 변해 왔는데, 분리에서 통합으로, 보호와 돌봄과 수혜에서 근로의 증진으로, 복지에서 권리로 전환되어 왔습니다. 이러한 흐름은 1990년 미국의 장애차별금지법을 필두로 호주(1992), 영국(1995), 홍콩(1996), 스웨덴(1999), 노르웨이(2001), 독일(2002)의 법률 제정으로 이어졌고, 한국에서도 일본에 앞서 2008년부터 장애인차별금지 및 권리구제 등에 관한 법률(장애인차별금지법)이 시행되었습니다. 요컨대, 장애 인권의 국제 기준은 '자기 결정권'과 '사회 참가'가 핵심이고, 개인적 모델에서 사회적 모델로, 최근에는 문화적 모델로까지 발전되었다고 하겠습니다. 장애인의 인권과 복지가 국가의 사회·문화·경제 수준을 반영하는 지표가 되기에 이르렀다고 생각합니다.

최근 우리 사회에서는 정신적 장애가 관심을 끌기도 했는데요, 1999년의 장애인복지법 개정에 따라 정신장애인으로 등록된 사람은 2015년 말 9만 9천 명이고, 전체 장애인의 3.9퍼센트에 이릅니다. 그런데 인간의 뇌가 사회적 뇌이며 정신 질환 또한 사회적 환경과 관계에 기인하기 때문에, '의료적 처치'뿐 아니라 '일반인과의 관계 정립'에 의해 치유된다는 것은 의학적으로 이론의 여지가 없습니다. 그럼에도 여전히 정신병원에서의 격리 치료가 중심이 되고 있어, 인권 침해 문제가 그치지 않습니다.

　법률과 협약과 선언에도 명시된 바와 같이, 장애인은 비장애인과 마찬가지로 삶의 모든 영역에서 동등하게 법적 능력을 누리되, 인격과 재산을 보호하기 위해 필요한 경우 법률 지원을 제공받아야 하고, 사법 절차에서도 심신 상태가 충분히 고려된 법적 절차가 적용되어야겠지요. 이러한 법률적 보호와 구제에 관심 가진 분들이 장애인법연구회를 시작하셨구요. 특히 지난 6월 장애인법연구회 회원들의 글이 주축이 되어 공익재단법인 동천에서 발간한 〈장애인법연구〉라는 책은, 변호사에게는 공익 소송의 제기와 수행을 용이하게 하고 학계나 법원, 검찰의 법조인에게는 이해와 관심을 넓혀 주는 귀한 자료입니다.
　이렇듯 장애인법연구회가 법률가가 주축인 단체라면, 복지·교육·문화의 관점에서 학자들이 모여 결성한 단체도 있습니다. 한국장애학회인데요. 장애인법연구회가 2010년 이후 5년 만에 사단법인 장애인법연구회를 창립하는 것처럼, 한국장애학회도 2009년에 한국장애학연구회로 시작하여 지난해 11월 창립되었는데요. 창립총회에 참석한 회원만 200명 정도입니다. 서로 교류하여 법사회학과 법인문학, 법문화적 관점에서 협업하면 좋을 것입니다.

　《나는 희망의 증거가 되고 싶다》(서진규 저)라는 책이 있습니다. 젊었을 때 그 책을 읽으면서 저도 장차 여성 후배들에게 희망의 증거가 되어야겠다고 다짐했었는데요. 당시만 해도 법원의 어느 고위직에 계신 분이 "요즘 들어 여성과 장애인들이 자꾸 판사를 지원하는 것이 법원의 큰

애로 사항"이라고 공언하던 시절이거든요. 그랬던 법원이 이제 여성 법관들로 넘쳐나고, 장애를 가진 최영 판사를 귀하게 여기게 되고, 그렇게 세상은 더디지만 조금씩 나아지고 있나 봅니다. 그 길에서, 김재왕 변호사나 최영 판사처럼 스스로 희망의 증거가 될 수도 있고, 다른 누군가가 희망의 증거가 되도록 곁에서 함께할 수도 있을 것입니다. 우리는 각자 희망이 필요한 사람이면서, 누군가에게는 희망을 줄 수 있는 사람이기 때문입니다.

저는 지금껏 공익인권법재단 공감의 염형국 변호사가 장애인 인권을 위해 고군분투하는 줄로만 알고 있었지, 장애인법연구회라는 든든한 연대가 있는 줄을 미처 몰랐었습니다. 회원 한 분 한 분이 주변에 연구회의 존재를 알리고 재야뿐 아니라 재조에도 회원 가입을 권유하면 좋겠습니다. 좋은 소장과 좋은 준비서면이 좋은 판결을 만들지만, 좋은 판결이 화룡점정인 것도 사실이니까요.

장애인법연구회의 법인 설립을 위한 모임을 거듭 축하하며, 10월의 국제 회의도 뜻깊게 치르시기를 기원합니다.

— 2016. 8. 19. <장애인법연구회> 법인 창립 축하

25

차별만큼은 어느 분야에나 차별 없는

제 생애에 이렇게 많은 여성 금융인을 뵙게 될 줄은 몰랐습니다. 금융인 재판도 많이 해 보았지만 여성 금융인은 한 분도 없었거든요. 여성 금융인 네트워크의 연말 모임을 축하드립니다. 더구나 '사회연대은행'과 '공감'을 위한 바자회까지 열어 주신다니, 얼마나 감사하고 기쁜지 모르겠습니다.

엄마는 여고 선생이었습니다. 공부 잘하고 똑똑한 제자 하나가 졸업 후 은행원이 되었습니다. 그리고 마침내 대리가 되었습니다. 엄마가 기쁘다면서도 서럽게 울었습니다. 기다리고 기다리고 기다리다가 너무 늦게 되었기 때문입니다. 남자들 수도 없이 하는 대리인데 그게 뭐라고, 정말로 어렵게 어렵게 되었습니다. 일을 못해서? 실력이 없어서? 아니죠. 여자였기 때문입니다. 최초의 여성 대리가 탄생했다고 신문에 나고 여성계가 모여서 축하를 하고 그런 시절이 있었습니다. 그후 출장소장이 되고 차장까지 되었습니다. 그런데 세상을 떠들썩하게 한 장 모 여인의 대출 사기 사건으로 피해 은행에서 문책성 인사를 하게 되자, 문책만큼은 남녀평등하게 하였습니다. 아마도 처음 받아본 성평등한 대우였을지 모릅니다.

제가 사는 집 앞에도 은행이 있습니다. 평 은행원부터 대리, 팀장에 이르기까지 거의 다 여성입니다. 은행에 다녀올 때마다 세상이 변했구나, 하며 흐뭇했습니다. 그런데 어느 날, 팀장실 안쪽 빼꼼히 열린 문 사이로 팀장 위에 지점장이 있다는 사실을 알게 되었습니다. 남자였습니다. 여성 직원들로 가득한 영업점에서도 지점장만큼은 여성이 아니었습니다.

며칠 후 유일한 여성 은행장인 권선주 기업은행장마저 임기가 끝나면, 우리는 또 얼마나 목 빼고 여성 은행장의 탄생을 기다려야 할까요.

왕년의 한국일보 장명수 기자를 아시나요. 지금의 JTBC 손석희 뉴스룸만큼이나 '장명수 칼럼' 하면 모르는 사람이 없는 대단한 기자였습니다. 그리고 마침내 사장이 되었습니다. 너무 당연해서 될 분이 된 줄 알았는데, 훗날 회고하기를 여자라고 편집국장조차 못 해봤다고 토로하셨습니다.

불과 두어 달 전 경향신문에 김민아 편집국장이 탄생한 것이 우리 언론사상 다섯 번째의 여성 편집국장이라고 합니다. 그 시초는 내일신문의 이옥경 국장과 한겨레신문의 권태선 국장이었구요. 다른 신문에는 훌륭한 여기자가 더 많이 없었을까요? 그럴 리가요.

법조계는 다를 것 같나요? 신규 법관이나 검사의 과반수가 여성이라고 하고 또 법을 다루는 곳이니까 법대로 하겠지요? 글쎄요, 여성 화장실조차 없던 옛날보다는 나아졌지만, 법을 지키면서 교묘하게 차별하는 곳입니다.

무슨 여성 인권 선언 하러 왔냐, 하시겠네요.

여성 금융인에서 방점은 여성이 아니라 금융인에 있어야겠지요. 그러나 현실은 금융인이 아닌 여성에 방점이 있음을, 저는 압니다. 여성 법조인의 방점이 법조인이 아니라 여성에 있음을 겪었기 때문입니다. 여성 금융인이 단지 금융인이고자 하여도 현실이 녹록지 않음을 알기 때문입니다. 금융계가 여성에게 유독 보수적이라는 말을 들었으나, 그 말에도 동의하지 않습니다. 어느 분야나 여성에게는 보수적이기 때문입니다.

자연스럽게, 여성들의 생존 전략도 변하고 발전해 왔습니다. 1단계는 여성성 지우기, 차이를 부정하고 남성과 같아지려고 노력하던 초기입니다. 2단계는 여성성 감추기, 정체성을 유지하되 겉으로는 안 그런 척 살아남기로 결심하지요. 3단계는 여성 드러내기. 각 분야에서 어느 정도 인정받으면서 자신감을 드러내는 단계입니다. 4단계는 여성 네트워킹. 실력만으로 다 된 줄 알았더니 그게 아니구나, 견고한 그들만의 연대를 깨달은 거지요.

여성 금융인이 소속 금융 기관의 벽을 넘어 네트워크를 형성한 것처럼, 금융 기관이라는 영역을 넘어 다른 분야 여성과의 네트워킹이 중요하다고 생각합니다. 기존의 여러 네트워킹이 있기는 하나, 보다 더 진전된 네트워킹이 필요합니다.

여성 금융인 네트워크가 금융계 안의 이른바 소수자 집단이라면, 공감과는 소수자 권익 보호라는 공통의 목표가 있습니다. 여금넷이 2003년 초에 시작되었고 공감이 2003년 말에 시작된 점도 공통됩니다.

공감은 사회적 약자, 소수자와 함께하는 변호사 단체입니다. 여성 인권, 장애 인권, 이주와 난민, 빈곤과 복지, 취약 노동, 국제 인권 등 인권과 정의에 관한 일이면 가리지 않습니다. 변호사 선임을 엄두 내지 못하는 사람들, 돈 되는 사건이 아니라 아무도 맡아 주지 않는 사건들을 맡고, 그런 일이 아니면 하지 않습니다. 변호사가 원래 다 그래야 하는 것 아닌가 하시겠지만, 돈 안 받고 일하는 변호사라는 점이 다릅니다. 근데 왜 돈 없는 사람들만 변호해? 변호사라면 돈이 있든 없든 가리지 않고 다 변호해야지? 왜냐하면, 돈이나 지위, 권력 있는 사람을 위해 돈 받고 일할 변호사는 넘쳐나기 때문입니다.

공감의 변호사들은 무얼 먹고 살까요. 월 3만 원 전후의 후원금을 내주시는 개미 후원자들의 응원과 격려로 먹고 삽니다. 사정은 늘 어렵고, 자발적 열정 페이로 헌신합니다. 이런 사정을 딱하게 여기고 여성 금융인 네트워크와 공감을 이어주신 것은 하나금융그룹 부사장과 시티은행 부행장을 거쳐 현재는 공감의 이사인 김유니스 이화여대 교수입니다. 그리고 공감에 선뜻 공감해 주시고 기회 되는대로 두말없이 발 벗고 도와주신 것은 김상경 회장입니다. 김상경 회장님을 믿고 공감을 도와주신 여성 금융인 여러분께 진심으로 감사드립니다.

공감도 일방적 도움만 받지 않고 상생 관계가 되도록 하겠습니다. 직장 내 처우와 보직이나 승진에서의 차별, 노동법 위반이나 부당한 고용계약의 시정 등 공익 가치 실현을 위해 필요한 경우에는 언제든지 나서 겠습니다. 하루빨리 금융계에도 성평등한 인사와 승진 소식이 넘쳐나고, 사회연대은행과 공감에도 후원금이 넘쳐나고 그랬으면 좋겠습니다. 새해에는 더 행복하시기를 기원합니다.

— 2016. 12. 21. 〈공감〉을 위한 '여성 금융인 네트워크' 바자회

26
봄다운 봄을 기다리며

 나는 동성애 또는 동성애자를 지지하지 않는다. 이성애 또는 이성애자를 지지하지 않는 것과 마찬가지다. 백인을 지지하고 흑인을 반대하거나 경상도 사람을 지지하고 전라도 사람을 혐오하는 따위의 일을 하지 않는 것과 같은 이유에서다. 동성애냐 이성애냐 하는 것은 어느 한쪽을 지지하거나 반대할 대상이 아니며, 이해하거나 이해가 부족하거나 몰이해한 우리가 있을 뿐이라고 생각해 왔다.
 하여 책을 손에 잡기 전까지만 해도 동성애나 양성애, 트랜스젠더 등 성소수자 문제를 어느 정도 안다고 자만하였으나, 내가 알던 지식은 여러 국면의 극히 일부에 불과하였음을 이 책을 통해 알게 되었다. 동성 결혼이 허용되기만 하면 동성애자가 망설임 없이 결혼을 선택하리라는 예단은 그저 편견이었으며, 동성 결혼이 동성애자뿐 아니라 이성애자에게도 영향을 미쳐 결혼에 대한 태도를 성숙하게 하고 지역 사회를 유의미하게 변화시킨다는 저자의 분석은 인류의 결혼제도와 젠더, 경제, 문화, 인문학적 관점까지를 아우르는 광범위한 것이었다. 저자의 연구와 저술에 경의를 표하며, 한국에서의 번역본 출간을 환영한다.

무엇보다 이 책이 한국에서도 성소수자 내지 동성 결혼에 대한 이해를 깊고 넓게 하는 계기가 되었으면 한다. 이해는 여전히 부족하고, 전망은 아직 밝다기보다 어둡기 때문이다.

저자는 동성 결혼이 헌신과 사랑이라는 결혼의 핵심 가치에 터잡은 것임을 환기하면서, 동성 결혼의 허용이 결혼율 감소, 이혼율 증가, 혼외 출산 증가 등 결혼 제도의 약화로 이어질까 우려하는 일련의 주장이 근거 없이 제기되었음을 실증적 방법으로 논증한다. 저자가 거주하는 미국에서도 2003년 동성 간 성행위를 처벌하는 법률은 위헌이라는 연방대법원 판결(Lawrence v. Texas)을 신호탄으로, 2013년에는 동성 결혼 커플에게 세금·주택·보건 등 혜택을 배제한 결혼 보호법에 대한 부분 위헌 판결(U.S. v Windsor)이 있었고, 마침내 2015년 6월 26일 동성 결혼을 금지하는 법률은 전부 위헌이라는 판결(Obergefell v. Hodges)이 선고되었으나, 논쟁의 여진은 여전히 진행 중이다.

우리 사회도 동성 결혼을 찬성하는 여론의 비율이 2001년의 17퍼센트에서 2014년에는 35퍼센트로 높아진 것으로 조사되었다. 그중 20대에서는 66퍼센트, 30대는 50퍼센트가 찬성인 반면 60대 이상에서는 반대가 76퍼센트라는 조사 결과를 볼 때, 이런 추세라면 지금의 젊은 세대가 노년이 되는 20~30년 후에는 찬성 여론이 우세할 것으로 예측해 볼 수도 있다. 그러니 참고 기다리라고 말하면 될까? 20대의 동성애자는 그때쯤이면 중년이 되고 30~40대는 노년이 된다. 60대의 동성애자는

30년 후 사랑하는 이에게 청혼을 하고 결혼할 수 있을까. 비종교인의 경우 찬성과 반대가 엇비슷한 반면 종교인들의 반대율이 높고, 특정 종교의 경우 압도적으로 그 비율이 높은 것도 이해하기 어렵다. 이웃을 사랑하라는 성경 말씀은 동성애자를 제외한 나머지 사람들만 사랑하라는 뜻이었을까. 동성애자는 창조주가 아닌 다른 누가 창조하였다는 말인가. 2000년도까지는 덜 종교적인 국가가 동성 결혼 도입에 더 관용적이었으나(유럽의 1차 도입국들), 이후로는 종교성과 관용성 사이에 상관관계가 없다는 것이 저자의 분석이다(캐나다, 스페인 등).

역지사지는 말만큼 쉽지 않은 일이지만 그래도 이렇게 한번 생각해 보자. 이성애자인 당신은 눈길이 절로 끌리는 이성을 멀리하고 동성 친구를 사랑하고 친밀한 관계를 맺는 일이 의지나 노력으로 가능할까? 불가능할 것이다. 그럼에도 그 반대는 가능하며 그래야 한다고 생각하고 있지는 않은가? 동성애자가 국가 권력을 장악하여 전 국민에게 동성 결혼만을 허용하고 이성과의 결혼은 금지하는 사회를 상상해 보자. 동성애자에게 동성 결혼을 금하는 것과 이성애자에게 이성 간 결혼을 금하는 것은 무엇이 다르다고 할 수 있을까.

유엔의 세계인권선언 제1조는 "모든 사람은 태어날 때부터 자유롭고 존엄성과 권리에 있어 평등하다. 사람은 이성과 양심을 부여받았으며 서로 형제애의 정신으로 대해야 한다."라고 한다. 동성애와 동성 결혼의 금지는 이러한 보편적 인권에 대한 침해다. 인류가 '사람'과 '동성애자' 두 종으로 분류되는 것은 아니지 않은가. 프랑스 인권선언의 자유와 평등, 미국 독립선언의 생명·자유·평등·행복과 같은 인류 보편의 가치가 동성애자를 제외한 나머지 사람을 위한 것이 아니듯이 말이다.

결혼이란 남자와 여자가 하는 것이라는 생각은 다수의 통념이지만, 남자와 남자, 여자와 여자가 사랑할 수밖에 없도록 태어난 사람의 입장에서 보면 그렇게 생각하는 사람들의 숫자가 다수인지 소수인지는 무의미하며, 다수의 생각에 맞추기 위해 사랑이 불가능한 이성과 결혼할 수는 없을 터다. 사랑하는 사람과 결혼할 수 있어야 한다는 생각은 특별한 생각도, 비정상적인 생각도 아니며, 그것이 가능한 법과 제도를 요구하는 것은 인간과 시민의 기본적인 권리 행사다. 그런 소박한 생각과 행동이 어찌 가끔씩 광장에서 질시와 혐오의 대상으로 비화되고 폄하되는가. 이보다 더한 인권 침해가 어디 있겠는가. 저자는 네덜란드 사람들에게서 이런 말을 들었다고 한다, "이 나라에 동성 결혼이란 없어요. 그냥 모두에게 같은 결혼이지." 그럼에도 저자가 전하는 동성 결혼을 앞둔 라헐과 마리아너의 이야기는 낯설지가 않다. 라헐의 어머니 유닛은 딸의 계획을 듣고 소리친다. "친구들한테 뭐라고 말해야 해? 딸이 결혼한다고 말하면 친구들이 '남편은 뭐하는 사람이야?'라고 물을 텐데. 난 남편이 여자라고 말해야 하잖아. 이거 참, 뭐라고 해야 하지." 네덜란드에서도 엄마는 당황한다. 어느 나라 엄마든 아직은 당황할지도 모른다. 물론 이야기가 거기서 끝나지는 않는다. 결혼을 준비하면서 당황은 점차 기쁨으로 바뀐다. 엄마의 이런 변화를 놓치지 않고 저자는 정치적 논쟁이 종료되고 문화적 적응이 시작되었음을 알린다.

피천득 교수는 '1월이 되면 벌써 새봄은 온 것이다'라고 했다. '자정이 넘으면 날이 캄캄해도 새벽이 된 거와 같이, 날씨가 아무리 추워도 1월은 봄'이라고 했다. 하물며 벌써 3월 초다. 이 책을 읽는 분들에게도 봄다운 봄이 올 날을 기다린다.

- 2018. 3. 4. 책 《동성 결혼은 사회를 어떻게 바꾸는가》 추천사

27

기어이 봄은 옵니다

저는 이 책의 추천사 끝머리에, '1월이 되면 새봄은 온 것이다. 자정이 넘으면 날이 캄캄해도 새벽이 된 거와 같이, 날씨가 아무리 추워도 1월은 봄'이라는 피천득 교수의 수필을 인용했었는데요. 하물며 3월이니 여러분이 이 책을 읽을 즈음에는 봄이 와 있으리라고도 썼었습니다.

그런데 제가 틀렸습니다.

왕소군(王昭君)의 이런 시가 있었던 줄을 잠시 잊었나 봅니다.

胡地無花草 春來不似春
꽃과 풀이 없으니, 봄이 와도 봄 같지 않다.

지구 위 어떤 나라에서는 '지금은 2015년이니까요'라고 하던데, 또 어떤 나라에서는 2016년에 보게 되리라고는 차마 생각지 못한 일, 종교인과 정치인의 동성애에 대한 일련의 혐오 언행을 보고 있기 때문입니다.

이런 넋두리는 사실 한국말을 모르는 저자 몰래 나누어야 할 부끄러운 비밀 같은 것이고, 우리는 오늘 《동성 결혼은 사회를 어떻게 바꾸는가》라는 책의 출간을 축하하기 위해 모였습니다. 2009년 미국에서 처음 출판되었고, 저자는 경제학자인 리 배지트(Mary Virginia Lee Badgett) 교수입니다.

제가 아는 얄팍한 지식에 따르면, 저자가 재직하는 매사추세츠 대학교(유매스 애머스트, Umass Amherst)에서 보스턴까지 고속도로로 한 시간이 넘고, 보스턴에서 뉴욕까지 자동차로 너댓 시간, 비행기로도 한 식경, 뉴욕에서 다시 하늘길로 14시간을 날아왔을 것입니다. 길고 먼 여정이지요. 그렇게 날아와서 피곤한 기색 없이 생기 넘치는 모습으로 자리한 저자에게 경의를 표합니다. 다시 한번 따뜻한 박수로 환영해 주실 것을 제의합니다.

지난해 미연방 대법원에서는 동성 결혼 금지가 위헌이라는 판결이 선고되었고 며칠 전에는 동성 부부의 친권을 부인한 앨라배마 주 판결을 무효로 하는 판결이 선고되었으며, 우리도 동성 결혼의 혼인 신고 수리 거부에 대한 소송이 진행 중인 때에 책이 발간된 것은 뜻깊은 일입니다. 호모 사피엔스(Homo sapiense)에게 있어 사랑이란, 문학 음악 미술

연극 영화 할 것 없이 모든 예술의 핵심 주제이고, 그중에도 결혼이나 결합을 전제로 한 사랑은 인간의 생애에서 불가결한 것입니다. 그런 사랑이 어떤 사람에게는 허용되고 어떤 사람에게는 허용될 수 없다는 주장은 공평하지도, 합리적이지도 않습니다. 인간이 신의 창조물이라면 신의 창조에 실수란 상상할 수 없으며, 138억 년 전 빅뱅의 소산이라면 그 자체로 기적이고 경이로운 생명체입니다. 전체 질량의 5퍼센트를 어림짐작해 내고 나머지 95퍼센트는 여전히 잘 몰라서 암흑물질이니 암흑에너지니 하고 부르는 거대한 우주에서, 그것도 우주의 한 구석 처녀자리 초은하단, 국부 은하군, 은하수 은하, 태양계 지구 행성의 북반구, 아시아 동쪽 구석 반도 이남의 한 점에서(Tim Radford의 책 《우주에서 떨어진 주소록》에서 표절한 건데요.), 숫자가 많아 세력을 가진 사람들이 숫자가 적어 세력을 덜 가진 사람들을 비정상으로 규정짓고, 한쪽이 다른 한쪽의 결혼과 가정생활을 금지하는 것이 괜찮은 일인지요. 이성적이고 합리적이라는 인간이 할 일인지요. 전지전능하다는 신에게라도 묻고 싶습니다. 예전에 동성동본간 결혼이 금지된 시절이 있었고 헌법재판소에서 위헌 결정이 난 후에도 법을 개정하기까지 8년이나 걸린 대한민국의 국회이긴 하지만, 그래도 지금은 2016년이잖아요. 민의를 대표하는 분들의 동성 결혼에 관한 믿기 어려운 언행은 우리를 슬프게 합니다. 그러한 언행이 선거 때 표로 연결된다는 통념이 안타깝고, 실제로 그렇게 되는 현실이 참담합니다. 그것을 가능케 하는 이른바 '어버이들', 그 자식인 우리들 자화상이 민망합니다.

이러한 때 출간되는 책이, 그래서 더욱 반갑습니다.

이 책은, 근거가 뒷받침되지 않은 동성 결혼 반대론에 대해 실증적 방법으로 분석하고 논증한다는 점에서 사회 과학 서적입니다. '동성애는 몰라도 동성 결혼은 안 된다'는 반대에 대해, 인류의 결혼 제도 전반의 성찰을 통해 오류를 지적하고 설득해 나간다는 점에서, 인문학서이기도 합니다. 그리고 고통받는 LGBT와 그 가족·친지에게는 더없는 선물입니다.

왕소군의 시는 거기, 춘래불사춘(春來不似春)에서 끝나지 않습니다.

胡地無花草　胡地無花草　胡地無花草　胡地無花草

화초가 없다 하나
땅에 화초가 없겠는가
어찌 땅에 화초가 없으랴만
미개한 땅이라 화초가 없도다

다시 한번 리 배지트(Lee Badgett) 교수를 환영하고 축하하면서, 저도 구호 한번 외쳐 보겠습니다.

"그래도 봄은 옵니다. 꽃샘추위에 눈발이 분분하여도, 봄은 기어이 옵니다."

— 책《동성 결혼은 사회를 어떻게 바꾸는가》 출판 기념회 환영사

PART 6

공익, 나를 이롭게 하는 일

28
공익이란 나를 이롭게 하는 일

'들어오면서부터 어디선가 향기가 나는 듯했습니다. 둘러보고 또 둘러보아도 라일락도, 아카시아도 없었는데요. 아, 역시 사람이 꽃보다 향기로운가 봅니다. 꽃보다 아름다운 수상자와 여러분이 계셨습니다. 꽃이 없어도 향기 가득한 자리에 함께할 수 있어 기쁩니다'라고 원고를 써 왔는데, 실은 여기저기 꽃다발이 많이 있네요. 그래도 어디 수상자 여러분의 향기만 하겠습니까. 명성으로만 듣던 존경하는 분들과 반가운 얼굴들을 뵙게 되어 또한 기쁩니다.

다산 정약용 선생께서 이렇게 말씀하셨다지요. "세상에는 두 가지 기준이 있다. 시비와 이해가 그것이다. 옳은 일을 해서 이롭게 되는 것이 가장 좋고, 옳은 일을 해서 손해를 보는 것이 그다음이다. 그른 일을 해서 이익을 얻는 것이 세 번째고, 그른 일을 하다가 해를 보는 것은 네 번째다. 첫 번째는 드물고 두 번째는 싫어서 세 번째를 하려다 네 번째가 되고 마는 것이 세상 일이다." 옳은 일을 해서 이롭게 되기는 드물고 손해 보기는 싫어서 그른 일로 이익을 꾀하다가 해를 보고야 만다는 것이 겠지요.

실학파인 다산도 잘 몰랐던 건 최근의 의학 지식인데, 봉사 활동을 하는 사람은 그렇지 않은 사람보다 오래 산다는 연구 결과가 있습니다. 7년의 수명 연장 효과가 있다네요. 그런데 아니 겨우 7년?

좋은 일을 하면 오래 산다는 것은 가볍게 드린 말씀이지만, 과연 옳은 일, 좋은 일을 하면 이롭게 되기보다 손해를 보게 되는가. 그렇지 않다고 생각합니다.

주최 측에서 저를 이 자리에 세운 것은 제가 이런저런 공익 활동을 돕고 있다는 이유에선데요. 어려운 이웃과 함께해야 한다는 당위성에 눈 뜨게 된 것은 제가 법관으로서 형사재판을 맡게 되면서였습니다. 피해자가 살려 달라고 애원할 때 칼을 거두느냐 그대로 내리꽂느냐 하는 절체절명의 순간에 피고인의 마음을 돌릴 수도, 모질게도 할 수 있는 것은, 그가 살아오는 동안 한 번이라도 누군가의 도움을 받은 적이 있는지 아닌지에 달려 있다는 생각이 들었던 것입니다. 끼니조차 없는 막다른 처지에 몰려 간절히 도움을 필요로 할 때 아무도 손잡아 주지 않고 무심했던 이웃의 얼굴을 떠올리면서, 너희는 언제 한 번이라도 내 애원을 들어준 적이 있느냐 절규하는 듯이 보였기 때문입니다. 비난받아 마땅한 흉악범의 얼굴이 슬퍼 보이고, 바라보는 우리들 얼굴이 더 서글펐기 때문입니다.

때로는 칼을 들어 절규하고 몸부림치는 대신, 굶어 죽거나 얼어 죽거나 스스로 목숨을 끊기도 합니다. 죽는 순간에도 밀린 집세를 미안해하며 집주인에게 용서를 구하는 편지까지 남깁니다. 4년 전 자살한 세 모녀가 남긴 편지에는 밀린 집세와 공과금으로 70만 원밖에 남기지 못해서 죄송하다고 쓰여 있었습니다. "죄송합니다"도 아니고 "정말 죄송합니다"라고 적혀 있었습니다. 죄송해야 할 사람은 그들이 아니라 우리들인데도 말입니다.

직접 해를 당하지 않았다고 해서 해가 없을까요. '내'가 온전할 수 없음은 마찬가지입니다. 지켜보는 마음이 평온치 못해서입니다. 이익이란 돈·권력·지위만이 아니지 않습니까. 가장 중요한 이익은 마음의 평화 아닐까요. 내 마음이 평온하지 못한데 몸인들 건강하겠습니까. 아마 7년쯤의 수명 감소 효과가 있지 않을까 싶습니다.

그런데 남을 해치든 자신을 해하든 그것은 분명하게 표현된 것이잖아요. 이와 달리 아무런 내색을 않다가 문득문득 불쑥불쑥 스며 나오기도 합니다. 이해할 수 없는 돌출 행동, 집단적 혐오나 광기 등이 그것입니다. 사람이니까 어떻게든 결국은 표출되는 것이지요. 잠재되어 있을 뿐 당연히 예견된 것입니다. 이념적 정치적 분열과 대립으로 보이는 갈등의 이면에는 이런 부분도 섞여 있다고 생각합니다.

좀 장황해졌으나 제가 이해하는 공익이란 이런 것입니다, 내 아이가 잘 자라려면 이웃집 아이가 원한을 품거나 마음이 얼어붙지 않아야 한다는 것, 이웃을 살피지 않으면 나와 가족의 생명, 재산, 평화를 지킬 수 없다는 것. 이런 의미에서 공익 활동은 선택이 아니라 생존의 필수 조건이며, 바로 나를 이롭게 하는 일입니다.

지난 16일 세월호 4주기를 기억한 것은 내 아이에게 그런 참사가 반복되면 안 되기 때문이며, 지난 20일을 장애인의 날로 정한 것은 나도 장애인이 될 수 있다는 자각에서 비롯합니다.

국가와 사회가 그 역할과 기능을 해야 하지만, 충분치 못할 때 나부터, 아니 나라도 나서야 한다는 것, 필란트로피는 바로 그러한 나, 그래야만 하는 우리가 모인 것입니다. 나에 대한 사랑을 사람에 대한 사랑으로 확장함으로써, 인류의 보편적 가치, 보편적 행복을 지향하는 세계시민의 기구입니다. 아시아 필란트로피는 보편적 인류애를 바탕으로 하되 아시아의 전통인 상부상조 정신과 기부 문화를 되살리고 퍼뜨리는 조직입니다. 그중에서도 '아시아 필란트로피 어워드'는 숨은 지도자를 발굴하고 재조명함으로써 더욱 적극적으로 활동하도록 돕고자 하는 것이지요.

그 수상자의 면면을 보면서, 이런 생각을 하게 됩니다.

우리가 오늘 사회 각 분야에서 존경할 만한 인물을 많이 갖고 있지 못한 것은, 실제로 그런 인물이 드물어서라기보다, 그런 인물을 갖고자 하는 뜻이 없어서가 아닐까. 자신이 아닌 다른 누구를 존경받는 인물로 인정하는 것은 썩 내키지 않는 일인지도 모릅니다. 서로의 말을 믿기보다 저의를 의심하고 경청하기보다 귀를 막고 수긍하기보다 반발하는 것에 익숙해 가고 있기 때문입니다. 그 결과, 우리는 대중 매체 속의 우상

(idol)은 있어도 마음 깊은 곳의 영웅은 없는 시대를 살고 있습니다.

이제 우리도 살아있는 시대의 영웅을 가져야 하지 않을까요. 언제까지나 역사 속의 안중근, 천당과 극락에 계신 스님과 추기경만 그리워할 수는 없지 않겠어요. 이웃에게 존경받고 사랑받는 현실의 인물이 청소년들을 감동케 하고 우리의 가슴을 널뛰게 한다면, 그보다 더 효과적인 인성 교육, 가치 교육이 어디 있겠어요.

오늘 필란트로피상을 받는 노숙인의 대부 김하종 신부님, 조각보의 김숙임 이사장, 월드비전의 김이경 차장, 장애 극복의 상징 이동한 이사장, 네팔의 아름다운 가게 수커워티 재단, 홍콩의 깨어 있는 청년 아이콘 아이들 마켓, 이분들과 그 단체가, 우리가 그런 인물로 삼기에 충분한 분이 아닌지 묻고 싶습니다. 맞습니까, 충분합니까? 예, 틀림없이 그럴 것입니다.

수상자들에게서 받는 느낌도 바로 그렇습니다. 마음이 깊은 분들이구나. 마음이 따뜻한 분들이구나… 미처 다 알려지지 않은 수상자의 진면목을 널리 알리는 일, 그 또한 이 자리에 함께한 우리가 감당할 몫이겠습니다.

불행히도 근래 우리 사회가 겪은 일련의 사건은, 인생에서 본질적으로 중요하지 않거나 영혼에 보탬이 되지 않는 일을 성공의 지표로 삼고 살아온 스스로를 돌아보는 계기가 되었습니다. 우리는 그렇게 살다가

병이 깊어야 병원에 가고 의사는 곪아 터진 환부를 도려내는 일에 주력하였습니다. 병은 끊임없이 생기고 의사는 쉴 새 없이 치료하였으며 병원도 의사도 늘었지만, 약과 수술은 재발을 막지 못했고 병도 약도 더 독해졌습니다.

최신 의학은 어떻습니까. 병의 예방과 면역의 균형에 주력합니다. 효과적이므로 옳은 방법입니다. 사회와 지구의 병에도 수술보다 예방을 위한 인문학적 성찰이 필요합니다.

그래서 세계는 지금, 인권과 평화의 문제를 넘어 환경과 생명의 문제를 이야기합니다. 그렇다고 전 단계인 낮은 수준의 인권 문제가 해결된 것도 아니어서 전쟁과 빈곤, 굶주림과 노동 착취, 인신매매 등은 여전히 현안입니다.

우리는 OECD 회원국 수준에 맞추어 환경과 생명의 문제를 말하고 있기는 하나 남북의 평화와 인권 문제에서 자유롭지 못하고, 낮은 수준의 생존 문제에서 벗어나지 못했습니다. 촛불집회 이후의 1년도 마찬가지입니다. 지난 1년 동안 변하지 않은 일이 다음 언젠가에 변하리라는 전망은, 사실 불확실하고 낙관적인 희망일지 모릅니다. 그러나 그런 불확실한 희망일지라도 우리 힘으로 기어이 이루어내자는 다짐만큼은, 아시아 필란트로피와 함께하는 우리의 약속이자 포기할 수 없는 목표입니다.

'바로 우리가' 하지 않으면 안 되겠기에, 해야만 하는 것입니다. 누군가가 해야 하는 일이라면, 그 누군가는 바로 '나'입니다. 우리 모두 필란트로피스트가 되어야 하는 이유입니다.

지식은 머지않아 한국의 인구가 소멸하고 경제 성장률이 0에 이른다고 예측하지만, 그러한 예측을 비껴가게 하는 지혜를 모색하는 사람이 바로 필란트로피스트 입니다. 더 나은 세상을 이루고자 하는 필란트로피의 꿈도 꼭 이루어질 것입니다.

그동안 눈에 띄지 않는 곳에서 사회 공동체의 문제 해결과 가치 실현에 헌신해 오신 올해의 필란트로피스트, 올해의 여성 필란트로피스트, 올해의 펀드레이저, 올해의 공적상, 올해의 NPO, 올해의 청소년 필란트로피스트 수상자 한 분 한 분께 다시 한번 경의를 표하고, 대회를 준비하신 모든 분의 노고에도 경의를 표합니다.

— 2018. 4. 25. 필란트로피 어워드 시상식

29

짧은 만남으로도
누군가의 삶을 바꿀 수 있다면

'올(ALL)'은 특정하지도 배제하지도 않는 열린 공간을 뜻합니다.

여러분이 씨줄과 날줄로 한 올 한 올 다가올 미래를 엮어 주실 무한한 여백, 아크로폴리스보다는 아고라를 꿈꾸는 광장입니다.

'올' 젠더와 법 연구소는 행복, 행복한 삶, 평등하고 평화로운 세상을 지향합니다. '젠더'는 그에 이르는 통로, 좁은 길(각종 차별과 배제)과 큰길(인권)이 교차하는 길목에서 변화를 이끄는 하나의 길라잡이입니다. 인문·사회·철학·종교·의학 등 젠더에 관련되지 않는 분야는 없습니다. 여러 분야의 지혜로운 분들과 교류하겠다는 희망을 품고 우선은 법학자와 재야 법조인이 모였습니다.

연구소가 모을 수 있는 것은 힘도 아니고 큰 목소리도 아니고 겨우 지혜입니다. 군중의 함성이 아니라 지혜가 광장의 핵심이라고 생각합니다. 자연과학에서도 밝혀진 것이 우주의 4퍼센트이고 나머지는 암흑물질·암흑에너지로 부른다지요. X-Ray의 'X'도 당시에는 모른다는 뜻이었구요. 원자의 존재를 규명하는 일이 이럴진대 사람의 일을 다루는 일이 오죽하겠습니까. 우리가 서로 옳다고 우기는 것은 나는 알고 너는 모른다는 주장과 다름없을 터, 그리 확신하고 단언할 수 있겠습니까. 준비된 답은 없고 정답을 제시하겠다고 말할 수 없지만, 모두가 안다고 할 때 '과연 그럴까' 의문을 갖는 것에서 시작하려 합니다. 모른다는 말도 용기내어 하려 합니다. 한계이지만, 질문과 답을 기다릴 생각에 설레기도 합니다.

전효숙·강금실·전수안 셋이서 무언가 함께해보자는 것은 5년도 넘은 해묵은 생각이었습니다. 입으로는 '재미있는 일'을 말했지만 '후배에게 도움되는 일'을 찾자는 것이 속내였습니다. 이 일이 과연 후배에게 도움은 될까 자문(自問)하다가, 제임스 도티(James R. Doty)의 말을 빌려 자답(自答)해 봅니다.

"사람들은 저마다 이야기를 갖고 있다. 이야기의 핵심으로 가면 우리들의 이야기는 서로 닮아 있다. 유대감은 강한 힘이 있다. 짧은 만남으로도 누군가의 삶을 영원히 바꿀 수 있다."

이런 생각을 기꺼이 함께해 주신 회원 여러분, 특별히 김진·이유정 변호사, 상근하는 유한결 연구원의 힘으로 생각이 형태를 갖추게 되었습니다. 열린 공간입니다. 저마다의 이야기로 모여 우리들의 이야기를 엮어 주십시오. 감사합니다.

– 2018. 11. 19. <사단법인 올> 창립 포럼

30

참 다행이다, <공감>이 있어

공감이 15주년을 맞습니다. 힘겹게 꾸려온 날과 이루어낸 일을 생각하면 겨우 15년인가 싶기도 합니다.

공감은 공익 변호사 단체입니다. 본연의 인권 운동 법률가 단체며, 낮은 곳의 서민들과 함께 끌어안고 뒹굴며 슬픔을 나누는 가슴 따뜻한 법률가 단체입니다. 경찰이나 검찰, 법원에 가기 전에는 법이 자신을 지켜줄 것이라고 믿고 추호도 의심하지 않았던 사람들이 실망하고 절규할 때, 현장에서 목소리와 힘을 보태는 활동가 단체이기도 합니다.

하느님은 부자가 천국 문을 통과하는 것이 낙타가 바늘귀 뚫기만큼 어렵다 하셨다지만, 이승에서는 힘없고 가난한 사람이 그 많은 장벽 하나하나를 통과하기가 참으로 어렵습니다. 그 중에도 바늘귀만큼 통과하기 어려운 문이 편견의 문입니다. 한 번이라도 그 문 앞에 서 본 사람은 알 것입니다. 그래서 포기할 것인가, 편견의 문을 통과하는 것이 가능하기는 한 걸까. 많은 사람이 좁은 문을 통과하기 위해 몸피를 줄이고 걸친 옷을 벗어보고 하면서 애쓰는 동안, 애쓰다가 실패하고 절망하고 포기하는 동안, '우리 저 문을 한번 부숴 봅시다. 문을 부수고 당당히 들어갑시다'라고 선동한 소수의 사람들이 있었습니다. 미국에서는, 흑인으로 첫 대법관이 된 서굿 마샬(Thurgood Marshall)이 이렇게 말했다지요. "편견의 문을 통과하는 유일한 길은 그 문을 부수는 것이다."

한국에는 누가 있었을까요. 바로 그 일이야말로, 공감이 하고 있는 일의 핵심이라고 생각합니다. 수많은 사람과 단체가 그 일에 헌신하였지만, 법률가로서 그리고 혼자가 아닌 여럿의 법률가가 함께하는 단체로서는 처음으로 그 일을 시작한 것이 공감이었습니다.

다행히도 그리고 고맙고 또 고맙게도 이런 생각에 공감해 주신 분들이 있어 지난 15년간 이 일을 계속할 수 있었습니다. 그분들이 바로 후원자 여러분이십니다. 공감이 한 일은 모두 공감 후원자께서 해내신 일과 다름없습니다. 후원자 여러분이 아니었으면 아무것도 할 수가 없고 존립 자체가 불가능하기 때문에 그렇습니다.

결국 공감이란, 공익 변호사들의 단체이자 공감에 공감하신 후원자들의 단체입니다. 열악한 사무실에서 적은 월급으로도 공감 구성원들의 심장과 맥박이 멈추지 않고 고동칠 수 있도록, 부디 후원자 여러분의 뜨거운 숨결을 저들에게 불어넣어 주시기를 간곡히 부탁드립니다.

얼마 전 김수환 추기경님의 선종 10주기였습니다. 감히 추기경님의 말씀을 인용하는 것으로 공감의 정신을 대변하고자 합니다.

"나의 생각을 지배한 가장 큰 주제는 인간이었습니다. 격동기를 헤쳐 오면서 가난하고 고통받는 그래서 약자라고 불리는 사람들 편에 서서 그들의 존엄성을 지켜주려고 치열하게 살았습니다. 평생 인간이 인간답게 살 수 있고 인간으로서 대접받고 인정받는 사회가 되길 바랐습니다. 인간은 누구든 어떤 모습이든 절대적으로 존엄하고 소중한 존재입니다. 당신이 얼마나 소중한 존재인지 알고 있나요?"

지금까지의 15년처럼 앞으로도 '공감이 있어 참 다행이다' 그리 생각해 주시는 존재가 되고자 노력하겠습니다. 법률가가 인권을 지켜 주는 최후의 보루라고 믿는 시민의 상식은 언제나 옳기 때문입니다. 감사합니다.

— 2019. 4. 25. 〈공감〉 15주년

31
잘 버틴 10년의 지뢰밭 길

오늘, 아침부터 다들 설레고 그러셨나요. 어제는 밤잠도 설치시구요. 정민아 김현성 이은미 권해효 변영주님 때문이 아니라, 군인권센터 생각에 설레신 거죠.

저도 설렜습니다. 설레긴 설렜는데, 군인권센터 때문에 설렜다는 거 짓말은 못하겠습니다. 군인권센터만 생각하면 설렘이 아니라 한숨이 납니다. 재정적 어려움 때문만은 아닙니다. 활동 하나하나가 지뢰밭을 밟는 일이기 때문입니다. 그렇게 10년이 흘렀습니다. 잘 버티었다고밖에 달리 표현할 말이 없습니다.

그 사이 우리의 자랑스러운 군은 얼마나 변했을까요. 변한 것이 없다고 할 순 없지만 기대만큼 변한 것은 아닌 그 변화의 한 모퉁이를 군인권센터가 지켜왔습니다. 군인복무기본법 제정, 병사 월급 인상, 휴대폰 사용, 오래전 군인권센터가 주장했을 때만 해도 다들 정신 나간 소리라고 하지 않았나요.

무엇보다, 변화의 계기가 된 많은 사건이 있었습니다. 실은 사건이 아니라 사람이, 사람이 아니라 희생자가 있었던 거지요. 그 많은 사건들 중에도 윤 일병 사건을 기억하시나요. 윤 일병으로 불리는 그의 이름은 윤.승.주입니다. 故 윤승주 일병의 어머니께서 지금까지 군인권센터의 운영위원으로 참여하고 계시다는 소식을 꼭 알리고 싶습니다. 안미자 운영위원께 위로와 격려의 박수 부탁드립니다.

10년의 지뢰밭 길을 걸어 온 군인권센터에도 이제 좀 좋은 일이 있으면 좋겠습니다. 군인권센터에 좋은 일이란 무엇일까. 희망 사항을 말하자면, 할 일이 없어 문을 닫는 것입니다. 우리가 꿈꾸는 세상이지요. 그런데 그렇게 좋은 일은 역사상 한 번도 일어난 적이 없습니다. 불행이든 다행이든 군인권센터는 오래도록 존재할 것 같습니다. 그나마 좋은 일이란 군인권센터가 할 일이 좀 적어지는 것입니다. 그런데 현실은, 군인권센터의 상담 건수가 지난 3년간 3배쯤 증가하였고, 국방부의 헬프콜 상담 건수보다 많습니다. 군 간부의 상담 비율도 20퍼센트 정도 됩니다. 군대 내 사건 사고가 감소했다고 하면, 안심이 되기보다 무언가 은폐되고 있지 않은지 우리는 또 불안해합니다. 그만큼 군이 신뢰를 잃었다는 뜻이기도 합니다.

분명한 것은, 군인권센터가 지향하는 목표는 군의 신뢰 회복, 인권이 존중되는 신뢰받는 군대이지, 군대 내 사건 사고나 비리의 폭로가 아니라는 것입니다. 군은 지역과 세계 평화를 지킬 소중한 조직이니까요. 그런데 이렇게 '힘이 있고, 규모가 크고, 오래된' 조직일수록 바꾸기 참 어렵다는 것을 요즘 다들 보셨을 겁니다.

군인권센터의 임태훈 소장이 겸손하고 원만하거나 인품이 아주 고고하다고 말하긴 어렵습니다. 제가 다 잘하지만 거짓말은 못합니다. 그러나 우리 사회 '힘 있고 규모가 크고 오래된' 조직 중 하나인 군을 바꾸자는 운동을 하기에는 또 저만한 사람이 없습니다. 어느 분야에나 그에 최적화된 사람이 있다는 확신을 갖게 하는 인물입니다. 얼마 전 부설 '성폭력상담소'를 설립하는가 했더니, 다음 목표는 '군 트라우마 치유센터'의 설립이라고 하네요. 10년 동안 욕만 먹고 산 것 같은데, 주례 서주기로 약속했으나 소식도 없고, 그도 가끔은 외로웠을 테니 여러분 응원의 박수 한번 쳐 주십시다.

"Stary Stary Night"의 주인공 빈센트 반 고흐를 좋아하시지요. 그의 소박한 희망은 이랬답니다. "나는 내 예술로 사람들을 어루만지고 싶다. 그들이 이렇게 말하기를 바란다. 마음이 깊은 사람이구나. 마음이 따뜻한 사람이구나." 우리는 잠시 후, 마음이 깊은 사람, 마음이 따뜻한 사람 다섯 분을 만납니다.

가수 이은미, 세상의 모든 솔로에게 애인을 하나씩 만들어 준 사람. 세상 어딘가의 불특정 다수에게 늘 미안해하며 사는 우리에게, "미안해하지 말아요. 그대 잘못이 아녜요" "울지 말아요. 우리가 잘못한 게 아녜요"라고 노래해 주는 사람. 그 노랫말(녹턴)의 작사자이기도 합니다. 영화 '소수의견'에서 재판 진행을 너무 잘해서, 저 사람은 왜 판사가 안 되고 배우가 되었을까, 저를 부끄럽게 한 배우 권해효. 그의 재능 기부는 늘 감동을 줍니다. 데뷔 30년의 이은미, 데뷔 29년의 권해효에 비하면 겨우 26년밖에 안 된 변영주 감독, 백상예술대상을 너무 일찍 받은 그는 군인권센터의 운영위원이기도 합니다. 김현성, 정민아는 다들 너무 좋아하시는 젊은 뮤지션이지요? 어려운 여건하에 흔쾌히 참여해 주신 다섯 분께 깊이 감사드립니다.

군인권센터는 앞으로도 꿋꿋이 지뢰밭 길을 걸어갈 것입니다. 의지할 것은 여러분의 응원과 격려밖에 없습니다. 그 길에 함께해 주실 거죠? 감사합니다.

- 2019. 10. 8. 〈군인권센터〉 15주년 콘서트

32

행복한 청소년이 행복한 어른으로

안녕하세요. 반갑습니다. 우리 잠깐 눈 감아볼까요.

학교가 아침마다 달려가고 싶을 만큼 즐거운가요.
친구들은 따뜻한가요. 마음이 통하는 친구가 있나요.
집은 어때요. 부모님, 형제자매 중 누군가가 있고, 서로 사랑하나요.
내 모습은 마음에 드나요. 건강하고 지혜롭고 아름다운가요.

이제 눈 뜨시지요.
설마 네 번 다 '예'라고 답한 학생 있나요?
긍정적 답변이 한 개라도 있는 사람? 다행입니다.
하나도 없는 사람? 지극히 정상입니다. 예전의 제 모습과 같군요.

숙제도 시험공부도 해야 하는 주말, 왜 여기에 오셨나요? 여러분에게는 무엇이 가장 절박한 문제일까요. 제가 이렇게 궁금해하는 동안, 여러분은 또 이렇게 궁금해했을 것 같네요. 저 사람은 누구지? 왜 여기까지 와서, 또 무슨 말을 하겠다는 거지.

혹시 긴즈버그나 오코너를 아시나요, 미국의 여성 대법관들인데요, 실은 저도 그들처럼 대법관이었답니다. 여러분이 제 이름을 모르는 것은 그들만큼 훌륭하지 않아서일 수도 있지만, 제가 언론 노출이나 강연, 기고 등을 전혀 하지 않은 덕분이기도 합니다. '탓'이 아니라 '덕분'이라고 말씀드린 것은 제가 의도하고 원한 일이라는 뜻이기도 한데요. 내 삶을 그리 기획하였고, '고거 하나'는 성공했다는 뜻입니다. 지하철이나 버스를 타고 허름한 차림으로 전국을 누벼도 남의 시선을 의식할 필요가 없다는 뜻이지요.

그럼 오늘 여기에는 왜 왔을까. 분명한 이유가 있어서입니다. 이유를 밝히기 전에, 아까도 물었다시피, 저는 여러분이 왜 오늘 감옥 체험을 하러 행복공장 수련회에 오셨는지가 더 궁금하거든요. 젊은 그대들이 먼저 말해 줄래요. (쏟아지는 소중한 여러 답변들…)

그랬군요. 이제 제가 말할 차례네요. 여러분이 나중에 후회하지 않는 진로를 선택하는 데에 조금이라도 보탬이 되었으면 해서 왔어요. 우리 아이들이 고등학교 때 저도 학부형으로서 진로와 직업 선택에 도움되는 강연이나 상담, 프로그램을 마련해 달라고 학교에 요청하였어요. 그때 학교 측 답은 이랬습니다, 원하는 학과는 다들 결정되어 있고, 어느 학교의 그 학과를 가는지만이 학생들의 관심사라구요. 문과는 법대, 이과는 의대가 90퍼센트쯤의 희망 진로라는 겁니다. 그런 지경인데 저는 왜 생뚱맞게 진로 선택에 조언이 필요하다고 생각했을까요. 저는 일생 판사만 했는데, 제 직업에 자부심을 가졌을까요. 불행히도 정반대입니다. 제가 입에 달고 살던 말은 이랬어요. "잘 몰라서 한 번은 했으나, 알고서 다시 할 수는 없는 일."

더 우스운 일도 있습니다. 여러분은 모르시겠지만 예전에 K여고 라는 이른바 '일류 고등학교'가 있었답니다. 지금의 홍천여고 같다고나 할까요. 그런데 제 엄마가 제일 듣기 좋아한 말이 "따님은 K여고 나온 사람 같지 않아요." 여기가 끝이 아닙니다. 여러분도 서울대학교를 목표로 하는 사람 있지요. 제가 제일 자랑스러워 하는 말은 "서울대 나온 분 같지 않아요" 입니다.

이게 무슨 모순입니까. 죽어라고 공부해서 들어간 곳이, 꿈에도 그리던 학교에 합격한 결과가, 전혀 자부심이 되지 못하는, 희극 같은 비극, 참담함입니다. 저같이 잘못된 진로 선택이나 우리 아이들 같이 진로 안내를 못 받는 일이 있을까, 노파심에 이 자리에 서게 되었습니다. 그런데 오기 전 여러분에 대한 보도들을 찾아보니, 제 기우였다는 생각이 들어요. 여러분은 그 어마어마한 독서를 통해 이미 답을 얻었을 것 같으니까요.

저는 왜 판사가 되려고 했을까요. 여러분 중에도 판사나 검사, 변호사 되고 싶은 사람 있지요? 판사는 왜 하려는 건가요.
저는 판사가 어려운 사람을 돕는 직업인 줄 알았어요. 판사가 되어 어려운 사람들을 돕겠다는 생각을 막연히 했던 것이지요. 근데 그거 착각이거든요. 판사는 법에 따라 판결하라고 그 자리에 앉혀놓은 거지, 어느 쪽이 더 힘들고 고달픈가 따져서 손들어 줄 수 있는 직업이 아니거든요.

판사가 되겠다고 해서 판사가 된 것에는 착오가 없지만, 왜 판사가 되려고 했는가 하는 동기에는 착각이 있었던 거지요. 예컨대, 학교 앞 떡볶이집이 맛있다고 해서 떡볶이를 사 먹었는데 소문이나 기대와 달리 영 맛이 없다고 하더라도, 떡볶이를 먹기로 결정해서 먹은 데에는 착오가 없잖아요. 닭갈비를 먹으려다가 실수로 떡볶이를 먹은 건 아니니까요. 그런데 맛있다고 해서 먹은 건데 고건 잘못 안 거니까 그런 걸 법률적으로는 '동기의 착오'라고 해요. 아무튼 이렇게 몰라서 진로를 잘못 선택하는 일은 없었으면 해서 여기 오게 되었다는 말을 장황하게 드렸네요.

여러분도 이 자리에 참석한 데에 동기의 착오가 없기를 바라면서, 판사가 좋은지 의사가 좋은지 뭐 그런 이야기 말고, 어떻게 살 것인가, 여러분 앞의 새하얀 화폭에 인생을 어떻게 그려나갈 것인가, 거창한 이야기 한번 나누어보고자 합니다. 어느 대학 어느 학과로 진학할 것인지는 수단일 뿐이니까요. 물론 제가 답을 가지고 있지는 않고 그래서 답을 드릴 수도 없지만, 앞으로 100년쯤 살아갈 여러분의 인생에 대해 한두 시간쯤 얘기 나누어보는 건 의미가 있겠지요?

빈센트 반 고흐를 아시나요. 살아서는 단 한 점의 그림밖에 팔지 못한 화가. 비록 생전에는 인정받지 못했지만 사후에 사랑받고 있는 사람. 그는 행복했을까요 불행했을까요. 나누고 싶은 이야기의 요지는, 장차 어떻게 살 것인가를 생각할 때에 좀 길게, 넓게 보자는 것인데요. 시간과 공간의 무한함 속에서 내가 처한 위치를 생각해 보자는 뜻입니다.

우선 시간적으로, 입시를 앞둔 지금만 생각하면 오늘 한두 시간도 시간 낭비일 수 있지요. 그런데 여러분, 우주의 나이가 몇 살이죠? 137.7억 년이라는 거예요. 요즘 조국이니 윤석열이니 하는 몇 사람이 세상을 다 차지한 것 같지만 138억년 중 고작 두세 달 동안에 이 난리를 치는 것 뿐이잖아요. 우리가 죽고 나면 누가 기억이나 할 것이며, 우리 몇 대 조상이 무슨 대학교 나왔다고 후손들이 자랑스러워할 것 같나요. 제가 지금 서울대학교 이사장으로 있는데 자랑스러워하는 가족 아무도 없어요. 심지어 알지도 못해요.

당대에는 인정받지 못했으나 그가 남긴 그림으로 오랫동안 사랑받는 빈센트 반 고흐를 한번쯤 떠올리며, 눈앞의 성공이나 주변 사람의 평가를 기준으로 선택할 것인지 생각해보자는 거지요. 왜냐하면 그런 기준으로는 오래도록 행복할 수 없으니까요. 무엇보다 여러분에게 학과 선택과 학교 지원을 조언하시는 부모님과 선생님은, 여러분이 살아갈 세상에 대해 알지 못하는 분입니다. 그 점에서는 나이 많은 저나 조금 젊다는 분이나 마찬가지여요. 상상도 못한 직업이 생겨나고 그것이 중심이 되는 세상을 여러분은 살아내야 합니다. 전혀 다른 세상을 꿈꾸고 상상할 수 있는 사람만이, 그런 세상을 즐겁게 살아낼 것이라고 생각해요.

그런가하면 시간적으로 무한한 우주와 역사 속에서의 선택이 전부는 아닙니다. 이 시각에도 우주와 지구 위 넓은 세상이 있죠. 종과 횡을 아울러 생각하자는 것인데요.

홍천은 지금 저 뒤에 자리한 남편의 외가이기도 한데, 여러분이 홍천의 가족과 친척, 홍천여고의 친구들과 선생님을 기준으로 인생을 설계해서는 안 돼요. 여러분은 어느 날 함흥에서 냉면을 먹을 수도 있고, 방글라데시에서 친구를 도울 수도 있고, 아프리카에서 만난 친구와 결혼할 수도 있고, 휴스턴에서 우주선에 탑승하게 될지도 모르니까요. 꼭 미래로 눈 돌려야만 그런 것도 아닙니다. 지금 이 순간에도 지구 위 어딘가에는 좀 다른 모습으로 살고 있는 사람들이 있지요. 유명해지고 돈과 명예를 거머쥐는 그런 삶과는 다른 삶도 있다는 것을 소개하고 싶습니다. 눈을 감고 상상해보면서 들어도 좋을 것 같네요. 한기봉이라는 분이 일간지에 쓴 글인데요. 좀 길지만 인용할게요.

"얼마 전 친구들과 북한산 둘레길을 걸었다. 그중 한 친구가 정말 존경스러웠다. 바위 섶에 핀 가을 야생화는 물론이요, 꽃이 떨어진 나무들 이름까지 척척박사였다. 그뿐이랴. 그 꽃과 나무의 스토리텔링은 알뜰살뜰 덤이었다. 그런 사람과의 동행은 참 격조 있다. 그를 새로 쳐다보게 됐다. 평생 단 한 번도 악행을 저지르지 않은 착한 사람처럼 보였다.

나는 안도현 시인하고는 결코 친구가 될 수 없다. 그는 짧은 시 '무식한 놈'에서 이렇게 말했다.

쑥부쟁이와 구절초를
구별하지 못하는 너하고
이 들길 여태 걸어 왔다니

나여, 나는 지금부터 너하고 절교(絶交)다!

- 안도현, 〈무식한 놈〉

그래, 나는 구절초와 쑥부쟁이를 구별하지 못하는 무식한 놈이다. 고백컨대 꽃맹(盲), 나무맹이다. 인생을 그리 헛살지는 않았지만 이맘때면 산야에 지천인 쑥부쟁이, 구절초, 개미취, 벌개미취를 정말 구분하지 못한다. 꽃이 크네 작네, 잎에 톱니가 있네 없네, 주된 색깔이 분홍인지 하얀인지 보라인지, 머리에 입력해도 금방 잊어버린다. 나도 한때 뭐 좀 있는 사람처럼 보이려고 식물도감을 사서 열심히 외우기도 했다. 그러나 색과 모양에 대한 눈썰미가 유독 부족한 나에겐 애당초 넘사벽이었다. 하지만 안 시인께서 설마 들국화 유의 이 고만고만한 놈들을 구별하지 못한다고 욕한 건 아니었으리라. 주변의 작고 하찮은 것들이라고, 맨날 마주치는 것들이라고, 그냥 무심코 지나치고 마음을 주지 못한 우리 모두를 향한 죽비일 게다.

시 '애기똥풀'에서는 그도 고백성사하셨다.

나 서른다섯 될 때까지
애기똥풀 모르고 살았지요
해마다 어김없이 봄날 돌아올 때마다
그들은 내 얼굴 쳐다보았을 텐데요

코딱지 같은 어여쁜 꽃
다닥다닥 달고 있는 애기똥풀

PART 6 공익, 나를 이롭게 하는 일

얼마나 서운했을까요

애기똥풀도 모르는 것이 저기 걸어간다고
저런 것들이 인간의 마을에서 시를 쓴다고.

— 안도현, 〈애기똥풀〉

꽃에 대한 관심의 첫째는 이름을 아는 것이라고 한다.

내가 그의 이름을 불러 주기 전에는
그는 다만
하나의 몸짓에 지나지 않았다

내가 그의 이름을 불러 주었을 때
그는 나에게로 와서
꽃이 되었다

— 김춘수, 〈꽃〉 중에서

식물 이름 알기에 관심들이 무척 많다. 사진을 찍어 올리면 회원들이 거의 실시간으로 이름을 알려주는 세계 최대 식물도감 토종 앱 '모야모'는 수십만 회원이 자발적으로 참여하는 집단지성의 대표적 사례가 됐다. 하지만 나처럼 이름을 잘 모른다고 관심과 애정이 없는 건 아니다. 이름을 불러준다는 건, 그저 통성명이 아니라 관계 맺음, 길들임을 말한 것이 아닐까. 마치 지식을 습득하듯 이름을 알아야겠다는 생각은 오히려 스트레스가 돼 돌아왔다. 나는 꽃과 나무를 만나면 그저 여유 있게 바라보며 교감하겠다고 마음먹었다.

반려동물보다 반려식물을 택하는 사람들이 많다. 1인 가구가 많아진 것도 이유라지만, 그 조용한 여유와 소소한 기쁨 때문일게다. 나도 아침에 눈을 뜨면 베란다로 애들부터 보러 간다. 환한 햇살 아래 반짝이는 잎의 신비로움, 꼬리를 흔들며 애교를 부리진 않지만 바람결에 하늘하늘 흔들리며 향기를 풍기는 여유로움, 한겨울을 보내고 삐죽 솟아나온 새순의 경이로움, 때를 알아서 조용히 피우고 가만히 시드는 우아함, 며칠 신경을 안 쓰면 시든 잎으로 내 게으름을 깨우쳐 주는 지혜…. 우리 인생의 모습은 식물성이지 동물성이 아니다. 사람은 나이 먹으면 몸 안에 식물성이 자란다. 식물은 키운다고 안 하고 '기른다'고 한다. 기르는 건 마음으로 보살피는 거다. 식물이 인테리어나 사진 배경이 아니라 교감과 반려의 상대라는 걸 깨닫는 데 오래 걸렸다. 이름은 아직 몰라도 '내려갈 때 보았네/올라올 때 못 본/그 꽃'이다.(고은, '그 꽃')"

여러분은 어떤 느낌이 들었나요. 아이고 뭔 풀 뜯어 먹는 한가한 소리야, 난 저렇게 풀처럼 살고 싶진 않아, 아무리 저런 헛소리를 해도 넘어가지 말고 내일 집에 돌아가자마자 열심히 공부해서 좋은 대학 가고 성공해서 이름을 남겨야지, 뭐 이런 결심? 그러지 말라는 얘긴 아니고, 그래서 행복해져야지 하는 얘기입니다.

이제부터는, 죽은 다음에나 그림 팔리는 화가 말고, 풀 뜯어 먹는 한가한 소리도 말고, 좀 현실적인 이야기로 돌아와 볼게요. 신문 읽을 시간도 없을 여러분을 위해, 언론에 보도된 여러분의 주변을 한번 둘러보겠습니다.

"청소년 사망 원인 1위는 자살이다. 2017년 기준 교통사고로 숨진 청소년은 인구 10만 명당 3.4명이었던 반면 자살은 7.7명이나 됐다. 일상생활에서 '스트레스를 받고 있다'고 응답한 청소년(13~24세)은 45퍼센트, 최근 1년간 2주 내내 일상생활을 중단할 정도로 슬프거나 절망감을 느낀 적이 있다고 답한 중·고등학생도 27.1퍼센트. 13세 이상 청소년이 가장 고민하는 문제는 직업(30.2%)이었고, 공부(29.6%) 외모(10.9%) 등이 뒤를 이었다. 직업이 공부를 역전한 것은 통계가 작성된 2008년 이후 처음이다. 청년 취업난이 지속되는 데 따른 결과로 풀이된다."

"2017년 기준 청소년 중 우리 사회가 공정하다고 생각하는 비율은 53.7퍼센트, 사회에 대한 신뢰도는 10점 만점(매우 믿을 수 있다) 중 5.38점에 불과. 반면 양성평등 의식은 강했다. 초등학교 4~6학년과 중·고등학생의 96.2퍼센트가 남자와 여자는 모든 면에서 평등한 권리를 가져야 한다는 의식을 지닌 것으로 나타났다. 남학생의 성평등 의식도 꾸준히 높아지는 추세. 청소년은 결정 능력이 부족하기 때문에 부모님이나 선생님의 생각에 따라야 한다는 견해에는 70.6퍼센트가 그렇지 않다고 답했다."

오늘 아침에 나올 때 부모님이 뭐라고 말씀하셨나요. 좋은 말씀 많이 듣고 유익한 시간 보내라고 하셨나요. 아니죠. 차 조심해라, 위험한 데

혼자 가지 말라고 하지 않으셨나요.

"지난해 청소년 가운데 우리 사회가 안전하다고 답한 비율은 24.8퍼센트로, 남자 청소년의 31.6퍼센트, 여자 청소년은 18.1퍼센트만이 안전하다고 답했다. 사회의 불안 요인도 남자 청소년은 국가 안보(21.8%)를, 여자 청소년은 범죄 발생(42.5%)을 꼽았다."

"지난해 기준 초중고 다문화 학생은 12만 2천명으로, 전체 학생 수는 감소하는 반면 다문화 학생은 최근 6년간 매년 1만 명 이상 늘어나 다문화 학생 비중(2.2%)이 2퍼센트대에 진입했다"고 해요. '우리끼리'도 안 되지만 '우리 민족끼리'도 아무 생각 없이 내뱉으면 친구에게 상처를 주는 사회에 살고 있는 거죠.

진짜 하고 싶은 얘기는 이제부터인데요.

"한국의 공교육 제도의 최종 목표는 오직 명문대 입학인 것으로 보인다." 지난 18일과 19일 스위스 제네바 유엔본부에서 열린 유엔 아동권리위원회 심의에서 알도세리 위원이 한국 정부대표단에 던진 질문이라고 합니다. "한국 교육은 아동의 잠재력을 실현하도록 하는 것이 아니라 경쟁만이 목표인 것 같다"면서, 이는 아동권리협약의 내용과 거리가 멀다고 지적했다네요. 유엔 아동권리위원들의 주요 관심사 중 하나는 한국의 경쟁적 교육 제도였는데, "한국 아동들은 자신들이 하는 일은 공부밖에 없고, 자정까지 학원에 있어야 한다고 했다. 한국 교육의 목표란 아동을 통해 돈을 벌려는 것인가, 아니면 아동이 스스로 사고하고 결정할 수 있는 인간으로 성장하는 것인가. 아동을 통해 돈을 벌려는 것인가란 뜻은, 자녀에게 과도한 공부를 시킨 뒤 명문대에 입학해서 대기업에 취직시키려는 일부 학부모의 학벌 투기를 지적한 것"이라네요.

실태를 잘 모르고 오바마 대통령이 부러워한 한국의 교육은 이 지경인 거지요. 여러분은 그런 교육의 한가운데에 있구요.

대안은 없는가, 꼭 정규 대학을 가야 하는지도 생각해 볼만 합니다. 여러분, 세계에서 제일 들어가기 힘든 대학이 어딘지 아시나요. 서울대도 하버드대도 아닙니다.

"벤 넬슨 미네르바 스쿨 설립자는 27일 서울에서 열린 제20회 세계지식포럼에서 한국 교육의 가장 큰 문제로 구시대적인 교육 시스템을 지적했다. 그는 인공지능(AI) 알파고가 인간과의 바둑을 이기고, 자율주행차가 거리를 돌아다니는 4차 산업혁명 시대에 걸맞은 인재를 기르려면 대학 교육이 바뀌어야 한다고 생각한 끝에 2014년 미네르바 스쿨을 설립했다. 하버드대 사회과학대학장을 지낸 스티븐 코슬린, 미국 버락 오바마 전 대통령의 과학정책자문위원인 비키 챈들러가 참여했다. 그는, 우리가 미래를 얘기할 때마다 두 가지 문제점을 노출하는데, 하나는 미래의 불확실성을 얘기하며 막연히 불안해한다는 점이고, 다른 하나는 불안한 미래보다는 지금의 현재가 그래도 괜찮다고 여기는 점이라며, 변화를 인식하고 문제 해결 능력을 발휘해 살아남을 인재를 기르기 위해서 미네르바 스쿨을 설립했다."고 합니다.

미네르바 스쿨은 강의실이 없고, 세계 7개 도시의 기숙사를 옮겨 다니며 온라인으로만 수업에 참여하는데, 온라인 수업이라고 해서 사이버 대학의 일방적 강의나 녹화된 강의 제공을 떠올리면 안 되고, 수업 전 교수의 강연 영상을 학습한 후 실제 수업에서는 발표와 토론에만 집중

한다고 합니다. 첨단을 달리는 인재들은 이 같은 시스템에 환호하였고, 설립 2년 만에 입학정원 306명을 뽑는데 1만 6000여 명이 지원해서 하버드(5.2%) 예일(6.3%) 스탠포드(4.7%)보다 합격률이 낮았으며(1.9%), 지금은 90개국에서 10만 명 이상이 지원한다네요. 지난해 첫 졸업생이 나오자 글로벌 회사들이 앞다투어 졸업생을 보내달라는 '청탁'을 해왔다면서, '미네르바 스쿨이 한국의 교육 제도를 개혁하는 계기가 되길 바란다'는 훈수도 두었다는군요.

가을은 노벨상의 계절이지요. 올해도 우리 과학자의 이름은 불리지 않았습니다. "쓸데없는 일을 잔뜩 하는 게 중요하다"라고 말해 온 일본의 화학자 요시노 아키라 박사는 노벨화학상 수상자로 결정됐습니다. 1982년부터 한 회사에서 이어온 리튬이온배터리 연구가 인정받은 것입니다. 이로써 일본은 노벨상 수상자 25명을 배출하며 과학기술 강국의 위상을 재확인했습니다. 우리는 왜 노벨상을 못 받나, 또다시 이어지는 탄식. 우리 과학계는 어디쯤 와 있으며, 무엇을 보완해야 할까요, 노벨상을 받은 석학들은 우리에게 어떤 조언을 할까요. 2002년 노벨화학상을 수상한 쿠르트 뷔트리히 교수는 대구 경북과학기술원 석좌교수로 한국을 방문했습니다. 생체 내 고분자 단백질 구조를 밝혀낸 공로로 상을 받은 그는 여든이 넘은 고령에도 여전히 호기심으로 들떠 있었는데, 어릴 적 가진 호기심이 오늘의 자신을 만들었다고 말합니다.

"스위스의 작은 시골 마을(Aarberg)에서 태어났습니다. 숲과 강에서 시간을 보냈고, 닭과 토끼 같은 동물도 많이 키웠죠. 자연스럽게 운동도 좋아하게 됐습니다. 스키, 축구, 육상, 수영 등 모든 종류의 운동을 즐겼죠. 과학자가 된 것도 운동을 더 잘하려다 이렇게 된 겁니다. 기록을 향상하려고 몸에 대해 연구하기 시작했습니다. 산소 운반과 헤모글로빈에 대해 공부하다가 전공을 화학으로 바꾸려고 교수를 찾아갔더니, 운동선수가 공부하면 학문의 질이 떨어진다며 거절했습니다. 포기하지 않고 끈질기게 다른 교수를 찾아갔고 끝내는 화학을 공부해도 좋다는 허락을 받아 진로를 바꿀 수 있었습니다. 학창 시절 스키를 타다가 다친 적이 있는데, 근육감소증이 생겨 허벅지 둘레가 10센티미터나 줄었습니다, 어떻게 하면 몸을 이전 상태로 돌릴 수 있을까 고민하다가 신진대사에 단백질이 관여한다는 것을 알게 됐습니다. 일상을 개선하기 위한 질문, '빅 퀘스천(근본 질문)'을 가지다가 단백질 연구를 하게 된 것입니다. 저는 한 가지 문제점을 해결하기 위해 1968년부터 91년까지 23년 넘게 실험을 아니 실패를 무한대에 가깝게 반복하고서야 실마리를 찾아낼 수 있었습니다. 그 긴 시간을 어떻게 버텼을까요. 즐겼기 때문입니다. 과학을 즐기며 할 수 있게 만들어 주는 것, 그것이 국가와 사회의 역할이고 책임입니다. 즐기면 오래 할 수 있고, 답을 구할 때까지 포기하지 않을 수 있습니다. 하지만 노벨상을 받기 위해 연구하지는 않았다는 것입니다. 상을 위해 연구해야 한다면 끔찍한 일이 될 것입니다. 매년 이맘때쯤 노벨상 때문에 노심초사하는 과학자들이 많습니다. 대다수는 상을 받지 못하고, 적어도 한 달은 우울하게 지냅니다. 과학은 그런 식으로 접근하면 안 됩니다. 즐겨야 합니다."

"한국 과학계를 오랫동안 지켜보셨습니다. 한국의 과학을 어떻게 평가하시나요?"라는 질문에는 이렇게 답했다네요. "한국과학기술원(카이스트) 설립시에 자문을 해서 한국 과학의 수준을 잘 알고 있습니다. 한국의 과학 연구는 출발이 매우 늦은데도 우리는 왜 노벨상을 못 받나 라고 성과에만 집착하는 경향이 있습니다. 황우석 박사 사건도 본질은 거기에 있었다고 봅니다. 우수한 과학자가 노벨상을 바라는 정부와 여론의 압력을 이기지 못한 것이라고 보고 있습니다. 특유의 '빨리빨리' 문화가 기초 과학 분야에서는 통하지 않습니다." "한국 학생들은 똑똑하고 근면하며 성실합니다. 그런데 그것이 문제라는 생각도 해봅니다. 10살짜리 어린이가 자정까지 '성실하게' 사교육에 시달리는 것은 충격입니다. 호기심은 과학자에게 가장 중요한 자질인데, 어릴 때부터 사교육에 시달려 호기심을 개발할 시간이 없는 것 같습니다. 시키는 것은 잘하는데 시키지 않은 새로운 것을 찾아내는 것은 어색해합니다. 어려워하기 전에 어색해합니다. 경험해 본 적조차 없는 거지요. 노벨상은 새로운 것을 발견해 낸 것에 대한 격려입니다. 학생들은 진로에 대해 앞선 세대, 특히 부모님 말씀은 맹목적으로 따라서는 안 됩니다."

인터뷰를 마치며 세계적 거장이 마지막으로 남긴 단어는 '자유 그리고 윤리'였습니다. 상에 얽매이지 말고 자유롭게 상상하고 연구하되, 선을 넘으면 안 된다는 것입니다.

사실 지금 제일 시급한 문제가 무엇인지는 다들 아시지요. 환경 문제, 우리가 살고 있는, 여러분이 살아갈 지구의 존속 여부입니다. 지구가 사라진다면 오늘 나누는 이야기가 다 무슨 소용이 있겠어요. 지구의 반대쪽에 사는 16살의 젊은이는 또 어떤 생각과 활동을 하고 있는지 잠시 동영상 하나 보실까요.

- 그레타 툰베리의 유엔 연설 동영상 시청 -

함께 이야기 나누자고 해 놓고 저만 이야기하고 말았네요. 이제 제 얘기는 마무리하고 잠시 쉬었다가 여러분 얘기 듣고 답을 찾아보는 시간 가질게요.

제가 얘기하고 싶은 요지는, ① 가장 시급한 것은 지구와 환경 문제다. 삶의 전제이기 때문이다. ② 살아만 있으면 아무런 의미가 없다. 사람답게 살아야 한다. 그런데, 나만 사람답게 사는 것은 불가능하다. 옆집도 뒷집도 사람답게 살아야 나도 사람답게 살 수 있다. 물리적으로 그렇고, 정신적으로 그렇다. 그래서 인권을 알아야 하고, 세계 공통의, 인류 보편의 인권 기준을 공부해야 한다. 요즘의 여러 반인권적 언행과 사회 현상은, 무지가 만용을 낳은 결과다. 인권도, 국어나 수학처럼 조금만 공부하면 다 안다. 장애인, 동성애에 대한 무지와 혐오는 인권 교육의 기회를 갖지 못한 교육의 책임이다. ③ 궁극의 지향점은 행복이다. 지구를 살리는 것도, 앞집 옆집 뒷집의 인권을 챙겨야 하는 것도 내가 행복하기 위해서다. 행복보다 더 바라는 것이 있는가, 라고 정리할게요.

그런데, 행복은 무엇이다? 저는 행복은 마음의 평화라고 생각합니다. 행복하기 위한 적극적(positive) 소극적(negative) 요소들이 있을 거예요. 기뻐서, 좋아서 행복할 수도 있고, 불행한 일, 슬픈 일이 없어서 행복할 수도 있어요. 앞의 것을 행복이라고 생각하지만, 뒤의 것이 행복이라는 생각은 잘 안 하죠. 그래서 늘 파랑새를 찾아 방황하구요. 가족 중의 누군가가 살아계시고, 아프지 않고, 끼니마다 굶지 않고 먹을 수 있고, 그런 것이 다 행복, 아니 어쩌면 더 이상 바랄 것 없는 행복이라고 느껴본 적 있으신가요. 그것은 결국 마음의 문제인데요.

예컨대, 가족 중 누군가가 안 계셔서 불행하다고 생각할지, 한 분이라도 계셔서 다행이라고 생각할지, 아파서 슬프지만 더 많이 아프지 않아서 다행이라고 생각할지, 집이 어렵더라도 더 어려운 친구보다 낫다고 생각할지, 친구나 선생님의 말 한마디에 상처받아 우울할지, 내 마음의 평화를 다른 사람의 입술 위에 두지 말자고 마음을 다스릴지 말입니다. 불교의 천상천하 유아독존, 천주교의 향심기도 같은 것도 모두 세상이 내 마음 안에 있다는 것에 귀일한다고 생각합니다.

마지막으로 들려드리고 싶은 말은 "Don't waste your time living someone else's life!"인데요. 스티브 잡스의 말입니다. 제 자신에게 날마다 다짐하는 말도 역시 그가 한 말인데요. "There is no reason not to follow your heart!"

부디 마음이 평화롭고 행복한 어른이 되어, 어디선가 또 만나기를 바랍니다.

— 2019. 10. 18. 〈홍천 행복공장〉 특강

33

인권, 예의와 존중

1. 서

지난 10주간의 강의에서 다룬 주제는 인권이나 젠더 분야에서 특별히 새로운 것은 아니다. 반복되는 논의가 진부하지만, 정작 식상한 것은 침해와 차별 그 자체다. 인권 침해와 차별은 여전히 엄존하는 현실이자 무겁고 두려운 현안이다. 지금 여기에서 우리만 겪는 일도 아니다. 국제인권법연구회[1]가 번역·발간한 국제인권편람[2]에는 이렇게 기술되어 있

---

[1] 국제인권법을 연구하는 법관들의 단체다. 국제인권법 연구의 성과로, 획일적 형태의 병역의무 강제는 개선되어야 한다는 헌법재판소의 결정을 이끌어냈다.
[2] 유엔 인권최고대표 사무실(Office of the United Nations High Commissioner for Human Rights, OHCHR)과 국제변호사협회(International Bar Association, IBA. 세계 180여 개의 법률협회와 법조인 조직으로 이루어진 국제 법률 조직)가 국제인권기준에 관한 전범으로 발간한 '사법운용에서의 인권'(Human Rights in the Administration of Justice). 부제는 법률가(법관, 검사, 변호사)를 위한 인권편람(A Manual on Human Rights for Judges, Prosecutors and Lawyers). 법원 내 국제인권법연구회가 2014년 '국제인권법과 사법'이란 이름으로 번역·출간하였다. 회원인 100여 명의 법관들이 2011년부터 2014년까지 번역에 참여하였다.

다. "존중·관용·평등에 대한 인류의 열망은 오랜 역사를 가지고 있다. 그러나 놀라운 것은 우리 사회가 기술·정치·사회·경제 등 여러 분야의 다양한 측면에서 크게 발전하였음에도 불구하고 현재 고통의 근원이 수백 년 전, 심지어는 수천 년 전과 거의 같다는 사실이다."

진부한 논의는 그래서 반복하고 반복되어야 한다. 올 아카데미에 참여한 젊은 여러분이, 세대를 아우르는 우리가, 방관하지 않고 포기하지 않고 그 해법(solution)을 모색하는 데에 기여해야 한다. 필자의 강의 또한 새로울 것이 없고 어쩌면 중복되기도 하겠으나, 여러분과 함께 국내·외 인권법을 반추해 봄으로써 인권기본법(차별금지법)의 입법을 촉구하는 데에 기여하고자 한다.

2. 국제인권법과 국내 인권법의 관계

(1) 상명하복 관계

법률의 체계는 철두철미하게 상명하복 관계다. 모든 법률은 상위 법률에 복종한다. 상사의 지시에 따르지 않으면 때론 용기가 되지만, 상위 법률에 따르지 않으면 무효가 된다. 그러니까 인권의 존중과 침해 여부를 판단함에 있어서도 직접 근거가 된 법률에 부합한다고 안심해서는 안 된다. 하위 법률의 적용은 적법성의 필요요건이기는 하나 충분요건은 아니다.

인권법 체계에서 최상위 규범은 헌법인가. 어느 정도는 그렇다. 헌법

위에는 주권자인 국민의 의지와 결단³⁾이 있으나 헌법은 그 위임에 의한 것이므로 국내에서는 최상위에 자리한다. 그런데 헌법 위의 상위 규범이 있다. 국제법이다. 통치 구조는 각국의 헌법이 자유로이 선택할 수 있으나, 국민의 기본권은 인권의 보편성으로 인해 국제 조약이나 규범을 존중해야 하고 헌법이라 하더라도 이를 위반하면 안 된다.⁴⁾ 실제로 각국의 헌법은 세계인권선언(Universal Declaration of Human Rights), '시민적 및 정치적 권리에 관한 국제규약(International Covenant on Civil and Political Rights, ICCPR. B규약), '경제적·사회적 및 문화적 권리에 관한 국제규약'(International Covenant on Economic, Social and Cultural Rights, ICESCR. A규약) 등의 국제인권조약과 지역인권협약의 문언(text)과 같거나 그에 상응하는 규정을 두고 있다.⁵⁾ 요컨대 인권법의 상명하복 체계는, 국제인권법을 최상위 규범으로 각국의 헌법이 이를 수용하고 국내에서는 헌법이 상위 규범이 되어 여러 하위 법률이 존재하는 구조다.

---

3) 루소는 권리와 의무가 일치하는 상태에서의 공동 이해가 그러한 일반의지라고 보았다. 그러므로 권력은 양도될 수 있어도 주권은 양도될 수 없다고 한다. 박홍순, 헌법의 발견(2015), 65면
4) 국제법과 국내법의 관계에 관해 이와 같이 보는 견해만 있는 것은 아니다. 국제법과 국내법은 서로 다른 법체계로서 국제법은 주권 국가 간의 관계를, 국내법은 국가 내에서 국가와 국민의 관계를 규율하므로, 국제법이 국내법으로 효력을 가지기 위해서는 국내법에 수용 절차를 거쳐야 한다고 보는 이원론이 있다(H.Y.Triepel, An zi-lotti, K.Strupp 등). 이에 대하여 일원론은, 국제법과 국내법이 하나의 보편적 법체계(universal legal order)에 속하므로 양자의 상충관계는 상하의 규범 서열에 따른다는 것이다. 일원론은 대체로 국제법이 국내법의 우위에 있다고 본다(Kelsen 등).
5) 국제인권법연구회, 국제인권법과 사법(2014) 27면

(2) 법조인의 의무

'지금 알고 있는 걸 그때도 알았더라면', 류시화 시인의 책이지만 법원에 근무하다가 헌법재판소에 근무하게 된 원로 법조인의 탄식이기도 했다. 민법·상법·형법 등 하위 법률에 매몰된 법조 실무가 아쉽고 후회된다 하셨다. 그래도 그때는 상위법으로 헌법까지만 언급되었다. 세월이 흐른 후 법원에도 최상위 규범부터 연구하겠다는 법관들이 나타났다. 당장 적용할 하위 법률의 검토만으로도 여력이 없던 법관들이 헌법을 넘어 국제인권법을 연구하겠다고 나선 것이다. 선배로서 부끄러웠고 후배들이 경이로웠다. 다행히 학계와 재야에서 먼저 공부한 교수와 변호사들이 있어 국제인권법의 적용을 주장하는 변론이 전개되고 이를 수용한 판결이 이어진 결과, 국내 병역법이 국제인권법에 맞지 않다는 헌법재판소 결정을 끌어내기도 했다. 일부 언론과 여론의 호도로 인해 사법행정권을 남용한 것이 사법행정권자인지 국제인권법학회인지 헷갈릴 지경인데도 연구회가 유지되는 것이 다행이다.

국제인권법은 도서관이 아니면 책조차 귀하다. 대형 서점에서 검색해 보니 '재고 없음'이거나 품절 아니면 절판이란다. 그나마 있는 것도 오래된 초판이다. 헌법도 당혹스럽기는 마찬가지다. 훌륭한 저서들이 많지만 수험용 문제집의 물량이 기본서를 압도한다. 국제인권권법을 변호사시험의 필수과목으로 하면 좋겠다.[6] 부담을 가중시킨다는 반대가 불보듯 하지만 강의도 개설되고 연구자와 수강생도 많아져야 한다. 로버

---

6) 현재는 국제인권법은 없고 '국제법'이 선택 과목으로 되어 있다. 그나마도 선택하는 비율이 극히 낮고, 법학전문대학원에서 폐강되는 경우도 있다고 한다.

트 풀검(Robert Fulgham)은 '내가 정말 알아야 할 모든 것은 유치원에서 배웠다'지만, 법률 실무가의 필수 무기인 국제인권법은 사법연수원이나 로스쿨에서 배웠어야 했다.[7] 마침 연세대학교에서 '인권 강의'를 신입생 필수 과목으로 한다는 소식이 있다. 강의 내용에 인권의 역사가 포함된다고 하니, 국제 인권의 역사와 규범도 함께라면 좋겠다.

3. 국제인권법

(1) 국제인권법의 법원(法源)

앞서 보았듯이 인권 보호를 위해 법률가에게 필요한 도구는 헌법과 법률만으로 충분치 않고 국제인권법이 필수다. 국제법은 조약, 국제관습법, 일반적으로 승인된 법의 원칙, 각국의 판결이나 법학자의 학설 등을 포섭하여 존재하지만, 인권법의 경우 유엔을 중심으로 체결된 인권

---

[7] 2015.10.24. 제9회 한국법률가대회에서 송상현 전 국제형사재판소장이 한 기조연설을 다시 인용하고자 한다. 필자는 크게 공감하여 다른 글에서도 인용한 적이 있다. '법을 공부한 우리가 법을 통하여 세계 평화와 발전의 질서를 구축하자는 국제 사회의 노력에 적극적으로 참여하여야 마땅하지, 우리끼리만 상종하고 무대응 하다가는 조선 시대의 쇄국정책으로 인한 피해와 기회 상실 이상으로 돌이킬 수 없는 나오를 경험할 수 있다'고 전제한 다음, '국제 사회가 움직이는 과정을 보면, 전문가들이나 각국 대표들이 만나서 인류의 평화와 안전을 위하여 필요불가결한 원칙, 목표, 방법, 가치와 철학을 토의하여 합의를 이루어낸다. 그러한 노력의 결과가 條約이 되어 각국의 비준을 기다리는 경우도 있고, 이를 유엔 무대로 옮겨 원칙을 천명하는 한 개의 決議로서 채택한 다음에 각 국가가 이를 시행하도록 적극 권유하는 방법도 있다… (중략) …그러나 우리 정부나 법조 전문가들이 이 같은 논의 과정을 제대로 보고하여 국내 정책의 기조에 반영되는 일은 거의 없다. 이렇게 하고 있는 한 우리는 영원히 우물 안 개구리를 면할 방법이 없다. 정부는 물론 법조계의 분위기가 자기 중심적이거나 독선적이 아니면 고립적이고 국제 대세에 대체로 무관심함을 느낄 수 있어 참으로 답답함은 물론 우려를 금할 수 없다… (중략) …국제적 변화의 물결을 선도하는 화두 중 첫 번째는 인권(Human Rights)이다'.

조약(Human Rights Treaties)이 주된 법원(法源)이다.

조약은 국가 간에 체결된 법적 구속력을 가진 합의이므로, 조약이 발효되면 당사국은 신의에 따라(in good faith) 합의된 의무를 이행해야 한다. 당사국이 국내법 규정을 원용함으로써 국제법상의 책임을 회피할 수는 없다는 뜻이다. 고의가 아니라도 조약 의무 위반 책임을 면할 수 없다는 점에서 책임의 엄격성이 유지된다. 국가는 위반 행위자가 행정 공무원, 법관, 경찰, 교도소 공무원, 세관 공무원, 교사, 정부 통제 하의 기업인 경우에도 책임을 진다. 인권 조약은 모든 당사국에 동일한 일반 규범을 창설하는 조약이므로 다른 조약에서와 같은 상호주의(reciprocity)가 적용되지 않고, 따라서 다른 국가의 이행 상태와 무관하게 조약이 이행되어야 한다.

일반적으로 조약에 탈퇴 조항이 있으면 조약에서 탈퇴할 수 있고 탈퇴 조항이 없는 경우에는 탈퇴할 수 없음이 원칙인데, '시민적 및 정치적 권리에 관한 국제규약'이나 '경제적·사회적 및 문화적 권리에 관한 국제규약'과 같은 인권 조약에는 탈퇴에 관한 조항이 없다. 인권의 불가침성을 고려할 때, 국가 간 인권의 보장은 일시적 약속일 수 없고 영구히 조약 탈퇴가 허용되지 않는다는 것이 그 함의(含意)다.[8]

(2) 국제인권법의 형성

인권은 '인간이기 때문에 갖는 양도할 수 없는 권리(inalienable rights)

---

[8] 류병운, 국제법(2019), 662면

가 존재한다는 철학적 믿음'에서 나온 결과물이다.[9] 인간에게 고유하고 본질적인 권리이기 때문에 어떠한 상황에서도 박탈될 수 없다.[10] 시민으로서 비로소 인정받는 시민권과 달리 국가와 민족을 초월하는 보편성(universal rights)이 있다.[11] 인간 그 자체로서 향유하는 권리이기 때문에 누구에게나 동등하게 주어진다(equal rights). 이 세 가지는 인권의 핵심 요소다.[12] 세계인권선언, '시민적 및 정치적 권리에 관한 국제규약', '경제적·사회적 및 문화적 권리에 관한 국제규약' 등에도 '인류 가족 모든 구성원의 고유한 존엄성과 평등하고 양도할 수 없는 권리'라고 표현되어 있다.

이러한 인권 개념이 국제 공동체 사이에서 처음부터 쉽게 받아들여진 것은 아니다. 제1차 세계대전 후 1919년 파리 회의에서 일본은 인종 간 평등 원칙이 국제연맹협약(Covenant of the League of Nations)에 삽입되어야 한다고 주장하였고 국제연맹 17개 이사국 중 11개국이 찬성했으나, 의장인 미국의 윌슨 대통령은 부결을 선언했다. 이로써 국제연맹협약은 국가 간 평등 원리를 채택하지 못했다. 그 후로도 1926년의 '노예협약'(Slavery Convention), 1921년의 '여성과 아동 매매 억제를 위

---

[9] 정진성, 유엔과 인권 규범의 형성(2019), 24면
[10] 1776년 미국의 독립선언문은, 모든 사람은 평등하게 태어났으며, 조물주는 빼앗길 수 없는 일정한 권리를 모두에게 주었다고 선언하였다.
[11] 자연인으로서의 인간과 국민으로서의 시민을 구별하는 입장에서는, 벤덤(J. Benthem)과 같은 공리주의가 자연의 인간을 시민이라는 괴물로 변질시킨다고 비난하기도 한다. 프랑스 인권선언의 전문에 이러한 입장이 반영되었는데, '프랑스의 인민은 인권에 대한 무지, 무시 또는 멸시가 국민의 불행과 정부의 부패를 야기한 유일한 원인이라고 간주하여, 자연적이고 빼앗길 수 없으며 신성한 인간의 권리를 표명하기로 결의했다'고 표현되었다.
[12] Donnelly, Universal Human Rights in Theory and Practice

한 국제협약'(International Convention for the Suppression of Traffic in Women and Children) 등이 있긴 했으나 본격적으로 인권의 국제화가 시작된 것은 제2차 세계대전이 끝나고 나서다. 뉘른베르크 재판과 극동국제군사법원의 재판을 거치는 동안 인권이 단순히 국내 문제가 아닌 국제 사회의 관심사가 되고 국가 간 무력 사용의 금지와 세계 평화의 유지가 절실해진 것이다. 이러한 국가 간 공통의 인식과 필요에 따라 1945년 6월 26일 유엔헌장(Charter of the United Nations)이 채택되고 그해 10월 24일 발효되어 유엔이 창설됨으로써 국제인권을 주관할 기구가 탄생하게 된다. 유엔헌장은 불완전하나마 기본적 인권, 인간의 존엄과 가치, 남녀 및 국가 간 평등권에 대한 국제 사회의 신념을 표명하였다. 뒤이어 인간의 존엄성을 명시한 세계인권선언은 인권에 관한 유엔의 첫 성과물이다.

(3) 국제인권법의 체계

유엔은 인권이사회를 통해 각국의 인권 문제를 제기하고 결의안 채택과 권고를 한다. 그 전제가 바로 인권 조약이며, 조약의 이행을 감시하고 감독하는 것이 조약 기구다. 유엔의 조약 기구로는 9개의 위원회[13]와 고문방지소위원회가 있다. 조약 기구는 지역별 균형을 고려하여 선출된 민간 전문가로 구성된다.

---

13) 체결된 조약 별로 인종차별철폐위원회, 자유권규약위원회, 사회권규약위원회, 여성차별철폐위원회, 고문방지위원회, 아동권리위원회, 이주노동자권리위원회, 장애인권리위원회, 강제실종위원회가 있다.

유엔의 인권 조약으로는 1948년 '집단살해죄의 방지와 처벌에 관한 협약'(The Convention on the Prevention and Punishment of Crime of Genocide)이, 1965년에는 '모든 형태의 인종 차별 철폐에 관한 국제협약(International Convention on the Elimination of All Forms of Racial Discrimination, IICERD)'이 체결되었으며, 1966년에 '경제적·사회적 및 문화적 권리에 관한 규약'과 '시민적 및 정치적 권리에 관한 규약'이 같은 날 체결되었다. 1967년 '여성에 대한 모든 형태의 차별 철폐에 관한 협약'(The Convention on the Elimination of All Forms of Discrimination against Women, CEDAW), 1984년 '고문 및 그밖에 잔혹한 비인도적 또는 굴욕적 대우나 처벌 방지에 관한 협약'(The Convention against Torture and Other Cruel, Inhuman Degrading Treatment or Punishment), 1989년 '아동의 권리에 관한 협약'(The Convention on the Rights of the Child, CRC), 2006년에 '장애인 권리협약'(Convention on the Rights of Person with Disabilities, CRPD)과 '강제실종으로부터 모든 사람을 보호하기 위한 협약'(The International Convention for the Protection of All Persons from Enforced Disappearance) 등이 순차로 체결되었다. 1990년에 체결된 '모든 이주 노동자와 그 가족의 권리 보호에 관한 국제협약'이 있으나, 가입국이 54개국에 그치고 그것도 주로 이주 노동자를 보내는 국가들이며 이주 노동자를 받아들이는 선진 산업국은 가입하지 않았다.

규약 또는 협약은 18개이고 우리는 그중 11개에 가입하였으며 7개는 미가입 상태다. 미가입한 것에는 이주노동자권리협약, 강제실종협약, 사형폐지를 위한 시민적 및 정치적 권리에 관한 국제규약 제2선택의정서, 유엔 아동권리협약 제3선택의정서 등이 있다. 가입한 협약 중에도 4개는 가입 시 유보[14]한 조항이 있다. 그 유보 조항의 하나가 국제노동기구(ILO) 제87호 협약(결사의 자유와 단결권의 보장)과 제98호 협약(단결권과 단체교섭권 협약)임은 주지하는 바와 같다.[15]

(4) 국제인권법의 내용

1) 유엔헌장과 세계인권선언

유엔헌장[16]은, 유엔이 평등권과 자결 원칙의 존중에 기초하여 국가 간 우호 관계를 발전시키고 경제적·사회적·문화적·인도적 문제를 해결하며, 모든 회원국의 주권 평등 원칙에 기초한다고 선언하였다. 또한 국제평화와 안전은 인종·성·언어·종교에 관한 차별 없는 인권 및 기본적 자유에 대한 보편적 존중과 준수에 달려 있다고 선언하였다(제1조 제2,3항, 제2조 제1항, 제13조 제1항b, 제55조c, 제76조c 등).

유엔헌장에 이어 1948년 12월 10일 유엔 총회에서 채택된 세계인권선언[17]은 법 앞의 평등과 그에 따른 차별 금지 원리를 보다 분명히 하였다. 즉, 모든 인간은 태어나면서부터 자유롭고 그 존엄과 권리에 있어

---

[14] 유보란, 조약의 일부에 대하여는 그 적용을 원치 않아서 그 부분 조약상의 법적 의무를 받아들이지 않겠다는 조약 당사국의 일방적 의사표시다.
[15] 그 외, 강제 노동 강요 금지에 관한 제29호, 강제 노동 철폐에 관한 제105호도 병역법 등 국내법과의 규정 충돌로 비준이 유보되었다.
[16] 총 19장 111조로 구성되었다.
[17] 찬성 48표, 반대 0표, 기권 8표로 채택되었다.

평등하며(제1조), 인종, 피부색, 성별, 언어, 종교, 정치적 또는 그 밖의 의견, 민족적 또는 사회적 출신, 재산, 출생, 지위에 따른 차별 없이 모든 권리와 자유를 가진다. 독립국이든 신탁통치 지역이든 비자치 지역이든 주권의 제약을 받고 있는 지역이든지 간에 정치적·관할권적·국제적 지위를 근거로 차별이 있어서는 안 된다(제2조). 모든 사람은 차별과 차별의 선동으로부터 보호 받을 권리가 있다(제7조)는 등이다. 장차 조약 체결로 구체화될 시민적·정치적 권리와 경제적·사회적·문화적 권리를 포함하고 있어, 그 기초가 되었다고 하겠다. 선언 자체로 법적 구속력은 없으나, 종전부터 존재해 온 국제관습법을 수용한 것이어서 구속력이 있다고 보는 견해도 있다.

2) 집단 살해죄의 방지와 처벌에 관한 협약

1948년 12월 9일 유엔 총회에서 채택되어 1951년 1월 12일 발효되고 협약 당사국도 135개국에 이르지만, 독립한 이행 기구가 없이 당사국의 자발적 이행에 맡기고 있다. '집단 살해죄의 방지와 처벌에 관한 협약'은 공모, 직접 또는 공공연한 교사, 미수, 공범을 포함한 집단 살해 범죄를 방지하고 처벌하기 위한 협약이다. 협약에서 별도의 의무를 부과하고 있지는 않으나, 협약에 포함된 원칙은 당사국을 구속한다. 국제형사재판소(ICC)는 이러한 집단 살해죄를 처벌하며, 그 외 인도에 반하는 범죄, 전쟁 범죄, 일정한 침략 범죄를 처벌하는 상설 재판 기구다.[18]

---

18) 2003년 3월 11일 창설되었고, 네덜란드 헤이그에 있다.

3) 모든 형태의 인종 차별 철폐에 관한 국제협약

1965년 12월 21일 유엔 총회에서 채택되어 1965년 1월 4일 발효되었다. 협약상의 의무 이행을 감시하기 위하여 인종차별철폐위원회가 설치되었다. 위원회는 일반 권고(General Recommendation)를 한다.

협약에 따르면, 인종 차별이란 인종·피부색·가문·출신 민족이나 종족을 이유로 하는 구별·배척·제한·선호(preference)로서 정치·경제·사회·문화 기타의 공공 생활에서 인권과 기본적 자유의 동등한 인정이나 향유 또는 행사를 침해할 목적이나 효과를 갖는 것이고(제1조), 당사국은 인종 차별을 규탄하며, 모든 형태의 인종 차별을 철폐하고 인종 간의 이해를 증진할 정책을 지체 없이 추구한다(제2조). 이를 위하여 권한 있는 법원이나 국가 기관을 통해 인권 및 기본적 자유를 침해하는 인종 차별 행위로부터 모든 사람을 효과적으로 보호하고 구제하며, 차별의 결과로 입은 피해에 대해 공정하고 적절한 보상을 받을 권리를 보장하여야 한다(제6조). 협약 제5조는 여러 분야 별로 구체적 자유와 권리를 규정하고 있는데, 그중에는 '운송, 호텔, 음식점, 카페, 극장 및 공원과 같은 공중이 사용하는 모든 장소 또는 시설에 접근할 권리'도 명시되어 있다.[19] 인종차별철폐위원회가 밝힌 바와 같이 이러한 권리는 협약이 창설한 권리가 아니고 유엔헌장이나 세계인권선언 및 국제인권규약으로부터 도출되는 권리이다(일반 권고 제20호).

---

[19] 각주 38)에서 보는 바와 같이, 미국에서도 이러한 시설이나 장소에 대한 흑인 등의 출입과 접근이 사실상 금지되거나 제한되어 왔다.

4) 시민적 및 정치적 권리에 관한 국제규약

1966년 12월 16일 유엔 총회에서 '시민적 및 정치적 권리에 관한 국제규약'이 체결되고, '개인이 제기한 통보를 접수하고 심리할 위원회의 권한'을 인정하는 선택의정서가 채택되었으며 1976년 3월 23일 발효되었다.

규약에 포함된 권리로는 생명권(제6조), 노예 제도나 예속 상태로부터 자유로울 권리(제8조 제1,2항), 강제 노동으로부터 자유로울 권리(제8조 제3항), 신체의 자유와 안전에 대한 권리(제9조), 이동 및 거주의 자유(제12조), 형사 및 민사 소송에서 공정한 심리를 받을 권리(제14조), 인간으로서 인정받을 권리(제16조), 사상과 양심 및 종교의 자유(제18조), 의견과 표현의 자유(제19조), 평화적 집회를 할 권리(제21조), 결사의 자유(제22조), 혼인하고 가정을 구성할 권리(제23조), 차별 없이 특별한 보호를 받을 아동의 권리와 출생 시 등록될 권리 및 국적을 취득할 권리(제24조) 등이 있고, 양성평등(제3조)[20], 사법 절차와 법률 구조에서의 평등(제14조 제1, 3항), 공무에 평등하게 참여할 권리(제25조), 종족·종교·언어적 소수 집단을 위한 보호(제27조) 등도 있다.

규약 제2조 제1항은, 유엔헌장 및 세계인권선언에서와 마찬가지로, 규약에서 인정된 권리가 어떠한 사유에 의한 차별도 없이 보장되도록 할 의무를 규정하였고, 제26조는 이를 위하여 법률은 어떠한 차별도 금지하고, 인종, 피부색, 성별, 언어, 종교, 정치적 또는 그 밖의 의견, 민족

---

[20] '체약국은 규약에 규정된 모든 시민적 및 정치적 권리를 향유함에 있어 남녀에게 동등한 권리를 확보할 것을 약속한다'고 하였다.

적 또는 사회적 출신, 재산, 출생, 그 밖의 지위 등 어떠한 이유에 의한 차별에 대해서도 평등하고 효과적인 보호를 하여야 한다고 규정하였다. 규약 제2조 제1항이 다른 권리의 적용에 있어서의 평등을 규정한 것이라면, 제26조는 평등 그 자체를 독립한 권리로 인정하고 있어 차별 금지의 핵심 규정으로 평가되고 있다. 자유권규약위원회가 사람 또는 집단 사이의 구별을 모두 차별로 보고 있지는 않는데, 구별이 합리적이고 객관적이며 정당한 목적이 있으면 정당화된다고 한다.

규약에 의해 자유권규약위원회가 설치되었다. 위원회는 당사국이 제출한 보고서를 검토할 권한,[21] 규약의 개별 규정 의미에 관한 일반 논평 또는 주석(general comment)을 내는 권한, 국가 간 통보(Inter-State communications)를 처리할 권한, 선택의정서에 따라 개인통보(Individual Communications)를 접수 받는 권한이 있다. 긴 세월, 자유권규약위원회의 개인통보 청원과 그 인용율 1위가 한국의 병역거부에 대한 것이었음은, 부끄럽지만 기억하시는 바와 같다.

사형 폐지를 위한 시민적 및 정치적 권리에 관한 국제규약 제2선택의정서가 있으나, 우리는 가입하지 않았다. 사형의 폐지가 인간의 존엄의 향상과 인권의 전진적 발전에 기여한다고 믿으며, 세계인권선언과 시민적 및 정치적 권리에 관한 국제규약 제6조 등에 비추어 사형 폐지를 위한 조치는 생명권의 향유에 있어 전진임을 전제로, 당사국의 관할 내에서는 누구도 사형을 집행당하지 않으며, 각 당사국은 자국의 관할 내에

---

[21] 보고서 제출의무는 강제되는데, 가입 1년 내에 제출한 후 매5년마다 위원회의 요구에 따라 제출한다(제40조).

서 사형 폐지를 위한 모든 필요한 조치를 취하기로 합의하였다(제1조). 국가인권위원회는 이 선택의정서에 가입할 것을 정부에 권유하였고, 비공식 사형 집행 모라토리엄(중단) 상황의 공식화, 단계적 사형 폐지 등도 건의하였다.

5) 경제적·사회적 및 문화적 권리에 관한 국제규약

'경제적·사회적 및 문화적 권리에 관한 국제규약'도 규약에서 선언된 권리들이 차별 없이 행사되도록 보장한 것(제2조), 특히 남녀에게 동등한 권리를 보장하도록 한 것(제3조) 등은 '시민적 및 정치적 권리에 관한 국제규약'에서와 같다. 차별 금지 원칙은 제7조(a)(i)에도 포함되어 있는데, 공정한 임금, 동일 가치의 노동에 대한 동일한 보수, 특히 여성의 동등한 노동에 대한 동등한 보수 규정과 함께 '남성이 향유하는 것보다 열등하지 않은 근로 조건의 보장'을 명시하고 있다.

'경제적·사회적 및 문화적 권리에 관한 국제규약'이 '시민적 및 정치적 권리에 관한 국제규약'과 1966년 12월 16일 유엔 총회에서 같은 날 체결되었음에도 두 개의 규약으로 분리된 것은, 이러한 권리를 아직 '차세대 권리'로 보는 인식이 있어 권리 보호의 강제성에 관한 각국의 의견 일치를 보지 못했기 때문이다. 이 점을 인식하여 유엔은 '모든 인권과 자유는 그 명칭이 어떻든 간에 불가분적이고 상호 의존적으로 연결되어 있다'고 함으로써, 두 권리의 상호 의존성을 강조하였다.

구체적으로는 근로의 권리(제6조), 노동조합의 결성 및 선택한 노동조합에 가입할 권리(제8조), 사회 보장을 누릴 권리(제9조), 출산 전후 적절한 기간 동안 특별한 보호 및 사회 보장 혜택에 합당한 유급 휴가의 보호와 지원(제10조), 의무적 무상 초등 교육을 포함한 교육받을 권리(제14조), 문화생활에 참여할 권리(제15조) 등이 있다. 그 밖에도 안전하고 건강한 작업 조건과 근로 조건, 아동 노동의 제한과 특별한 보호조치를 받을 권리, 의식주를 포함한 삶의 적절한 기준에 대한 권리, 굶주리지 않을 권리, 최상의 정신적·육체적 건강을 향유할 권리, 자녀의 종교적·도덕적 교육을 위해 학교를 선택할 부모의 권리, 과학적 진보의 혜택을 향유할 권리 등이 포함되었다. 이러한 권리는 국가가 적극적 조치를 취할 것을 요구할 수 있는 권리지만, 당사국 내 입법 조치와 행정·재정 등 문제로 이행에 시간이 걸리는 점은 어느 정도 불가피하다는 견해도 있다. 그렇다고 당사국의 적극적 조치가 장기간 유예되거나 면제되는 것은 아니다. 인권 침해의 현실은 '인권 침해가 지속되는 관행을 근절하기 위하여 당사국이 적극적 조치를 취하지 않았기 때문'이라고 본다.[22]

규약 제16조는, 규약에서 인정된 권리의 준수를 실현하기 위한 조치와 진전 사항에 관한 보고서를 제출할 의무를 부과하고 있다. 초기에는 경제사회이사회가 규약의 이행을 감시하다가 1985년 시민적 및 정치적 권리에 관한 자유권규약위원회와 동격의 사회권규약위원회가 설립되었다.[23] 보고서의 제출·심의와 일반 논평의 채택 등 권한은 자유권규약위원회와 같으나, 자유권규약위원회와 달리 개인통보 절차는 아직 채택되지 못하였다.

---

[22] 국제인권법과 사법, 38면
[23] 국제인권법과 사법, 53면 이하

6) 여성에 대한 모든 형태의 차별 철폐에 관한 협약

1979년 12월 18일 유엔 총회에서는 '여성에 대한 모든 형태의 차별 철폐에 관한 협약'이 체결되었고 1981년 9월 3일 발효되었다. 인권·평등·정의는 젠더에 고유한 문제가 아니고 모든 국제인권조약은 당연히 여성에게 적용되지만, 많은 국가에서 여성에 대한 광범위하고 다양한 심각한 권리 침해가 존재하고 있어 특화된 문서의 필요성이 대두되었던 것이다. 이미 유엔헌장뿐 아니라 세계인권선언, '시민적 및 정치적 권리에 관한 국제규약', '경제적·사회적 및 문화적 권리에 관한 국제규약'에 남녀평등의 원칙이 포함되어 있고 1967년 유엔 총회에서 '여성에 대한 차별 철폐에 관한 선언'이 채택되었음에도 다시 이러한 협약이 체결된 것이다.

협약 제1조는, 정치적·경제적·사회적·문화적·시민적 또는 그밖에 모든 분야에서의 성에 근거한 구별, 배제, 제한을 여성에 대한 차별로 정의한다. 협약의 적용 범위는 다른 인권 조약과 마찬가지로 공공 분야에 한정되지 않고 사적 분야에서의 행위에 미친다. 협약 제2조는 당사국의 의무로, 여성에 대한 차별을 철폐하는 정책을 지체 없이 추진할 것, 헌법이나 입법 등 법적 평등을 보장할 것, 개인 조직이나 기업에 의한 여성 차별이 철폐되도록 조치를 취할 것, 여성을 차별하는 법률·규칙·관습 및 관행과 특히 형사법 규정을 수정 또는 폐지할 것 등을 요구하고 있다. 적극적 조치(affirmative action)에 대한 근거도 명시되었다. '남성과 여성 사이의 사실상의 평등을 촉진할 목적으로 하는 잠정적인 특별 조치는 이 협약에서 정의한 차별로 보지 아니한다. 그러나 이러한 조치는 기회와 대우의 평등이라는 소기의 목적이 달성되면 중지되어야 한다'

(제4조)는 것이다.24) 25)

조약의 이행 상황을 심사하는 것은 여성차별철폐위원회다. 1999년 10월 6일 선택의정서가 채택되고 2002년 12월 2일 발효됨으로써, 가입 당사국의 관할권 내에서 발생한 성차별의 피해자라고 주장하는 여성 또는 여성의 집단은, 국내에서 진정이나 고소 고발 등을 제기하는 외에 유엔의 여성차별철폐위원회에 청원할 수 있다. 유엔에는 여성차별철폐위원회 외에도 여성지위위원회를 비롯하여 젠더 문제를 다루는 기구들이 여럿 있고, 2011년에는 경제사회국의 여성지위향상과, 유엔여성발전기금, 국제여성연구훈련원, 사무총장 특별자문관실을 통합한 유엔여성기구(UN Women)가 발족되었다.

7) 고문 및 그밖에 잔혹한 비인도적 또는 굴욕적 대우나 처벌 방지에 관한 협약

고문의 관행은 특정 국가만의 일이 아니라는 인식 하에, 1984년 12월 10일 유엔 총회에서 '고문 및 그밖에 잔혹한 비인도적 또는 굴욕적 대우나 처벌 방지에 관한 협약'이 채택되었다. 1987년 6월 26일 발효되었고, 협약 이행을 감독하기 위해 고문방지위원회가 창설되었다. 협약에 따르면, '고문'이란 공무원 또는 공무 수행자가 직접 또는 그러한 자

---

24) 1965년 미국 존슨 대통령은 행정명령 제11246호로서 '연방정부와 조달 계약을 체결하는 자는 인종, 피부색, 종교, 출신국에 관계없이 구직자가 고용되고 근로자가 대우받는 것을 보장하기 위하여 적극적 평등화 조치(affirmative action)를 강구하라'고 명령하였다. 당시로서는 흑인에게 고용상의 우선적인 처우를 부여함으로써 인종 차별을 교정하려는 목적이었다.

25) 인종 차별을 겨냥한 이 조치는 그 후 민권법, 공공사업법, 장애인재활법, 투표권법, 공정주거법의 제정과 개정을 통해 소수 민족, 장애인, 여성 등 소수자의 고용, 입학, 주거, 영업, 투표권 보장 등 여러 영역으로 확대되었다.

의 교사·동의·묵인 하에 개인이나 제3자로부터 정보나 자백을 얻어낼 목적으로 처벌·협박 또는 극심한 고통을 가하는 행위를 말한다(제1조). 당사국은 자국 내에서 이러한 행위를 범죄로서 처벌함은 물론 이를 방지하기 위한 여러 조치를 취하여야 할 뿐 아니라(제4조 내지 제16조), 고문 받을 위험이 있다고 믿을 만한 상당한 근거가 있는 다른 나라로 개인을 추방하거나 송환 또는 인도하여서도 안 된다(제3조 제1항). 특히 국제인권편람의 다음과 같은 의견은 한국의 법조인들이 경청할 만하다. "고문이나 그 밖의 잔혹한 비인도적 또는 굴욕적인 대우나 차별에 대한 국가의 대응은 법관·검사·변호사와 큰 관련이 있음이 명백하다. 법관과 검사 변호사는 이러한 위법행위의 신호를 찾을 준비가 되어 있어야 한다."[26]

8) 여성에 대한 폭력철폐선언

여성에 대한 '폭력'을 다루고 있는 문서로 '여성에 대한 폭력철폐선언(Declaration on the Elimination of Violence against Women)'이 있다. 1993년 유엔 총회에서 채택되었다. 여성에 대한 폭력을 보다 넓게 정의하였는데, 여성에 대한 육체적·성적·정신적 해악이나 고통을 가져올 가능성이 있는 모든 행위를 여성에 대한 폭력으로 본다는 것이다. 공적 영역에서 발생하였거나 사적 영역에서 발생하였거나 상관없고, 그러한 행위를 하겠다는 언급·협박·강압을 포함한다(제2조). 여성은 인권의 보호와 향유에서 동등한 권리가 있으며 정치·경제·문화 등 모든 영역에서 동

---

[26] 국제인권법과 사법, 제70면

등한 자유를 누릴 권리를 가진다(제3조)는 점도 재삼 확인하고 있다.

'성폭력'만을 독립하여 다룬 조약은 없으나, 여성차별철폐위원회는 명시적 규정이 없음에도 불구하고 여성차별철폐협약 제1조의 '차별'에 '성에 근거한 폭력'이 포함된다고 해석하였다. 성에 근거한 폭력은 여성이 남성과 동등하게 권리와 자유를 향유할 능력을 심각하게 억제하는 것이어서 차별의 일종이라고 본 것이다. 뒤에 보는 바와 같이, 국가인권위원회법에도 이러한 취지의 규정이 수용되었다.

9) 비엔나 선언과 실행계획

1993년 개최된 세계인권회의(World Conference on Human Rights)에서 채택된 '비엔나 선언과 실행계획'(The Vienna Declaration and Programme of Action)도 인권에 관한 중요한 지침이다. 즉, 모든 인권은 세계적이고 분리될 수 없으며 상호 의존적이다. 국제 공동체는 인권을 공정하고 차별이 없는 방식으로 다루어야 한다. 국가적·지역적 특수성과 다양한 역사적·문화적·종교적 배경을 고려하되 정치·경제·문화의 체계와 상관없이 모든 인권과 근원적인 자유를 보호하고 증대시키는 것이 국가의 의무라는 것이다. 여성 및 여아의 인권도 언급되었는데, 여성과 여아의 인권은 양도될 수 없고 불가결하며 분할될 수 없는 보편적 인권의 한 분야임을 전제로, 국가적·종교적·국제적 차원에서 정치적·시민적·경제적·사회적·문화적 삶에 대한 완벽하고 평등한 여성의 참여 및 성에 근거한 모든 형태의 차별을 근절하는 것이 국제 사회의 우선적 목표라고 확인하였다.

10) 장애인의 권리에 관한 협약

2006년 12월 3일 유엔 총회에서 채택된 '장애인의 권리에 관한 협약'은 장애인의 인권과 기본적 자유를 완전히고 동등하게 향유하도록 보장하는 데에 그 목적이 있다. 장애인의 인권 보장 조약을 체결할 필요가 있다는 논의는 1987년 유엔 총회에서부터 시작되었으나, 2001년 제56차 유엔 총회에서 특별위원회의 설치가 제안되고 2006년에 이르러서야 협약이 체결된 것이다.

소수자로서의 장애인은 소수 인종이나 여성과 같은 소수자와 다른 면이 있다. 인종이나 성 정체성 등이 출생으로 결정되는 것과 달리, 장애인과 비장애인의 경계는 출생에서 사망에 이르기까지 확정되어 있지 않다. 출생시에는 장애가 없던 사람이 사는 동안 장애인이 되기도 하고, 흔치는 않지만 장애를 가진 사람이 의술의 도움으로 비장애인이 되기도 한다. 또 우리는 모두 노화와 함께 어느 정도의 장애 상태를 피할 수 없다. 장애인의 인권을 소홀히 볼 수 없는 이유다. 장애인 인권에 대한 인식이 극히 후진적이고 제도와 시설이 턱없이 미비한 우리가 관심 두어야 할 협약이다.

11) 강제 실종으로부터 모든 사람을 보호하기 위한 국제협약

2006년 12월 20일 체결되었고 2010년 12월 23일 발효되었다. 국제적으로도 납치된 피해자들은 고문과 잔인하고 비인도적이며 굴욕적인 대우를 받으며, 살해되거나 암매장되어 행방을 알 수 없게 되는 경우가 다수다. 이러한 강제 실종에 관한 진실을 밝히고 책임자를 처벌하며 유가족에 대한 보상을 제공하기 위해 체결된 협약이다.

12) 조약이나 협약은 아니지만 유엔에서 채택된 여러 문서와 선언은, 인권에 관한 법률의 적용과 해석에 있어 법률가는 물론 국가와 시민 모두에게 유의미한 지침이 된다. 이러한 것으로는 '종교 또는 신념에 근거한 모든 형태의 불관용 및 차별 철폐에 관한 선언', '피구금자의 처우를 위한 기본 원칙', '모든 형태의 억류·구금 하에 있는 모든 사람의 보호를 위한 원칙', '자유를 박탈당한 소년의 보호를 위한 유엔 규칙', '고문 및 잔혹한, 비인도적인 또는 굴욕적인 대우나 처벌로부터 피구금자 및 피억류자를 보호하기 위한 보건 요원 특히 의사의 역할에 관한 의료 윤리 원칙', '비구금 조치에 관한 유엔 최저 기준 규칙', '소년 사법의 운용을 위한 유엔 최저 기준 규칙' '범죄 및 권력 남용의 피해자를 위한 정의에 관한 기본 원칙 선언', '보편적으로 승인된 인권 및 기본적 자유를 촉진하고 보호하기 위한 개인, 집단 및 사회 기관의 권리 및 책임에 관한 선언' 등이 있다. '사법부의 독립에 관한 기본 원칙'(1985), '법률가의 역할에 관한 기본 원칙'(1990), '검사의 역할에 관한 가이드 라인'(1990)도 채택되었다.[27]

---

[27] 국제인권법과 사법, 77면 이하 참조

4. 국내 인권법

(1) 헌법

　한때 시민들 사이에 헌법이 친근하게 소환된 적이 있다. 당시의 정치 상황이 통치 구조 내지 시민적·정치적 권리에 관한 구원 투수로 헌법을 소환하는 듯했다.[28] 빈민 현실이나 노동 현장에서는 인권에 관한 헌법 제2장이 소환되지 않을까 싶은데, 그중에도 권리장전이 되는 규정은 "모든 국민은 인간으로서의 존엄과 가치를 가지며, 행복을 추구할 권리를 가진다. 국가는 개인이 가지는 불가침의 기본적 인권을 확인하고 이를 보장할 의무를 진다"라고 한 제10조와, "모든 국민은 법 앞에 평등하다. 누구든지 성별·종교 또는 사회적 신분에 의하여 정치적·경제적·사회적·문화적 생활의 모든 영역에 있어서 차별을 받지 아니한다"고 한 제11조 제1항일 것이다. '인간의 존엄과 가치'는 1962년 헌법에 처음 규정되었고, '행복을 추구할 권리'와 '불가침의 기본적 인권'은 1980년 헌법에 도입되었다.

　헌법에 예시된 차별 금지 사유는 성별, 종교, 사회적 신분이지만, 차별이 금지되는 사유가 그에 한정되는지 아닌지를 따지는 것은 무익하고 불필요하다. 아래의 국가인권위원회법에서도 보는 바와 같이 차별의 사유는 각양각색이고 무한정하므로, 헌법은 이를 크게 세 가지 범주로 분류하고 있다고 보면 된다.

　헌법은 그에 이어 여러 개별 권리를 나열하였음에도 다시 제37조 제

---

[28] 대한민국은 민주공화국이다. 대한민국의 주권은 국민에게 있고, 모든 권력은 국민으로부터 나온다(제1조 제1,2항)는 등이었다.

1항에서 "국민의 자유와 권리는 헌법에 열거되지 아니한 이유로 경시되지 아니한다"고 한다. 이른바 '열거되지 아니한 권리'[29]에 대한 포괄 규정이다. 이 규정이 의미를 갖는 것은 자유권적 기본권에 관해서일 것이다.[30] 그와 동시에 제2항은 "국민의 모든 자유와 권리는 국가안전보장·질서유지 또는 공공복리를 위하여 필요한 경우에 한하여 법률로써 제한할 수 있으며, 제한하는 경우에도 자유와 권리의 본질적인 내용을 침해할 수 없다"고 규정하였다. 제한 사유에 '국가안전보장'이 들어간 것은 유신헌법에서다. '자유와 권리의 본질적 내용을 침해할 수 없다'는 후단 규정은 1960년 개정 헌법에서 신설되었는데, 1972년 유신헌법에서 삭제되었다가 1980년 개정 때 되살아났다는 점도 흥미롭다. 그렇다고 규정 자체로 큰 의미가 있다고 보기는 어렵다. 본질적 내용이 무엇인지는 차치하고 기본권의 본질적 내용이란 것이 과연 분리될 수 있는지조차 논쟁적이다.[31] 그러니 전단과 후단을 합하여 전체로서 제한의 대상과 정도가 합리적인지 여부를 따지는 수밖에 없다.

(2) 국가인권위원회법

국가인권위원회는 인권 침해에 대해 구제와 시정을 하는 기구다. 구

---

29) 미국의 수정헌법에는 '헌법에 어떤 종류의 권리가 열거되어 있다고 하여 국민이 보유하는 그 밖의 권리를 부인하거나 경시하는 것으로 해석되어서는 안 된다'는 규정이 있다(제9조).
30) 헌법재판소에서 '헌법상 열거되지 않은 기본권으로 인정된 사례로는 인격권, 성적 자기결정권, 소비자의 자기결정권, 일반적 행동자유권, 개성의 자유로운 발현권, 알 권리 등이 있다고 한다.
31) 루소나 미국의 독립선언, 프랑스 인권선언 등의 관점에서 보자면, 인간의 권리는 사회 계약에 의해 국가가 만들어지기 전의 권리이기 때문에 실정법으로 제한될 수 없다.

체적으로는 1. 인권에 관한 법령·제도·정책·관행의 조사와 연구 및 그 개선이 필요한 사항에 관한 권고 또는 의견의 표명 2. 인권 침해 행위에 대한 조사와 구제 3. 차별 행위에 대한 조사와 구제 4. 인권 상황에 대한 실태 조사 5. 인권 침해의 유형, 판단 기준 및 그 예방 조치 등에 관한 지침의 제시 및 권고 6. 인권 침해의 유형, 판단 기준 및 그 예방 조치 등에 관한 지침의 제시 및 권고 7. 국제인권조약 가입 및 그 조약의 이행에 관한 연구와 권고 또는 의견의 표명 8. 인권의 옹호와 신장을 위하여 활동하는 단체 및 개인과의 협력 9. 인권과 관련된 국제기구 및 외국 인권 기구와의 교류 협력 10. 그 밖에 인권의 보장과 향상을 위하여 필요하다고 인정하는 사항을 주관한다(제19조). 인권을 주관하는 핵심 기구임을 알 수 있다.

그런데 국가인권위원회법에는 '인권이란 헌법과 법률에서 보장하거나 대한민국이 가입·비준한 국제인권조약 및 국제관습법에서 인정하는 인간으로서의 존엄과 가치 및 자유와 권리를 말한다'고 하고 '합리적 이유 없이 성별, 종교, 장애, 나이, 사회적 신분, 출신 지역, 출신 국가, 출신 민족, 용모 등 신체 조건, 기혼·미혼·별거·이혼·사별·재혼·사실혼 등 혼인 여부, 임신 또는 출산, 가족 형태 또는 가족 상황, 인종, 피부색, 사상 또는 정치적 의견, 형의 효력이 실효된 전과, 성적 지향, 학력, 병력 등을 이유로 한 고용 등에서의 우대·배제·구별하거나 불리하게 대우하는 행위를 평등권 침해 행위로 정의'(제2조 제3호) 하는 등의 규정이 있다. 차별 행위의 한 유형으로서 성희롱에 관한 규정[32]도 있는데, '업무, 고용 등 관계에서 공공 기관의 종사자, 사용자 또는 근로자가 그 직위를 이용하여 또

---

[32] 이 규정의 형식과 취지가 '여성에 대한 폭력 철폐 선언'과 같다 함은 앞서 언급한 바와 같다.

는 업무 등과 관련하여 성적 언동 등으로 성적 굴욕감 또는 혐오감을 느끼게 하거나 성적 언동 또는 그 밖의 요구 등에 따르지 아니한다는 이유로 고용상의 불이익을 주는 행위'(라.목)로 정의하고 있다. 차별 시정을 위한 적극적 조치에 관한 규정도 삽입되었다. '현존하는 차별을 없애기 위하여 특정한 사람 또는 집단을 잠정적으로 우대하는 행위와 이를 내용으로 하는 법령의 제정·개정 및 정책의 수립·집행은 평등권 침해의 차별 행위로 보지 아니한다'는 것이다(제2조 제3호 단서).[33)][34)]

이러한 규정 때문에, 국가인권위원회법이 단순히 국가인권위원회에 관한 법률이 아닌 인권에 관한 실체적 규범으로도 받아들여지고 있다. 어느 정도 차별금지법의 대안으로 존재하고 있음이 사실이지만, 역설적으로 인권기본법 내지 차별금지법의 부재를 더욱 도드라지게 한다. 이 또한 반복된 지적이다.

(3) 인권기본법의 부재

1) 인권과 평등, 평등과 차별

인권과 평등은 한 몸이다. 차별하고 차별받는 사회에 인권은 없다. 모든 국민이 법 앞에 평등하다고 한 헌법 제9조가 기본권 규정 중의 기본

---

33) 이러한 규정은 헌법에서 직접 위임된 것은 아니나, 앞에서 본 '여성에 대한 모든 형태의 차별철폐에 관한 협약'의 규정이 헌법의 평등에 관한 규정과 이념을 통해 국내법에 수용된 예다.
34) 같은 취지의 규정은 남녀고용평등법에도 있는데, '현존하는 차별을 해소하기 위하여 국가, 지방자치단체 또는 사업주가 잠정적으로 특정한 성의 근로자를 우대하는 조치를 취하는 것은 이 법에서 말하는 차별로 보지 아니한다'고 한다(제2조의2 제3항).

이며, 자유권과 평등권이 인권의 요체인 이유다.[35] 차별이 금지된다는 것은 합리적 이유가 없는 차별이 금지된다는 의미라는 데에 이론이 없으나, 합리적 이유의 유무는 법률에 따르고, 법률에 따른 차별이라 하더라도 합리성을 수긍할 수 없으면 그 법률 자체에 대해 헌법이나 조약 위반의 문제를 제기할 수 있다.

평등을 자연적 평등과 규범적 평등으로 나누기도 하지만 큰 의미는 없다. 평등하게 태어났으나 살아가는 동안 사회와 규범 내에서 차별받거나 아니거나 할 뿐이다. 절대적 평등과 상대적 평등, 산술적 비례로서의 평등과 기하학적 비례로서의 평등으로 구분 짓기도 한다. 아리스토텔레스는 저서인 '마르코스 윤리학'에서 '균등한 사람들이 균등치 않은 것을 받게 되거나 균등치 않은 사람들이 균등한 몫을 차지하게 되는 경우, 분쟁과 불평이 생긴다'고 기술하였는데, 지금까지도 인용되고 있다.[36] 차별의 태양에 따라 법적 차별과 사실상의 차별, 직접 차별과 간접 차별로 분류하기도 한다. 차별받는 입장에서 이 또한 무슨 의미가 있나 싶지만, 논증의 부담과 정도가 달라진다는 차이는 있다.[37] 필자는 최근 '그린 북'[38]이라는 인종 차별을 다룬 영화를 보면서 격하게 공

---

[35] 이에 대하여는 자유와 평등이 항상 양립 가능한 것은 아니라는 지적도 있다. 그 예로, 프랑스 대혁명을 시작한 자유주의자들과 자코뱅으로 대표되는 민주주의자들은 격렬하게 싸웠고 이후로도 분리된 길을 가다가 19세기말에야 영국에서 결합하게 되었다고 한다. 박지향, '기로에 선 한국의 자유민주주의' 2019년 8월 2일자 동아시론
[36] 박홍순, 헌법의 발견(2015) 225면
[37] 이런 관점에서 논증게임(argumentation game)과 논증부담규칙(rule of argumentation load favorable to equal treatment)으로 설명하기도 한다. 이준일, 차별금지법(2007), 34면 이하
[38] 그린 북(Green Book)은 흑인이 출입할 수 있는 호텔, 음식점 등의 정보가 담긴 흑인을 위한 안전 여행 지침서. 돈 셜리라는 미국 천재 피아니스트의 실화를 바탕으로 한 영화인데, 재능이나 피아니스트인지 따위는 중요하지 않고 흑인이라는 사실이 타인에게는 가장 중요한, 그래서 본인에게도 어쩔수 없이 가장 중요한 문제가 되는 차별의 현실을 보여준다.

감되어 펑펑 울었고, 성(性)을 달리하는 지인에게 이를 고백했다가 '법원에도 무슨 차별이 있었는가?'라며 놀라워하는 반응을 접했다. 그 지인은 내가 존경했던 법관이기에, 그가 놀랐다는 사실이 더 놀라웠다. 내가 받은 성차별이 사실상의 차별, 간접 차별이었음을 보여 주는 실례다.

2) 인권기본법의 필요성

가치와 이념으로 인권과 평등을 말하기는 쉽지만 이를 구현하기는 어렵다. 구체적 현실에 적용하기에 헌법의 이념과 가치는 추상적이고 규정은 대범하기만 하다. 국가인권위원회법은 국가인권위원회의 설립과 조직, 업무를 정한 법이다. 인권에 관한 규정이 끼어 있지만, 원래 있을 자리가 아니다. 민법·상법·형법 등 개별 법률은 보호법익 별로 세분된 분쟁의 해결과 처벌에 초점을 맞춘 것이지, 인권 그 자체를 직접 보호법익으로 하지 않는다. 헌법의 인간 존중과 평등 이념을 반대하는 것이 아니라면, 이를 구체화하는 법률의 제정을 반대할 이유란 없다. 소크라테스의 말로 잘못 알려진 '악법도 법'이란 명제는 헌법재판소의 삭제 의견에 따라 이제 교과서에서도 사라진다지만, 법의 흠결이나 부재는 그 자체로 악법이고 악법 그 이상이기도 하다. 능란한 법률가에게 자의적 반대 논증의 빌미를 준다.

이러한 법률로서 2007년 12월 12일 제17대 국회에 정부의 차별금지법안이 제출되었고[39] 2008년 1월 28일 노회찬 의원 등 10인이 발의한

---

[39] 법안 제178002호

같은 이름의 법률안이 제출되었으나[40] 처리되지 못한 채 임기 만료로 폐기되었다. 제18대 국회에서 2011년 권영길 의원 등이, 2012년 김재연 의원 등이 다시 법률안을 제출하였으나 폐기되었고, 2013년 제19대 국회에서 제출된 두 건의 법률안이 철회된 일은 보도된 바와 같다.

2007년에 제출된 정부안을 보면 '대한민국 헌법의 평등 이념에 따라 성별, 연령, 인종, 피부색, 출신 민족, 출신 지역, 장애, 신체 조건, 종교, 정치적 또는 그밖의 의견, 혼인·임신·사회적 신분 등을 이유로 한 정치적·경제적·사회적·문화적 생활의 모든 영역에서 합리적인 이유 없는 차별을 금지·예방하고 불합리한 차별로 인한 피해를 구제하기 위한 기본법을 제정함으로써, 헌법과 국제 인권 규범의 이념을 실현하고 전반적인 인권 향상과 약자·소수자의 인권 보호를 도모하여 궁극적으로 사회 통합과 국가 발전에 기여하는 것'을 제안 이유로 한다.[41] 노회찬 의원 등이 제출한 법률안에는 성적 지향과 성별 정체성이 차별 금지 사유로 명시되고, 차별 행위가 악의적인 경우 징벌적 손해배상(손해액의 2배 이상 5배 이하)을 명할 수 있도록 하는 등 진전된 규정들이 포함되었다.[42] 차별

---

40) 법안 제178162호
41) 법안의 내용으로는, 차별 금지에 관한 기본법으로서 차별의 사유 영역 및 유형을 구체화하고, 합리적 이유없이 성별 등을 이유로 고용 재화 용역 등 공급이나 이용, 교육기관의 교육 및 직업 훈련, 법령과 정책의 집행에서 분리 구별 제한 배제 등 불리한 대우, 간접 차별, 신체적 정신적 고통을 주는 행위, 차별 표시·조장 광고 행위를 차별 행위로 금지하고(제3조,제4조), 정부는 차별 관련 정책을 체계적으로 추진하기 위하여 5년마다 기본 계획을 수립하며(제6조,제7조), 영역별 차별 금지 유형을 구체화함으로써 차별 예방에도 기여하며(제10내지22조) 법원의 차별 시정과 손해배상 등 구제 절차(제28조,제29조), 입증 책임의 배분(제30,제31조)에 관한 규정 등이 있다.
42) 차별 금지 사유로 '성별, 장애, 병력, 나이, 언어, 출신 국가, 출신 민족·인종·피부색, 출신 지역, 용모 등 신체 조건, 혼인·임신·출산·가족 형태 및 가족 상황, 종교 사상 또는 정치적 의견, 전과, 성적 지향, 성별 정체성, 학력, 고용 형태, 사회적 신분 등을 들고 있다. 정부안보다 차별 금지 사유가 상세하다.

금지 사유로 '성별, 장애, 병력, 나이, 언어, 출신 국가, 출신 민족·인종·피부색, 출신 지역, 용모 등 신체 조건, 혼인·임신·출산·가족 형태 및 가족 상황, 종교 사상 또는 정치적 의견, 전과, 성적 지향, 성별 정체성, 학력, 고용 형태, 사회적 신분 등을 들고 있다. 정부안보다 차별 금지 사유가 상세하다.

이후 제출된 법률안도 크게 다르지 않다. 불행히도 거기까지다. 권한 있는 국회는 의무를 방기하고 있고, 권한 없는 NGO만 결실 없이 바쁘다.

3) 국제 사회의 권고

차별금지법 제정이 미루어지는 것에 대해 유엔의 우려와 권고가 반복되고 있다. 무슨 데자뷰 같다. 그동안 병역법 문제로 국제 사회의 관심을 받아 온 우리는, 인권에 관한 기본법 하나 제정하지 못해 여전히 유엔의 관심 국가다.[43]

---

[43] 2007년 인종차별철폐위원회는, '대한민국이 차별금지법 마련 및 채택을 위하여 신속하게 행동해줄 것을 촉구'하였고, 2008년 유엔 인권이사회 제1차 국가별 인권 상황 정기 검토(UPR)는 '성적 지향에 기반한 차별도 차별금지법에 포함시킬 것을 권고'하였다. 2009년 사회권규약위원회는 '2007년 12월 제17대 국회에 제출되었던 차별금지법안이 심의도 거치지 않고 폐기됨으로써 아직도 포괄적인 차별금지법이 채택되지 않았다는 점에 대하여 우려한다. 위원회의 일반 논평(20)과 부합하도록 모든 차별 금지 사유를 명확히 규정하는 포괄적인 차별금지법을 채택할 것을 촉구'하였다. 2011년 여성차별철폐위원회는 2008년 5월 이후 보류된 차별금지법 제정의 더딘 진행 상황에 대해 유감을 표시하면서 '성적 지향에 근거한 차별을 금지하고 있는 국가인권위원회법 제2조 제4항을 참조하여, 포괄적인 차별금지법을 제정하기 위한 시급한 조치를 취할 것을 요청'하였다. 2011년 아동권리위원회는 다문화·이주자·탈북자 출신의 아동에 대한 차별, 난민 아동, 장애 아동, 비혼모, 특히 청소년 비혼모에 대한 정부의 지원 조치로부터의 배제를 포함하여 당사국에서 끈질기게 지속되고 있는 차별의 복합적인 형태에 대해 우려를 표시하고 '차별금지법을 신속히 제정할 것을 촉구'하였다.

4) 예의와 존중

인권 침해를 당했다고 주장하는 이는 많아도 인권을 침해했다고 자인하는 이는 없다.[44] 예의와 품위를 존중하는 사회라면 그게 오히려 정상이다. 그런데 사람을 차별하자고 주장하는 이가 있다. 생각만으로는 부족해서 '이러이러한 사람은 사람으로서 존중할 수 없으니 차별하고 배제하자'고 대놓고 말한다. 심지어 '장애인이 비장애인의 권리를 뺏는다'는 구호(frame)도 있다. 인권이 무슨 파이(pie)인가.

거기에 동조하고 열광하는 이가 있다. 그것도 아주 많이.[45] 더불어 사는 이웃에 대한 예의나 존중은 없다. 지금 우리가 그렇다. 다양한 생각과 말과 행동이 다양성의 핵심이라지만, 밀(J.S.Mill)과 콩트(A.Comte)와

2012년 인종차별철폐위원회는 '인종 차별을 금지하기 위하여 협약 제4조와 일치하는 차별금지법이나 다른 포괄적인 입법의 도입과 시행에 신속하게 행동할 것을 촉구'하였고, 2012년 인권이사회 제2차 국가별 인권 상황 정기 검토(UPR)에서는 '소수 인종 그리고 여성 및 장애인을 포함한 취약 집단을 차별로부터 보호하고 차별 피해자에게 법적 청구권을 부여하는 법률을 통과시키도록 노력'할 것을 요구하였다. 2015년 자유권규약위원회는 '특정한 형태의 차별을 금지하는 여러 개의 개별법이 있다는 것에 주목하면서도 포괄적인 차별금지법의 부재 상황에 우려를 표한다. 특히 인종 차별과 성적 지향, 성별 정체성을 이유로 한 차별을 규정하고 금지하는 법률이 없다는 점을 우려한다. 포괄적 차별금지법을 채택하여, 공공 및 민간 영역의 행위자들에 의한 직·간접 차별에 대해 적절한 처벌을 부과하고, 효과적인 구제 수단을 제공하여야 한다'고 하고, 2017년 사회권규약위원회는 '당사국의 헌법이 성별, 종교, 사회적 신분의 차별만을 금지하는 것을 감안할 때 차별금지법 도입의 지연을 우려한다. 또한 당사국이 차별 금지 사유를 둘러싸고 공감대를 형성하기 위하여 적극적이고 효과적인 조치를 충분하게 취하지 않은 것을 우려한다. 위원회는 포괄적인 차별금지법을 채택할 긴급성을 재확인하며 당사국이 인권 존중의 보호와 인권의 평등한 향유에 대한 차별의 해로운 영향에 대해 국민과 입법자들에게 인식을 제고할 것을 권고한다'고 결의하였다.

44) 2019년 혐오 차별 국민 인식 조사 결과에 따르면, 응답자 10명 중 7명 정도가 혐오에 의한 차별을 경험했다고 답변하였다.
45) 난민, 성소수자, 장애인 등을 가리지 않고 그 대상으로 삼는다. 난민 인정 제도를 폐지하자는 청와대 국민 청원 게시물에는 70만이 넘는 국민이 서명 동의했는데, 그때까지의 최다 청원 기록이라고 한다. 김지혜, 선량한 차별주의자(2019), 58면

홈즈(O.W.Holmes) 대법관이 사상의 자유 시장에서 틀린 생각은 없다고 했다지만, 인권 침해와 차별을 주장하는 목소리까지 존중되어야 할까. 차별이 정당하다는 주장을 수용하면 다양성의 배제는 그 당연한 귀결이 된다.[46] 소수자에 대한 인권 침해와 차별이 가장 만만한 매뉴얼이다.[47]

5. 맺는말

기본권 보호 문제를 다수의 생각에 맡길 수 없음은 두말할 나위가 없지만, 여론이라는 이름으로 정치권은 물론 국회와 정부에 거부할 수 없는 영향력을 행사한다. 여·야를 가리지 않고 표심을 계산하느라 입법에 나서지 않는 국회, 지지율에 매달려 여론의 향배를 살피며 속도 조절하는 정부, 인권 후진국으로서의 징표를 여지없이 갖추고 있다.

파우스트는 이렇게 말했다. "오늘 이루어지지 않는 일은 내일도 못하는 것이다." 괴테는 "인간은 노력하는 한 방황하는 법"이라면서도 "오늘 날지 못하는 자 영원히 날지 못하리라"고 저주한다. 차별금지법이 무슨 날개를 달아주는 법도 아니다. 긴즈버그(R.B.Ginsberg) 대법관의 말을 빌리면, 차별받는 사람의 목을 밟고 있는 발을 치워 주자는 것뿐이다. 인권에 관한 법률 제정은 이 정부에서 하지 않으면 앞으로도 한참은 못하는 일이라는 것이 제 생각이다. 정부의 생각은 달라 보인다. '언젠가는 이루어질 일이다. 안팎으로 만신창이인 지금 밀어붙이는 것은 무리

---

46) 2007년 차별금지법 제정 시도에 반대하는 종교 단체 중심의 성소수자 반대 운동이 전개되면서 점차 극렬해졌다.
47) 성 정체성을 개조(conversion) 또는 회복(reparative)시키자는 종교적, 정신과적 치료 주장은 미국 등에서도 뿌리가 깊다.

다'라고 생각하는 것은 아닌지. 진부한 논의는 언제까지 반복되어야 하는지.

　함께한 여러분의 역량에 기댄다. 인류 보편의 인권을 존중하고 이웃을 내 몸같이 사랑하는 모든 분들의 건투를 빈다.

- 2019. 11. 27. 〈올〉 아카데미 강의안

34

물려 가기 전에
스스로 호랑이가 되어야

 호랑이에게 물려가도 정신만 차리면 산다는 말이 있지요. 거짓말입니다. 정신 차린다고 살 수 없습니다. 죽지 않으려면 물려가지 말아야 합니다.

 인공지능이나 4차 산업혁명이 호랑이는 아니지만, 변화가 호랑이처럼 덮치는 세상에서 살아 남으려면 호랑이에게 물려 가기 전에 스스로 호랑이가 되어야 합니다. 우리는 인공지능에 의해 대체되는 것이 아니라 인공지능을 먼저 활용하는 사람에 의해 대체된다고 합니다. 변화를 선점한 쪽이 뛰기 시작하면 후발 주자는 쫓기고 물려가는 역사가 반복되어 왔으니까요.

 오늘 우리는 그래서 모였습니다. 사단법인 올로서는 설립 1주년을 기념하는 의미가 있고, 유서 깊은 이화여대 젠더법학연구소와 공동으로 개최하는 심포지엄이어서 뜻깊습니다. 연구소 관계자 여러분과 김유니스 소장께 감사드립니다.

이제 호랑이에게 물려가지 않기 위한 대회를 시작하겠습니다.
개회를 선언합니다.

- 2019. 12. 7. <올> 심포지엄, '산업 패러다임의 전환과 젠더'

PART 7

누군가의 현재, 누구나의 미래

35
고맙고 고맙고 또 고맙습니다

지난 해 '공감'이 15주년을 맞았습니다. 그동안 후원해 주신 기부회원 님께 감사드리는 조촐한 행사도 가졌고 그 행사에서 오히려 감사를 받기도 하여, 공감이 앞으로 다시 15년을 버틸 힘을 얻었습니다.

'에펠탑도 보는 사람의 것'이라고 합니다. 이웃의 가난과 고통이야말로 그렇다고 생각합니다. 그저 스치면 남의 일이지만, 귀 기울이고 관심 가지면 내가 도울 일, 곧 나의 일이 됩니다. 세계 도처에는 가난과 고통, 인간의 존엄을 다친 사람들이 있고, 그래서 우리는 더 가난한 이, 더 고통받는 이에게 존엄한 삶을 회복하도록 손 내밀 일이 넘쳐납니다. 공감하는 능력은 가난한 이의 말을 듣는 능력, 고통에 무관심한 사람이 되지 않는 능력이기도 합니다.

'공감'은 그런 능력이 남다른 변호사와 활동가가 모인 단체입니다. 가난한 사람을 위한 가난한 변호사 단체입니다. 강요된 가난이 아닌 스스로 각오하고 선택한 가난이어서 그리 고통스럽거나 슬프지는 않지만, 여러분의 후원이 없으면 존립하거나 활동할 수 없는 점이 안타깝습니다. 나름의 어렵고 쉽지 않은 사연을 감추고 짐짓 아무렇지 않은 듯 후원해 주시는 기부회원 여러분이야말로, 공감 능력이 남다른 분입니다. 그저 늘 고맙고 고맙고 또 고맙습니다.

2020년에도 '공감'은 여러분의 귀한 뜻이 헛되지 않게, 두려워하지 않고 머뭇거리지 않으며 지금까지와 같이 꿋꿋이 이 길을 가겠습니다. 기부회원님의 건강과 행복을 기원합니다.

― 2020.1. ⟨공감⟩ 새해 인사

36

할 수 있는 일은 모름지기 하여야

민법에 몇 살부터 어른인가요. 19살이지요. 국가인권위원회가 열아홉 살 성년이 되었습니다. 오늘의 생일잔치는 인권위원회의 성년식이기도 합니다.

성년이 되는 젊은이에게 뭐라고 덕담을 할까요. 그동안 잘해 왔으니 앞으로는 좀 못해도 된다, 설마 이러지는 않겠지요. 여태 잘못해 왔으니 앞으로는 잘해야지, 차마 이러지도 못할 겁니다. 마찬가지로, 국가인권위원회가 지난 19년 동안 다 잘해 왔다고 말하기는 어렵습니다. 잘못만 했다고 할 수도 없습니다. 잘하기도 하고 잘못하기도 했으나 지금은 잘하려고 노력하고 있다고 말할 수 있을 것 같습니다.

형사상으로도 어린이가 잘못하면 촉법소년이라 하여 그냥 봐주고 19세 미만의 청소년이 잘못하면 보호처분도 해 주지만, 성년이 되면 가차

없이 처벌을 받게 되지요. 이제 성년이 된 국가인권위원회도 시행착오나 실수에 대한 관대한 시선보다는 더 큰 기대와 요구, 그만큼의 책임과 비판을 감당해야 할 것입니다.

그러려면, 스스로 미성숙했던 지난 시절의 잘못을 살펴보고 반복하지 않는 것이 중요할 텐데요. 인권위원과 인권위원장의 선출이나 임명과정이 투명하도록 제도적 장치가 더 확보되어야 하고, 인권위원과 사무총장을 비롯하여 모든 직원과 구성원들이 기관의 정체성에 대한 자존감을 가졌으면 합니다. 과거 한때 위원장 선임을 둘러싼 논란은 다 기억하시는 바와 같고, 근래에도 인권위원을 가볍게 사퇴하고 인권위원보다 중하지 않거나 덜 명예로운 자리로 이직한 사례는 의아하기까지 하였습니다.

국가인권위원회는 헌법재판소, 대법원과 함께 인권의 최일선을 지키는 기관입니다. 법원이 분쟁의 사후 심판자라면, 인권위는 침해의 조사와 구제뿐 아니라 예방까지 인권 전반에 관한 국내외 거의 모든 업무를 할 수 있습니다. 헌법은 물론 국제인권조약, 국제관습법을 아우르면서 인간으로서의 존엄과 가치, 자유와 권리가 무엇인지 밝혀주어야 합니다.

세금으로 운용되는 국가 기관은, 할 수 있는 일은 모름지기 하여야 합니다. 그럴 권한이 있으므로, 하여야 합니다. 아울러 상임이든 비상임이든 국가인권위원 선임에 관한 시민의 관심과, 인권위 모든 구성원 여러분의 높은 자존감을 보고 싶습니다.

인권은 인간이기 때문에 갖는 양도할 수 없는 권리(inalienable rights)가 존재한다는 철학적 믿음에서 나온 결과물이라고 하지요. 어떠한 상황에서도 박탈될 수 없다, 국가와 민족을 초월하는 보편성(universal rights)이 있다, 누구에게나 동등하게 주어진다(equal rights)는 것은 인권의 핵심 요소입니다. 그러나 이러한 인권 개념이 국제 공동체 사이에서도 처음부터 쉽게 받아들여진 것은 아니지요. 그래서 압니다, 국내에서도 쉽게 받아들여지지 않는다는 것을. 그래도 압니다, 쉽지 않더라도 포기할 수 없다는 것을.

인권과 평등은 한몸입니다. 차별하고 차별받는 사회에 인권은 없습니다. 인권 존중을 반대하는 것이 아니라면, 이를 구체화하는 법률 제정을 반대할 이유란 없습니다. 법의 흠결이나 부재는 그 자체로 악법이고, 때로는 악법 그 이상이기도 합니다. 차별금지법 내지 평등법 제정이 미루어지는 것에 대해 유엔의 우려와 권고가 반복되고 있습니다. 그동안 병역법 문제로 국제 사회의 관심을 받아 온 우리는, 인권에 관한 기본법 하나 제정하지 못해 여전히 유엔의 관심 국가입니다. 평등법 제정을 위해 애쓰고 있는 국가인권위원회의 역량을 기대합니다.

축사, 엊그제까지도 사양했습니다. 겸손해서가 아니라, 생일에 쓴소리하기 싫어서였습니다. 그래도 예의가 있지, 축하하는 말씀으로 마무리 하겠습니다.
'길'하면 중국의 루쉰만 떠오르시나요.
천상병 시인도 있습니다. '바람에게도 길이 있다'고 했습니다.

강하게 때론 약하게

함부로 부는 바람인 줄 알아도

아니다! 그런 것이 아니다!

보이지 않는 길을

바람은 용케 찾아간다.

바람길은 사통팔달이다.

나는 비로소 나의 길을 가는데

바람은 바람길을 간다.

길은 언제나 어디에나 있다.

국가인권위원회도 인권위원회 만의 길이 있습니다. 지켜보겠습니다.
설립 19주년을 축하합니다.

— 2020. 11. 25. 국가인권위원회 19주년 축하

37
잘 모르면 혐오?

마라톤은 아니지만 지난 10주간의 강의를 완주하신 수강자 여러분, 축하합니다. 우리 연구소로서도 여러분 덕분에 또 한 번의 아카데미를 마칠 수 있게 되어 뜻깊구요. 주 1회라고는 하나 매번 저녁 두 시간을 할애하는 것이 쉽지 않으셨을 줄 압니다. 그래도 해 내셨고, 덤으로 변호사회의 '의무 연수 시간'도 채우셨으니 다행입니다.

젠더 운운하면 대충 다 아는 것 같고 내용이 뻔할 것 같고 뾰족한 결론이 안 날 것 같고 시원한 해법도 없을 것 같고, 그렇지요? 진부한 주제 같고 강의까지 들어야 하나 싶고 법조인으로서 실무에 무슨 도움이 될까 싶고 그러셨을 법도 하구요.

그래도 혹시나 하고 강의를 다 들어보니 어떠셨어요. 그게 그런 거였어 하고 새로 알게 된 부분도 분명 있으셨지요. 잘 몰랐구나 하는 부분도 있고, 틀리게 알고 있었네 하는 부분도 있으셨겠지요. 저도 몇 번 도

둑 수강하여 보니, '아… 그것도 젠더 문제였어?'라고 놀란 부분이 많았습니다.

요즘 페미니즘이 공공의 적으로 관심을 받고 있는데요. 그것도 다 페미니즘을 제대로 모르면서 안다고 생각하는 사람들에 의한 것이 아닐까 싶습니다. 잘 모르면서, 아니 잘 모르기 때문에 적으로 생각하는 것 같습니다. 《혐오사회》의 저자 캐럴린 엠케(Carolin Emcke)의 말처럼 "무언가 제대로 알고 있다면 미워하기 쉽지 않다. 우리가 특정 그룹을 혐오한다는 것은 그만큼 제대로 알지 못하기 때문이다"라는 말에 고개를 끄덕이게 됩니다.

모처럼 홀가분하게 수강을 마치신 여러분을 제가 더 붙잡아 두거나 시간을 끌면 안 될 것 같구요, 다음 주부터는 목요일 저녁의 자유를 만끽하시게 된 일도 축하드립니다.

— 2020. 12. 3. 〈올〉 아카데미 종강사

346 지문 하나 남지 않은, 아무것도 아닌

PART 7 누군가의 현재, 누구나의 미래

38
연년세세토록

춘래불사춘. 이런 말이 반복되거나 말거나 봄은 여지없이 옵니다. 사실, 봄을 보는 사람의 마음이 그러할 뿐 봄이 봄답지 않은 적은 한 번도 없었습니다. 피천득 선생은 1월이면 벌써 봄이라 했으니, 입춘 우수 다 지나 여러분께 인사드리는 지금은 엄연한 봄입니다. 이 엄연한 봄은 며칠만 지나면 확연한 봄이 되겠지요.

그래도 코로나19 때문에 여전히 춥기는 합니다. 그래서 가끔의 훈풍이 더 따뜻하게 느껴집니다. 후원자님의 후원도 그렇습니다. 요즘의 1만 원 후원이 3만 원처럼 고맙고, 3만 원 후원이 5만 원처럼 고맙습니다. 누구나 예외 없이 힘든 시기이고, 공감 후원자님께서도 예외일 리 없음을 미루어 알기 때문입니다.

공감은 올해 17년 차에 들어갑니다. 올 한 해도 지난해와 같이, 아니지나온 열여섯 해와 같이 초심 그대로 변하지 않겠습니다. 이후로도 지금까지와 같이 백세 아니 연년세세토록 무궁무진하게 주욱 갈 것입니다, 후원자님이 든든하게 머물러 주시기만 하면. 그러나 한편 안주하지 않고, 일신 또 일신하겠습니다. 면면을 새롭게 하고 운영과 활동의 체계를 다듬어 제자리에 머물지 않고 끊임없이 진보하겠습니다, 후원자님이 따뜻하게 지켜봐 주시기만 하면.

감히 공감은, 이른 봄 산기슭에 아른거리는 산수유와 같은 존재가 되고자 합니다. 스스로를 내세우거나 화려한 자태로 존재감을 뽐내지는 않지만 다른 꽃들이 피어나기 전에 온몸으로 봄을 알리는, 그래서 보는 이로 하여금 '아무리 추워도 봄은 오는구나' 라는 희망을 갖게 하는 그런 존재, 그런 공감이 되도록 노력하겠습니다. 2021년에도 후원자님 모두 건강하고 행복하시기를 기원합니다.

감사합니다.

- 2021 〈공감〉 새해 인사

39

탁월한 시상과 수상

지난 열세 번의 수상자 선정과 마찬가지로, 이보다 더 좋을 수 없는 분이 열네 번째 수상자로 선정되셨습니다. 더없이 적절한 수상자를 찾아내신 '영산법률문화재단'과, 더없이 받을 만한 상을 받으시는 고(故) 이홍훈 전 대법관님과 그 가족·친지께 축하를 드립니다. 양쪽 모두에게 빛나고 기쁜 일입니다.

이홍훈 전 대법관께서는 천주교와 불교 등 종교와 철학까지 두루 섭렵하고 아우르신 분입니다. 그래서 내세와 윤회를 믿으셨을 법도 한데, 사후에는 무(無)로 돌아간다는 생각도 하셨다고 하니, 지금 이 수상 소식을 아시는지 모르시는지 가늠조차 못하겠습니다. 이 자리에 모인 우리 중 누구도 아직 안 가본 길이니까요.

얼마 전 길을 지나다가 이런 글귀를 보았습니다. '스스로 빛나는 줄 알았더니 당신이 비추고 있었습니다.' 그런데 그 반대의 경우도 있었음을 압니다. 당신의 여러 지위와 권위의 빛으로 빛나는 줄 알았는데, 스스로 빛난 분이었습니다. 오롯이 인품과 실력으로 자체 발광하신 분입니다. 게다가 사라진 후에도 여전한 이 밝음은 또 무엇인지요. 우리의 기억 속에, 마음속에 변함없이 빛나기 때문입니다.

무슨 말을 더 얹으려다 빛을 가릴까 저어됩니다. 그래도 서울대학교 공두현 교수께서 조명해 주시면 더 빛날 것 같긴 합니다. 공 교수는 대법관님의 후배 법관이자 지금은 서울대 로스쿨 교수로서, 판사 이홍훈에 관한 깊고 넓고 아직까지는 유일한 연구를 시도하였습니다. 저는 공두현 교수가 겸양을 떠는 바람에 공 교수의 축사를 소개하러 올라온 인트로(intro)입니다. 바람잡이의 사설이 좀 길어지고 있긴 하네요.

떠나신 후 넉 달이 지났습니다. 7월 11일에 떠나셨지요.
7월 11일은 판사 이홍훈의 생애에서 특별한 날입니다. 15년 전 그날 대법관에 취임하셨기 때문입니다. 노무현 대통령 시절 대법원장 자리를 거절하면서도 대법관에는 뜻을 두셨는데, 그 뜻을 이룬 날이 2006년 7월 11일이었습니다. 그로부터 15년 후 7월 11일, 또 무슨 새로운 임무를 위해 떠나셨는지 궁금하지만, 생과 사가 하나라던 평소의 생각을 몸소 이룬 날이 아닐까 생각해 봅니다.

남들의 평가나 세상의 평판이 실제와 일치하지 않는 것이 보통일진대, 판사 이홍훈은 그와 다른 예를 남기고 떠나셨습니다. 오늘의 수상도 그 실제 모습을 알아본 시상자의 눈 밝은 선택이므로, 생전에 받으셨더라면 하는 아쉬움은 접겠습니다. 지금이라도 기쁜 일입니다. 시상하는 영산법률재단과 수상하시는 가족께 다시 한번 축하를 드립니다. 이제, 공두현 교수의 진짜 축사를 들으시겠습니다.

— 2021. 11. 12. 영산법률문화상 시상식

2021.6.19 고 이홍훈 님(가운데)의 고창 자택 '아버지의 정원'에서

40

저잣거리에도 절실한

2018년 11월 18일에 시작한 올 연구소가 4년차를 앞두고 있습니다. 그중 절반쯤의 시간은 코로나 탓에 회원 여러분과 대면하지 못했고, 혹시나 했던 이번 총회와 심포지엄까지 또 이렇게 화면으로만 뵙게 되었습니다.

외국어가 우리말처럼 익숙해진 ESG는, 그러나 여전히 외래 수입종입니다. 환경·사회·지배구조 내지 투명 경영이라고 번역은 해도, 저잣거리의 서민에게 썩 와닿는 용어는 아닙니다.

그러나 한편 생각해 보면 당장 코로나부터 환경의 문제이기도 할 것입니다. 코로나바이러스가 기후 변화나 환경 오염의 직접적인 결과라고 단정할 수는 없지만, 주변에서 환경과 무관한 문제를 찾기는 어렵습니다. 그래서 ESG를 논할 때 우리는 환경을 더 많이, 더 자주 이야기합니다. 지배구조 내지 투명 경영 또한 밥벌이를 하는 사람 누구에게나 무관하지 않은 문제입니다. 우리는 모두 누군가의 사용주이거나 피용자이기 마련입니다.

지구와 생명, 지구 온난화, 탄소 중립, 미세 플라스틱의 문제는 국제 회의나 세계 정상 모임에서도 단골 메뉴입니다. 논의는 잦으나 규제가 쉽지 않으니, 말만 무성하고 책임과 성과가 따르지 않는 것이 문제입니다. 지배 구조와 경영의 문제 또한 늘상 무대에 오르지만, 기업과 언론에 의해 시류에 맞게 포장되거나 홍보에 이용됩니다.

정작 광범위해서 애매하고 그럼에도 시민과 밀접한 문제는 ESG 중에서도 S, 즉 'Social'의 문제일 것입니다. 미시적이지만 당장 실천 가능합니다. 유엔인권규약이 선언한 사회권의 문제이며, 인간의 존엄에 관한 문제입니다. 인간의 존엄, 즉 기본적 인권의 문제는 누구나 차별 없이 존중받고 보호받아야 한다는 것에서 시작되고, 또 그것으로 귀결됩니다. 우리는 그 차별의 문제를, 여러 차별 중에서도 성차별을, 그중에서도 기업 내 성차별 문제를 이야기하고자 합니다. 아 물론 성차별이 아니라 성평등을 이야기하고 싶은 것이지요.

업계에서 성평등한 기업 문화의 상징으로 공인된 메리츠자산운용의 존 리 대표, SK텔레콤의 ESG 혁신그룹장이기도 한 유웅환 부사장, 젠더 쪽에서는 더 이상의 설명이 필요 없는 한국젠더법학회 회장 박선영 박사께서 함께해 주십니다. 회원 여러분과 함께 환영과 감사의 말씀을 드립니다.

살다 보면 말은 말인데 말 같지 않은, 너무 당연해서 이런 걸 꼭 말로 해야 하나 싶은 말들이 있지요. 오늘 아침 4호선으로 출근하신 분은 들어보셨나요. "장애인의 이동권을 보장하라!" 이런 말 같지 않은 류의 말은 1970년 11월 13일 스물두 살의 노동자 입에서도 나왔습니다, "근로기준법을 준수하라." 그리고 오늘 우리는 그 말 같지 않은 말을 또 한번 보태고자 합니다. "성차별을 시정하라. 성평등을 보장하라."

남대문초등학교를 졸업한 그 노동자는 대학생 친구가 하나만 있으면 좋겠다고 아쉬워했다고 합니다. 대학을 나왔거나 나오지 않았거나 여러분은 부디, 차별받는 사람에게 공부를 좀 한 친구가 되어 주십시오. '올'이 여러분과 함께하겠습니다.

— 2021. 12. 〈올〉 포럼, 'ESG 경영과 기업 내 성평등'

41

구슬 서 말을 꿰어

우리는 2018년 11월 19일 '사단법인 올' 젠더와 법 연구소를 만들었다. 연구소는 평등하고 평화로운 세상을 지향하였고, 젠더는 그에 이르는 하나의 모멘텀이자 핑계였다. 인문·사회·철학·종교·의학 등 어느 것 하나 젠더에 관련되지 않는 분야는 없음을 알고 있었으므로, 여러 분야의 지혜로운 이들과 교류하겠다는 희망도 품었다. 그래서 우선은 법학자와 재야 법조인이 모인 것뿐이라고 생각했는데, 3년이 지난 지금도 다른 분야의 지혜로운 분들을 충분히 모시지는 못했다. 마침 기승전 '코로나'라고들 하니, 이 또한 코로나 때문이라고 변명해 본다.

'올 연구소'는 힘도 아니고 큰 목소리도 아닌 지혜, 군중의 함성이 아니라 조근조근 지혜를 모으는 광장이 되겠다고 했다. 준비된 답은 없고 정답을 제시할 수도 없지만, 모두가 안다고 할 때 과연 그럴까 의문을 갖고, 모른다는 말이 정답이 될 수도 있다는 생각으로 시작했다. 연구소로서는 한계이지만, 광장에 모이는 이들의 지혜에 기대어 질문과 답을 모색할 생각에 설레었다.

그런 생각으로 여러 전문가를 모시고 해마다 봄·가을 2회로 나누어 10주간에 걸친 '올 아카데미'를 이어왔으며, 분기마다 포럼과 세미나를 열었다. 각 분야 최고의 강사들을 어렵게 모셨고 강연료와 예우는 턱없이 부족했으나 기꺼이 재능을 기부해 주셨다. 강연 때 준비된 원고라고는 하나 출판을 위해 새로 원고를 작성하거나 정리하는 데에도 선뜻 시간과 열정을 더해 주셨다. 뭐라 다 감사의 말씀을 드릴 수가 없다.

코로나 이후로는 줌(zoom)으로 진행되었음에도 대면 강의 못지않은 출석과 열의로 강의에 참여해 오신 '올 아카데미' 수강자 한 분 한 분께도 감사드린다. 강의 사이사이에 수강자 여러분의 숨결과 호응이 스며들어 옥고가 완성되었음을 느낀다.

무엇보다 편집위원장을 맡아 구슬 서 말을 보배로 꿰어 주신, 올의 이사이자 석학 윤진수 서울대 명예 교수가 아니었으면 책 발간을 용기 내지 못했을 것이다. 보답할 방도가 없으니 이 또한 연구소의 빚이다. 윤 교수를 통해 이어진 박영사와의 인연과 노고에도 감사드린다.

올을 시작할 때 인용했던 제임스 도티(James. R. Doty)의 말은 이 시점에서도 여전히 유용하다. "사람들은 저마다 이야기를 가지고 있다. 이야기의 핵심으로 가면 우리들의 이야기는 서로 닮아있다. 유대감은 강한 힘이 있다. 짧은 만남으로도 누군가의 삶을 영원히 바꿀 수 있다." 앞으로도 올은 지금까지와 같이 아카데미와 포럼·세미나 등 여러 모습으로 광장을 열고 지혜를 모으는 만남을 지속할 것이다. 저마다의 이야기로 모여서 우리들의 이야기로 엮어 주시기를 희망하면서.

- 2022. 9. 25. 〈젠더와 법〉 발간사

42

줄 서는 교수님의 1강

《좋아하는 곳에 살고 있나요?》(최고요 저)라는 책이 있습니다. 가만히 답해 보세요. 이 문제는 그리 어렵지 않았죠.

난이도를 조금 올려 볼게요. "좋아하는 곳에서 일하고 있나요?"
"예"라고 답하신 분은 귀한 사례구요.
답을 망설이신 분, 지극히 평균적이지요. 그렇다고 딱히 부정도 아닐 거예요, 아니 그런 걸 물어서 어쩌라고 정도?

좋아하는 계절이 있나요. 저도 이 질문에 답하긴 쉽지 않아요. 신록도 좋고 무성한 숲도 좋고 찬란한 단풍도 좋은데, 그 좋은 계절은 모기와 날파리와 온갖 벌레들도 다 좋아한단 말이죠. 벌레에 뜯기지 않고 오롯이 즐길 수 있는 계절이 있을까 생각해 봅니다.

좋아하는 곳으로 선뜻 이사하기도 어렵고, 좋아하는 직장으로 쉽게 이직할 수도 없고, 좋아하는 계절마저 맘껏 즐길 수 없는 것이 삶인 듯합니다. 한 번밖에 못 산다고 하는데, 두 번이면 한번은 참고 살아 주겠는데 말이죠.

무슨 방법이 없을까.
생각하고 또 생각해 보고, 생각 끝에 방법을 찾아내고, 찾아낸 대로 시도해 보는 것, 그렇게라도 해야 억울하지 않게 어느 정도 살았다고 말할 수 있지 않을까요. '올 연구소'는 그저 그렇게 질문해 보고, 생각해 보고, 답을 모색해 가는 광장이고자 합니다. 여럿이 모여 혼자보다 나은 답을 찾아가는, 혹시라도 그럴듯한 답이 다가올까 기다리는 정류장이고자 합니다.

이번 제6기 아카데미도 여러분과 함께 다음 정류장으로 향하는 길목, 목적지에 한 걸음 다가가는 이정표가 되기를 소망합니다. 그 이정표는 강사 한 분 한 분의 열강일 수도 있지만, 수강생 한 분 한 분의 경청과 피드백이 아닐까 합니다. 빠듯한 일과 중에 부산에서, 순천에서, 울산에서 그리고 서울과 근교에서 올 아카데미에 참여하신 수강생 여러분, 잘 선택하셨습니다.

'줄 서는 식당'이란 말이 있던데요. 오늘 개강 강의를 맡아주신 윤진수 교수님은 서울대학교 재직 시절 일찍이 '줄 서는 수강 신청'의 원흉 아니 원조이십니다. 더구나 요즘은 줄을 서도 수강 신청이 불가능한 분입니다. 오늘밤 여러분의 선택이 탁월하다는 말씀을 드립니다.

- 2022. 11. 제6회 〈올〉 아카데미 개강 인사

43
다정한 것이 살아남는다

4년 전 시작한 올 연구소가 5년차에 들어섰습니다. 여성변호사회와 함께하는 모임이어서 기쁩니다. 추운 날씨와 월요일 오후의 바쁜 일정 중에 참석해 주신 여러분, 고맙습니다.

지난 주말의 월드컵 16강 진출, 얼마나 어려웠습니까, 세계 무대에서의 상위권 진입이란. 무려 12년 만입니다. 그 어려운 것을 26년간 한 번도 놓치지 않고, 그것도 10위권이 아니라 2위와의 엄청난 격차로 부동의 1위를 지켜온 자리가 있습니다. 다 아시지요. 성별 임금 격차입니다. OECD 가입 서른아홉 나라 중 성별 임금 격차가 30퍼센트를 넘는 유일한 국가입니다. 다른 가입국의 평균치는 12퍼센트입니다.

모두들 포루투갈 전에 시선 집중하고 있던 그날의 또 다른 장면 하나. 코스타리카와 독일 선수들의 거친 몸싸움 속을 헤치고 그라운드를 누빈 것은 스테파니 프라파르, 네우자 백, 카렌 다이스 세 심판이었습니다. 재판장과 좌우의 배석판사처럼 세 여성 심판이 나란히 월드컵 무대에 등단한, 요즘 말로 대박 사건이지요.

지난달에는 더 획기적인 사건도 있었습니다. 유럽연합 EU가 유럽에서의 상장 기업 임원 비율을 여성 40퍼센트 이상으로 못박은 것입니다. 10년간의 표류 끝에 채택된 것입니다.

그런가 하면, 선뜻 답하기 어려운 문제들도 있습니다.
예컨대, 경찰 채용 시의 체력 검사가 내년 7월부터는 팔굽혀펴기에서, 2026년부터는 모든 종목에서 남녀 구별 없이 동일 기준을 적용하는 것으로 바뀌게 됩니다. 다만 아직은 기준 점수를 50퍼센트로 한다네요. 여태까지는 동일 기준을 적용하지 않았다는 말이지요. 경찰 체력 시험은 윗몸일으키기, 악력 측정, 100미터 달리기, 1000미터 달리기까지 다섯 종목입니다. 앞서 말한 여성 심판 기사에도 어김없이 따라붙은 찬사는 '남성에 비해 전혀 뒤지지 않는 속도와 체력으로 구장을 누볐다'입니다. 여러 생각거리를 줍니다.
사단법인 올은 출발부터 이미 정답은 모른다, 준비된 정답은 없다고 표방하였으니, 오늘도 여러분의 지혜를 모아 의문을, 의문에 대한 질문과 답을 찾아가는 광장이 되기를 바랍니다.

브라이언 헤어는, 협력이 우리 종의 생존에 핵심이라고 말합니다. 그가 말하지 않아도 우리가 다 아는 규범이지요. 그 책의 제목은 《다정한 것이 살아남는다》입니다.

"언제부턴가 '적자'라는 개념이 '신체적 적자'와 동의어가 되었고, 덩치가 클수록 더 싸우려 들며 그럴수록 덤비려는 자가 적고 따라서 성공할 가능성이 크다"고도 합니다. 이 또한 모르던 말은 아니지요, 우리가 경험한 사실을 그가 요약했을 뿐.

그러나, 그럼에도 불구하고, 끝내는 어찌 되었을까요. 다윈은 오랜 관찰의 결론을 이렇게 끝맺음 합니다. "다정한 구성원들이 가장 많은 공동체가 가장 번성하여 가장 많은 수의 자손을 남겼다." 그래서 이런 추론이 가능할까요. 신체적으로 우월하여 잘 싸우는 자가 단기적으로는 성공하는 것처럼 보이지만, 다정하고 자상하여 협력에 능한 구성원이 많을수록 오래도록 번성한다는.

인간의 존엄, 기본적 인권의 문제는 누구나 차별 없이 존중받고 보호받아야 한다는 것에서 시작되고 그것으로 귀결됩니다. 우리는 그 차별의 문제를, 여러 차별 중에서도 성차별의 문제를, 그중에도 각종 취업과 진입 장벽으로서의 성차별과 그 해법으로서의 성별 대표성에 관하여 이야기하고자 합니다. 너무 당연해서 진부하고 민망한 이야기를 또 한 번 보태고자 합니다. '올'이 여러분과 함께하겠습니다.

― 2022. 12. 7. 〈올〉 심포지엄 '공정과 성별 대표성'

44

비 내리는 날에는 기다림을 견디는

한동안 자고 일어나면 '여성이 적'인 날이 있었습니다. 요즘은 자고 일어나면 '노동자와 노동운동'이 적인 듯합니다. "노동 개혁 못하면 정치 경제 다 망한다. 화물노조 파업이 북핵 위협만큼 위험하다." 잠시 망설였습니다, 핵 연구소 만큼 위험한 단체의 행사에 참석해도 되나 하고. 노동운동을 북핵 보듯 하면, 노동하는 전 국민을 적으로 삼는 것입니다.

어쩌면 새삼스럽지도 않습니다. 일찍이 우리는 '결사의 자유가 보장되지 않는 국가'라는 이유로 OECD 가입이 거절되었지요. 노사 관계 법령을 국제 기준(Internationally Accepted Standards)에 맞게 개정하기로 서약하고서야 간신히 가입이 승인된 것이 1996년. 그때 개정키로 서약한 ILO(국제노동기구) 협약 29호, 87호, 98호는 지난해 2월에야 비준하였으니, 서약 이후 비준에 25년이 걸렸습니다. 협약 87호만 하더라도 1948년 여름에 ILO에서 채택된 후 그해 연말 유엔인권선언 제20조와

제23조의 기초가 되었고 우리 헌법 제21조에도 수용되었는데 말이죠. 정부가 아닌 개인 사이에 25년씩 약속을 안 지켰더라면 이행의 문제가 아니라 처음부터 이행할 의사가 없이 속였다고 보았을 것 같은데요. 지난주에는 사법정책연구원이 ILO 및 유엔인권사무소와 공동으로 주최한 국제 노동 인권과 ILO 기본 협약 및 그 비준에 따른 국내 노동법의 여러 과제를 아우르는 국제 회의까지 있었습니다. 지난해에는 임금 피크제, 사내 하청, 특근 거부 등에 관하여 여전히 논쟁적이기는 하지만 나름 의미 있는 판결이 선고되기도 했구요. 이제 이렇듯 국제적으로 승인된 노동 인권의 보편적 기준과 협약은 어느 한 국가만의 독특한 잣대로 무시하고 넘볼 수 없는 시대가 도래하였음을 정부도 받아들여야 할 것입니다.

제가 하느님은 못 보았어도 훌륭한 신부님은 뵌 적이 있는데, 그 신부님은 이렇게 말씀하셨습니다. "수능을 잘 보려면 기도가 아니라 공부를 해야 합니다."

노동자의 존엄과 권익 보호를 위해서도, 광장의 집회에 모이기에 앞서, 노동법 연구와 노동 법치주의 실현을 위한 지혜를 모으는 것이 더 강력하고 효과적일 것입니다. 이런 의미에서 '해밀'은 핵무기만큼 강력하고 무서운 단체 맞습니다. 시민은 그 수준만큼의 정부와 의회를 갖는다고 하던가요. 노동법과 노동 운동도 시민의 수준만큼이기 십상입니다. 일반 대중의 수준을 앞서기 어려운 한계가 있다는 뜻일까요. 노동법 연구의 과정과 성과가 학계와 법조 실무가 사이의 공유만으로는 충분치 않고 시민에게 열린 공간이어야 할 이유입니다. 우리에게 아쉬운 것은 어디로 가고 있는지, 어디로 가야 하는지를 선도할 리더입니다. 해밀은 그런 방향을 제시하는 길잡이, 향도가 되고자 하는 것이구요. 창립 선언에서도 '노동법에 정통한 법률가의 육성과 노동법에 대한 시민 교육'이 목적임을 밝혔습니다. 요즘 월드컵 때문에 '중꺾마'라는 말이 회자하던데, 꺾이지 않는 마음에 하나 더 보태 보겠습니다. '변하지 않는 마음'

소중한 것은 변하지 않는 해밀의 설립 정신이고, 해밀과 함께한 여러분의 변하지 않은 마음이라고 생각합니다. 김지형 소장의 표현을 빌리면 '해밀은 맑게 갠 하늘이지만, 비가 내리고 있다면 맑게 갠 하늘이란 기다림을 견디는 일'이고, 인용하신 노동시인의 말처럼 '길 찾는 사람은 그 자신이 새 길'(박노해, '다시') 입니다. 10년을 함께 비 맞으면서 스스로 길이 되고자 맑은 하늘을 기다려오신 모든 분께, 해밀의 창립 10주년을 진심으로 축하드립니다.

최근 5년간 과로사가 2500명이 넘는다지만, 뉴스에 나오지도 않고 법원의 판결이나 관련 기구의 판정을 받기 전에는 과로사를 '과로사'라고 부르지도 못합니다. 이 시점에서 미룰 수 없는 것은 기계처럼 로봇처럼 장시간의 노동을 반복·재생하는 일이 아니라, 기계도 로봇도 아닌 숨 쉬는 노동자의 몸과 마음을 살피는 일입니다. 사회적 약자를 얼마나 보호하느냐가 사회 선진화의 척도가 된다는 견해는 언제나 옳습니다. 몸과 마음을 다쳐 만신창이가 되어가는 노동자가 사회의 중심, 정책의 핵심이 되어야 합니다. 당장의 현실은 잔인하지만 언젠가 또 다른 어느 연

말씀에는, '노동자의 존엄과 노동의 가치'보다 다른 무엇을 우위에 두는 사고가 우습게 보이는 날이 반드시 오리라고 믿습니다. 그것이 아니라면 여러분이 해밀과 함께하는 이유가 무엇이겠습니까.

지난 10년간 해밀 연구소의 소장은 김지형, 김진은 운영위원, 심지어 제가 아직도 고문이라는 사실을 깨닫고 새삼 놀랐는데, 불행인지 다행인지 앞으로도 노동 문제는 씨가 마르지 않을 것이므로 해밀 또한 내내 발전하고 지속될 것입니다. 그래서 마지막으로 이런 소망이 가능합니다. 이 자리에 계신 여러분께서는 한 분도 빠짐없이 해밀 100주년 기념식에서 다시 뵙겠습니다. 감사합니다.

- 2022. 12. 20. 〈노동법연구소 해밀〉 10주년 축하

45

좋거나 나쁘거나 못됐거나

추운 날씨에 귀한 시간 내어 자리해 주신 모든 분께 감사드립니다. 공동 개최해 주신 여성신문사와 법무법인 원의 인공지능팀에도 감사드립니다.

발제를 맡아 주신 이혜숙 교수님과 이준일 교수님, 이숙연 부장판사와 토론에 참여해 주신 백강진 부장판사, 정석윤 변호사께 특별히 감사드립니다. 이숙연 부장판사는 얼마 전 발족한 법원 내 인공지능 커뮤니티의 회장이기도 합니다.

좌장이신 윤진수 교수님은 인공지능급 인간지능이자 사단법인 올의 이사이기도 합니다.

저는 사실 챗봇을 토론자로 참석시키면 어떨까 생각해보다 말았는데요. 생각을 접은 이유는 얼마 전 법률신문에서 여러분도 읽으셨을 다음과 같은 기사 때문입니다.

'누군가 챗GPT에게 세종대왕의 맥북프로 사건에 대해 알려달라고 했더니, 조선왕조실록에 기록된 일화로 15세기 세종대왕이 새로 개발한 훈민정음 초고를 작성하던 중에 문서 작성 중단에 대해 담당자에게 화를 내며 맥북프로와 함께 그를 방으로 던진 사건이라고 답했다.' 이런 오류를 할루시네이션(hallucination)이라고 부른다면서요.

엔니오 모리꼬네의 음악으로 유명한 'The Good, The Bad, The Ugly'라는 영화를 아시는지요. 아는 세대와 모르는 세대로 나뉘는군요. 저는 인공지능 하면 두 가지가 연상 되는데요. 그 첫째가 'The Good, The Bad, The Ugly'입니다. Bad 또는 Ugly가 되지 않도록 하자는 것이 오늘 모인 이유일 것입니다. 우려되는 편향성을 극복하고 헌법상 기본권의 가이드라인을 잘 주입하는 한편 규제하는 법제를 정비하자는 것이지요.

인공지능 하면 저에게 떠오르는 두 번째는 '무소불위'입니다.
전에는 '무소불위'하면 정의감에 불타는 존경하는 대한민국 검사님들이 떠올랐는데, 더 강력한 경쟁자가 등장했다는 느낌? 가수 아이유가 부른 '좋은 날'이라는 노래 아시나요. 요즘 검색하면 임재범의 노래로 뜨는데요. 김광석이 부른 '서른 즈음'도 프레디 머큐리가 부른 것으로 나옵니다. 근데 자세히 보면 'AI가수 임재범' 'AI가수 머큐리'라고 표시되어 있습니다. 댓글도 대부분 '무섭다'입니다. 이제 무소불위는 더는 검찰의 전유물이 아닙니다.

우크라이나와 이스라엘, 하마스처럼 가슴 저미는 전쟁은 아니지만, 오픈AI의 샘 올트먼과 이사회의 전투도 흥미진진한 것이었지요. 인공지능의 개발에 관한 속도파와 신중파 사이에서 예상대로 속도파인 올트먼의 승리로 끝났구요. 수익성과 공익성의 대결에서 수익을 이기는 상대는 없음이 확인되었다고 보는 관점도 있다지요. 앞으로 전개될 두려움 없는 속도전이 기대도 되고, 그 '두려움 없음'이 두렵기도 합니다.

챗GPT가 처음 공개된 것이 지난해 이맘때라는 게 믿어지시나요. 불과 1년 사이에 감탄과 경이를 넘어 두려움의 대상이 되고, 이제 챗GPT4를 넘어 파이브(five)의 출시를 앞두고 있다니요. 종횡무진, 정녕 브레이크 없는 벤츠가 나타난 것일까요.

그나마 다행인 것은 아직은 'IMITATION of the HUMAN(인간 모방)'이라는 점이지요. 스스로 변하기 시작하면 어찌될지는 예측 불가입니다. 그 예측불가성을 둘러싸고 낙관론자인 Boomer, 비관론자인 Doomer 사이의 논쟁이 뜨겁구요.

Boomer이든 Doomer이든 간에, 인공지능이 인공 괴물로 발전하기 전 통제 가능한 단계에서 인권을 주입하고 헌법의 가이드 라인을 입력하는 일이, 할 수 있는 최선이겠지요. 이런 우려와 위기의식에서 '올'은 이미 몇 차례 인공지능과 헌법적 인권을 다루기도 했습니다. 오늘도 올은 여성신문사, 법무법인 원과 함께 지혜를 모으는 광장이 되기를 기대합니다. 광장에 나오신 모든 분께 감사드립니다.

- 2023. 12. 4. <올> 포럼 '인공지능과 인권'

46

작지만 여물고 꽉 찬

저게 저절로 붉어질 리는 없다
저 안에 태풍 몇 개
저 안에 천둥 몇 개
저 안에 벼락 몇 개

뭐가 떠오르시나요. 장석주 시인의 '대추 한 알'입니다.

 군인권센터의 고문 셋 중 다른 두 분이 부득이 못 오시게 되어 저더러 한마디 해 달라고 해서, 임태훈 소장에게 물어봤어요, 무슨 말을 듣고 싶으냐 라고. 그랬더니 이런 답이 돌아왔습니다. "작지만 큰일을 하는 단체이지요." 스스로의 정체성에 대한 정확한 인식, 뚜렷한 소명 의식과 자부심이 느껴지는 말이었습니다.

대추알처럼 작지만 오로지 실적만으로 존재감이 여물고 꽉 찬 단체. 지난 15년 동안 세상에 가져온 변화가 태풍 몇 개, 천둥 몇 개, 벼락 몇 개만큼이나 크고 놀랍습니다.

조직과 시설이 작다고 돈이 적게 들면 얼마나 좋겠습니까마는, 그럴 리가요. 한 일, 하고 있는 일, 해야 할 일이 많기 때문입니다. 김형남 사무국장이 옳은 일을 한다고 해서 지하철이 공짜인 것도 아닙니다. 그러려면 65세가 넘도록 일하셔야 합니다.

공익 활동을 해 본 사람이면 누구나 아는 것처럼, 여러분 한 분 한 분의 후원은 군인권센터의 젖줄이자 목숨줄이자 존립의 바탕입니다. 함께 할 뜻이 있는 이는 돈이 넉넉지 않고, 돈이 넉넉한 분은 함께 할 뜻이 없는 것이 아쉽습니다.

우리 센터가 비록 돈은 없지만 '가오'가 넘치는 것은 다행입니다. 이름 없는 개미 후원자로부터 군필자와 미필자, 현역 군인, 아직 어린 학생과 그 엄마, 아빠, 할머니, 할아버지까지 군인권센터와 함께하는 팬덤이 있습니다. 그중에는 제가 팬심으로 싸인 받고 싶은 분들도 계신데, 변영주 감독도 그중 한 분입니다. 변 감독은 최근 연출한 드라마의 전개가 시청자의 애를 태운다는 기자의 질문에 "세상은 사이다로 해결된 게 없고, 고구마들이 버텨서 바뀌는 것"이라고 일갈했습니다.

군인권센터의 구성원 여러분과 센터를 응원하시는 여러분께서도 사이다 거품처럼 솟아올랐다가 부서져 흩어지지 말고, 고구마처럼 버티면서 오래오래 함께했으면 좋겠습니다. 그렇게 해 주실 거죠?

지난달 KBO 리그에서 팬들에게 나눔한 파우치에는 이런 글귀가 있었습니다. 그야말로 진짜별이었던, 고 최동원 선수의 말이라고 하는데요. "하늘에만 떠 있다고 별이 아니다. 누군가에게 길을 밝혀줘야 그게 별이다."

후배와 부하를 지켜주지 못한 별은 뭣하러 어깨에 달려 있는지, 길을 밝혀주기까지는 기대하지도 않으나 어깨에서 내려놓기라도 해야 하는 것 아닌가. 이런 단순한 의문에 답하기 위해 바빠야 할 곳은 정부인데, 애먼 군인권센터만 그 답을 찾느라 오늘도 여념이 없습니다.

누군가는 남의 일처럼 격노하더라도 함께 흥분하거나 분노하지 않고 냉정함과 치밀함으로 차분히 겨울과 봄을 준비하고 계실 여러분과 함께, 군인권센터의 창립 15주년을 축하하고 자축합니다. 먼 길 와 주셔서 감사합니다.

- 2024. 10. 15. <군인권센터> 15주년

47

누군가의 현재, 누구나의 미래

반갑습니다. 바쁜 시간 쪼개어 함께해 주신 여러분, 참 고맙습니다.

한때 '노 키즈 존'(kids-free zone)이 유행인가 싶더니, 키즈(kids) 없는 사회가 되어 버렸습니다. 요즘은 '노 시니어 존'(no senior zone)이 늘었다던데, 그런다고 노인 없는 사회가 되지는 않겠지요. 65세 이상 노인이 천만 명을 넘었고 새해에는 다섯 중 하나가 노인인 초고령사회가 된다면서요. 기준을 높여 통계라도 낮추면 위안이 될까요.

오늘 우리가 논의하고자 하는 주제는 노인이 아닙니다. 노인의 인권입니다. 인권의 여러 영역 중 하나로서의 노인 인권입니다.

저는 인권 존중의 출발점이 역지사지라고 생각합니다. 역지사지, 참 어렵죠. 역지사지의 확실한 방법은 자기가 당해 보는 것인데, 그때는 이미 역지사지가 아니라 그냥 자기 사정이 되는 거지요. 너 늙어 봤냐 나 젊어 봤다 라고 쉽게 말하지만, 그래서 젊은이는 아직 노인을 알지 못한다 치더라도 노인은 젊은이를 이해하는가. 천만에요. 늙으면 젊었을 때를 잊어버려요. 나는 저러지 않았는데 요즘 젊은이들만 이상하다고 하죠. 망각과 왜곡입니다.

역지사지가 안 되면 '노 키즈 존'과 '노 시니어 존'에 이어 수많은 경계와 장벽, 차별과 배제로 이어집니다. 우리가 트럼프의 이민 장벽을 비난할 처지인지, 스스로 물어봅니다.

그래서 오늘 우리의 이야기가 노인에 국한된다고 말하기도 어렵습니다.
성별이나 인종과 같이 직접 겪어볼 수 없는 사정은 그렇다 치더라도 노인이나 장애의 경우 역지사지가 어렵다는 것은 이상합니다. 누구나 어려서는 심신이 미완성이다가 나이가 들면 다시 불완전해질 수밖에 없고, 한 걸음만 삐걱하면 장애와 비장애의 벽을 넘나드는 위험 사회인데 말이지요. 보행로, 출입구, 화장실 등 필수 기본 시설에 장애인 접근이 고려되지 않은 사각지대가 널려있음을 도저히 이해할 수 없습니다. "그런 곳이 많지는 않다"는 것이 말이 되는 설명입니까.
실정법상으로도 2023년 6월 29일부터 시행된 '장애인·노인·임산부 등의 편의증진 보장에 관한 법률'에 '장애인 등 이란 장애인 노인 임산부 등 일상생활에서 이동, 시설 이용 및 정보 접근 등에 불편을 느끼는 사람을 말한다'라고 함께 규정되어 있고, 지난달 3일의 민사법학회 판례연구회에서도 사회적 약자로서의 장애인과 고령층이 함께 논의되었습니다.

노인은 누군가의 현재이지만, 누구나의 미래입니다. 오늘의 논의가 노인 인권에 머물지 않고 다른 인권의 영역으로 연계되어야 할 이유입니다. 한국젠더법학회와 이화여자대학교 젠더법학 연구소가, 젠더가 아닌 초고령사회를 오늘의 주제로 삼은 이유입니다. 혹시 모르실까봐 덧붙이자면, '사단법인 올'은 인권, 모든 인권과 법에 관한 '올라운더'임도 살짝 밝혀드립니다.

김용택 시인의 글 '손가락 끝을 비비다'에서 따왔는데요. 들어보시겠습니까.

넘어진 풀잎, 꺾어진 풀잎, 쓰러진 풀잎, 자빠진 풀잎, 오그라진 풀잎, 우그러지고 찢어진 풀잎, 말라서 꼬이고 뒤틀린 풀잎, 꼿꼿하게 서서 비쩍 마른 풀잎

여러분은 무엇이 떠오르시나요. 저는 돌봄 받지 못하는 생명, 그중에도 노인의 모습이 떠오릅니다.

요즘 존엄사란 말이 낯설지 않다 보니, 노인들이 하루빨리 존엄하게 죽기를 원하는 것처럼 보이시나요. 그럴 리가요. 존엄하게 살지 못하느니 차라리 죽겠다는 뜻이지요. 존엄하게 살고 싶다는 절규입니다. 그래서 오늘 준비했습니다. 존엄한 죽음을 위한 '존엄한 삶', 존엄한 삶을 위

한 헌법과 사회 보장, 범죄 피해, 돌봄과 가족 변화.

어렵고 무거운 주제를 기꺼이 맡아 주신 발제자 전광석 님, 황남희 님, 정순둘 님, 송효진 님과 충실한 토론문을 준비해 주신 이찬진 님, 김혜정 님, 양승엽 님, 이윤경 님께 감사드립니다. 이찬진 님은 이 모든 것을 아우르는 노인인권기본법 제정을 위한 초안을 작성한 분이기도 합니다.

어지러운 바깥세상 잠시 잊으시고 지금부터 발제와 토론에 퐁당 빠져 보실까요.

세상이 어찌 되든 함께하는 이 순간이 인생일 테니까요. 감사합니다.

- 2024. 12. 6. ⟨올⟩, ⟨한국젠더법학회⟩, ⟨이화여자대학교 젠더법학연구소⟩
  공동 학술 대회 : '초고령사회와 존엄한 삶'

못다 한 말

아직 할 일이 남아 있다거나 이제부터 할 일이 더 있다는 말은, 나 아니면 할 수 없는 일이 남아 있다는 뜻이다. 나 아닌 다른 사람이 나처럼 하지 못할 거라는 우려와 자신감이 배어 있는 말일 게다.

그와 반대로 나는, 할 만큼 했다, 할 수 있는 일을 했고 그래서 할 일이 더는 남아 있지 않다고 생각하는 편이다. 구태여 내가 아니라도 그 일을 할 사람이 넉넉히 있다는 뜻이다. 다른 사람, 아마도 젊은 사람들에게 맡기겠다는 것, 그들에게 자리를 내어주겠다는 뜻이기도 했다.

남편 떠난 후 함께했던 익숙한 곳을 떠나오면서 차마 버리기 어려운 많은 것을 버렸다고 생각했는데, 아직 버릴 것이 남아 있음을, 그것도 꽤 많이 남아 있음을 깨닫는다. 이룬 것 없이 열 손가락 지문 하나 남지 않은 처지에, 버리고 또 버려도 비워지지 않고 남아 있는 이 흔적을 어찌 다 버리고 비우고 지워야 하나.

  서랍 속 흔적 비우기로 시작된 일이 짐을 보태는 일이 된 것 같아 실소한다. 그저 또 한번 나를 비웃는다. ■

**지문 하나 남지 않은,
아무것도 아닌**

1쇄 발행 2025년 8월 12일
2쇄 발행 2025년 9월 12일

글·사진   전수안
디자인   박정화

펴낸이   이재정
펴낸곳   도서출판 은빛
출판등록 2013년 4월 26일
주소   서울특별시 용산구 한강대로 38가길 17, 201호
전화   070 8770 5100
홈페이지 www.mylifestory.kr
이메일   silverplan@daum.net

책값   18,000
ISBN   979-11-87232-38-4 93360
※ 이 책은 저작권법에 따라 보호받는 저작물이므로 무단전재와 복제를 금지합니다.